ジャワ島・ボロブドゥール遺跡から眺める、早朝の景色。
雄大な森、遠くにたなびく火山の煙…エネルギーあふれる命の源。
ここインドネシアが、ジャワガムランの生まれた場所。

1

ジャワガムラン──荘厳な音色が、天井から降り注ぐ

2

1　インドネシア芸術大学スラカルタ校にて、ガムラン演奏科の行事の様子。正装して真剣に取り組む学生達。
2　ルバブからのぞく、舞踊リハーサル風景。

3

4

5

3　ゴン、クンプル（奥）とクノン（右）、
スルントゥム（左手前）。ゴンやクンプル、
クノンは、節目を示す重要な役割が。
4　着飾ったシンデン（女性歌手）達。
華やかな歌声、衣装は、ガムラン演奏の華。
5　楽隊を仕切るクンダン（太鼓）奏者。

ジャワ舞踊
──優雅に、時に激しく。
　神に捧げる奇跡の舞

6

7

8

6　スラカルタ地方の女性舞踊の代表格「ガンビヨン」。甘く可愛らしいしぐさとあでやかさで、見る人の心を惹きつける。

7　男性舞踊「サンチョヨ・クスモウィチトロ」。王同士の、華々しく激しい戦いが繰り広げられ、クリス（剣）につけたジャスミンの花が、床に舞い落ちる。

8　つま先まで美しく、神経をゆき届かせて。

9　マンクヌガラン王宮での練習風景。色とりどりの布が華やかに舞う。

10　結婚式で、客の間で踊る踊り子。ジャワではこれが日常の風景。

10

11

子どもからお年寄りまで、みんな大好き！影絵ワヤンの世界

12

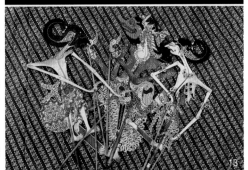

13

11　ジャワの集会所や民家の軒先など、あちこちで夜通し上演される影絵芝居ワヤン。ダラン（人形遣い）の両側には、100点以上の、たくさんの人形が。夜も更けて、人形達に魂が宿る。ガムラン奏者達もダランのセリフに聞き入り、神々の物語に没入していく…。
12　光の向こうはモノトーンの世界。くるくるよく動く人形達に釘付け。
13　水牛の皮で作られた、精巧なワヤン人形各種。

のんびり、のどかなジャワの街並み

15

16

14　朝からもくもくと湯気の立つ鍋が目印の「バッソ（つみれ入りスープ）」屋さん。昼には大勢の人で賑わう。

15　踊りの衣装専門店にて。踊る演目に合わせて衣装、小道具、アクセサリーまで一式、貸し出しや販売をしてくれる。

16　市場のバティック（ろうけつ染）店。うずたかく積まれたバティックやカラフルな生地。結婚式の衣装もオーダーできる。

東京音楽大学付属民族音楽研究所のガムラン

17　ガムラン教室に並んだ楽器一式。移動中も、神聖な楽器はまたがないのがルール。

18,19　年に1度、2月最後の土曜に行われるガムラン社会人講座（東京音楽大学付属民族音楽研究所）の発表会から。衣装もメイクも本格的。

20,21　ガムラン授業履修生や同好会のメンバーによる、様々な活動。年に一度の音大芸術祭では、演奏と舞踊を披露。学年度末には、卒業・修了演奏にも参加（21は、音響も素晴らしい、中目黒キャンパスのTCMホールにて）。

ガムラン入門

東京音楽大学付属民族音楽研究所講座

インドネシアのジャワガムランと舞踊

東京音楽大学付属民族音楽研究所 編
木村佳代／樋口文子／針生すぐり 著

Stylenote

はじめに
「なぜ今、ガムラン？〜生涯学習にも適した音楽と舞踊」

　この本は、東南アジアの国インドネシア・ジャワの伝統音楽「ガムラン」と「舞踊」について、初めての方にはできるだけわかりやすく、そして経験者の方にはより興味を持っていただけるよう、そんな願いを込めて作った本です。

　ガムランは、青銅などの金属製打楽器を中心に、太鼓や弦楽器、笛、そして歌が加わった合奏音楽です。単にインドネシアの古典芸術という枠を超えて、実は世界中に大きな影響を与えている稀有な音楽でもあります。

　たとえば、1889年のパリ万博で初めてガムランが西洋に紹介されて以来、ドビュッシーやラヴェル、ジョン・ケージなど多くの作曲家がインスピレーションを得て新しい音楽を生み出しました。以降、アメリカやイギリス、オランダを始めとした世界中の音楽教育にガムランが取り入れられ、日本でも1970年代から東京芸術大学で授業が始まり、現在ではいくつもの大学や民間における演奏グループが活動するほか、社会人講座もあちこちで開催されています。

　そうした世界への広がりや、ガムランが内包する哲学的な価値、人間と宇宙とのつながりを想起させる概念、さらにお互いを思いやる音楽のあり方などが認められて、2021年12月にはガムランがユネスコの無形文化遺産に登録されました。

　今や、ガムランは"古くて新しい音楽"です。なのに、いったいどんな音楽なのか？どんな楽器があってどのような背景を持つのか？どのようにして演奏するのか？一般にはほとんど知られていません。こうした疑問にお応えするのが、この本なのです。

ガムランには地域ごとに様々なスタイルがありますが、本書で取り扱うのは東京音楽大学が所蔵する、中部ジャワの古都スラカルタの王宮を中心に発達したガムランと舞踊です。

　本学では1970年代末からジャワガムランの授業が始まりました。1996年よりガムラン社会人講座も開講され、のべ2,500人以上の学生や社会人の皆さんが熱心にガムランと舞踊を学ばれています。また、インドネシア国立芸術大学スラカルタ校（ISI Surakarta）にて、これまでに何度もガムランと舞踊の夏期講習を開催し、2019年には本学と提携を結ぶほど、現地と密接な連携の取れた授業を行っています。さらに、本学にはガムランの古典曲を学ぶだけではなく、その特性を生かしたユニークな楽曲を創作し発表する学生もいるなど、様々な活動が日々活発に行われています。そんな〈日本で最もガムランが盛んな大学〉とも言える本学の講師3名の知見が、この1冊の本にまとめられました。

　本書は、大きく分けて【演奏編】と【舞踊編】から成り立っています。

　前半の【演奏編】第1章「そもそもガムランとは？」では、ガムランのふるさと、インドネシアやジャワについて、土地柄や歴史をひも解くとともに、ガムラン音楽の音律・音階や楽譜、形式、リズムなどをわかりやすく解説しています。第2章「色々な楽器や歌の紹介」では、ガムランの各楽器や歌を、1つ1つご紹介します。第3章と第4章は実践編です。「さあ、合奏！入門編、初級編」と題して、ガムラン初心者向けに演奏法を丁寧に説明します。

　後半の【舞踊編】は、ガムラン音楽と深い関わりを持つ舞踊（ジャワ舞踊）についての章です。ガムランは舞踊や影絵芝居ワヤンなどの伴奏音楽として無くてはならないもので、総合芸術としての性格を有しています。第5章は「ジャワ舞踊って何だろう？」と題して、ジャワ舞踊の歴史をたどり、宮廷舞踊から庶民の舞踊に至るまで幅広い舞踊のレパートリーを紹介します。第6章「踊ってみよう！ジャワ舞踊」では、初めて挑戦される読者の皆様に向けて、ジャワ舞踊の基礎を解説します。

いずれの章でも、随所にQRコードを入れ、動画も視聴できるように
なっています。文章だけでは伝えることのできない音や楽器の演奏、舞踊
の動きなどに関しては、動画で実演していますので、ぜひご活用ください。

　そのほかに、ジャワの気候や食べ物、有名なろうけつ染め「バティッ
ク」や体に良いハーブドリンク「ジャムウ」など、ガムランを取り巻く多
彩な文化を紹介する7つのコラム、インドネシア人音楽家や舞踊家の方々
へのインタビューなども収録しました。未知の音楽を少しでも親しみやす
く感じていただけたら幸いです。

　最後にちょっとだけおことわりしておきますが、この本は各章ごとの文
体があまり揃っていません。3人の講師が、それぞれ普段の授業そのまま
に、個性を活かした文章で書いているからです。やや統一が取れていない
かもしれませんが、ガムランという音楽そのものが、各楽器の特性をうま
く際立たせつつ無理にきっちり揃えない、ちょっとずれていても構わない
という性格の音楽です。本書もその空気にならっていますので、いかにも
ガムラン的なゆるやかなアンサンブルを文章からも感じてみて下さい。

　長々と書きましたが、ガムランや舞踊は、静かに鑑賞するよりも、実際
に演奏したり踊ったりしてこそ、その魅力が味わえるものなのです。楽譜
が読めなくても、体験したその日から合奏に入れるくらい、入口は決して
難しくありません。それなのに、一度始めたらその奥深さにとりこにな
り、やめられなくなってしまうというのがガムランの不思議なところ。テ
ンポがゆっくりなので生涯学習にも適しています。さあ、皆さんもぜひ、
ジャワガムランと舞踊の世界に一歩足を踏み入れてみませんか。きっとあ
らたな発見があるに違いありません。

2023年6月

著者一同

目　次

本文内で紹介される全動画一覧ページ●━━━━━━━━━━━
https://www.tokyo-ondai.ac.jp/gamelanbook_videos/

執筆者担当ページ●━━━━━━━━━━━━━━━━━

木村佳代
はじめに、第1章、第2章、おわりに
コラム（ワヤン／楽器が無くてもガムラン演奏）
インタビュー（スミヤント）
用語集（音楽）
CD ディスコグラフィー

樋口文子
第3章、第4章
コラム（癒しの秘密／ジャムゥ）
インタビュー（スラジ）

針生すぐり
第5章、第6章
コラム（インドネシアの気候／ジャワの食べ物／バティック）
インタビュー（クルニアティ／リアント）
用語集（舞踊）

そもそもガムランとは？

～東洋のユニークなアンサンブル

1 インドネシアの伝統音楽ガムラン

　本題に入る前に、まずは簡単に自己紹介をしましょう。私は子どもの頃からピアノをならっていたのですが全然うまくならず、でも音楽は好きだったので（といってもクラシック音楽ではなく、当時の歌謡曲やポップスばかりを聞いていました）、何か将来音楽に関わる勉強や仕事をしたいな、と漠然と考えていました。そんな折に出会ったのが、世界の民族音楽をわかりやすく紹介している小泉文夫氏[1]のラジオ番組[2]でした。

　アフリカやアラブ、インドや東南アジアや…色々な国々の音楽を聴いていると、ラジオからその土地の土の香りがしてくるようで、「民族音楽って面白いな」と感じたのです。調べてみると、数ある民族音楽の中で、インドネシアのガムランは日本の大学でも学ぶことができることがわかり、音大に入って授業を履修したのが、私がガムランを始めたきっかけでした。その後は、西洋音楽とはひと味違うアジア音楽ならではの合奏の面白さに夢中になり、何しろ楽器がたくさんあるので1つ1つならっていると時間がいくらあっても足りず…、というわけで、気が付いたら何十年も過ぎてしまいました。どの音楽もそうかもしれませんが、特に**ガムランには一度始めたらやめられなくなってしまい、かみしめるほどに味わいが増す、という不思議な魅力があります。**この本では、そのようなガムランの魅力をできるだけわかりやすくひも解いていければと思っています。

1　小泉文夫（1927-1983）は日本を代表する民族音楽学者。世界中をフィールドワークしてまわり、著書やCD多数。テレビやラジオでも世界の音楽をわかりやすく紹介して幅広い人気を得ました。欧米にならい、1970年代より日本の音楽教育にガムランを取り入れ、普及の礎を築いたのも、小泉氏の功績の1つです。長らく教鞭をとった東京藝術大学では「小泉文夫記念資料室」が開設され、多くの音楽資料が公開されています。東京藝術大学未来創造継承センター　小泉文夫記念資料室（https://www.geidai.ac.jp/labs/koizumi/）。

2　NHK-FM「世界の民族音楽」（1965 ～ 1983 年）。

1）インドネシアとは？

　ガムラン音楽の舞台はインドネシアです。インドネシアというと、まず思い浮かぶのは「常夏の島」、「バリ島」…といったところでしょうか。でも、ほかのアジアの国々、たとえばインドやタイ、ベトナムなどと比べてみてもインドネシア料理のレストランは日本ではまだまだ少ないですし、あまりこの国のイメージがわかないという方も多いかもしれませんね。

　インドネシア（正式にはインドネシア共和国）は東南アジア最大の国で、赤道直下に位置します。面積は日本の約 5 倍。1 万 4,000 以上の島があり、人口は約 2.8 億人（2023 年）で世界第 4 位。多種多様な民族や言葉、宗教が併存しています。人口構成比はとても若く、経済も成長を続け、世界からも注目されている新興大国で、親日家が多いことでも知られています。

図 1　インドネシアの地図

表 1　**インドネシア共和国の基礎データ**（2022 年 7 月 11 日　外務省）

面積：	約 192 万㎢（日本の約 5 倍）
人口：	約 2.8 億人（2022 年、国連人口基金（UNFPA）　世界第 4 位）
首都：	ジャカルタ
民族：	大半がマレー系（ジャワ、スンダなど約 300 種族）
言語：	インドネシア語
宗教：	イスラム教 86.69%、キリスト教 10.72% ヒンドゥー教 1.74%、仏教 0.77%、儒教 0.03%、 その他 0.04%（2019 年　宗教省統計）

そして何より、インドネシアは芸能の宝庫です。職業、年齢問わず誰もが歌ったり踊ったりするのが大好き。それも大勢で集まって、夜が更けるまで楽しみます。そんなお国柄の中で、古くから伝えられてきたのがガムラン音楽なのです。

2）ガムランとは？
〜地域によるスタイルの違い

　「ガムラン Gamelan」は、「ガムル Gamel」＝「叩く」「打つ」「つかむ」という動詞が語源で、名前の通り打楽器が中心のアンサンブルです。青銅や鉄、真鍮などの金属製の打楽器や太鼓、木琴に加え、竹笛や弦楽器、そして歌を含む、およそ20〜30人ぐらいの編成で演奏されますが、その楽器セット全体、あるいは音楽そのもののことをガムランと言います[3]。
　楽器の中で特に目立つのは、何種類かの音の高さに調律された大小様々な銅鑼類です。このような楽器を使った音楽は、インドネシアのほかにもマレーシア、ミャンマー、フィリピン、タイ、中国などに見られ、それらの地域は**ゴング・チャイム Gong-chime 文化圏**とも呼ばれています。それぞれのお国柄を反映させた個性豊かな音楽が今に伝わっていますので、興味のある方はぜひインターネットなどで検索してみてください。

　このインドネシアのガムランにフォーカスしてみると、同じガムランといっても地域によっていくつかの様式（スタイル）があります。大きく分けると、以下の3種類に分類されます。

3　現地では、特に古典的な芸術音楽としてのガムランは「カラウィタン Karawitan」とも呼ばれています。芸術大学でもガムラン演奏科のことはカラウィタン科と言います。語源の「ラウィ」は「上品」「優しさ」「高尚」を意味します。

バリ様式のガムラン

　主にヒンドゥー教寺院の祭礼や冠婚葬祭などの儀礼の場、または観光客用のステージなどの野外で演奏されるガムラン。スピーディーに複雑なリズムが絡み合う音楽で、緩急あふれるダイナミックな曲調が特色です。

図2　バリガムラン「ゴン・クビャール」

ジャワ様式のガムラン

　中部ジャワのジョグジャカルタ Yogyakarta[4] やスラカルタ Surakarta（ソロ Solo）[5] の王宮を中心に発達した宮廷音楽。屋根のある半野外で演奏され、ゆったりと落ち着いた曲が多く、繊細で上品な味わいが特徴です。

図3　ジャワの王宮のガムラン

スンダ様式のガムラン

　西ジャワのスンダ族が住む地域で発達した音楽。貴族のたしなみとして愛好された室内楽や歌曲、また庶民の間で演奏される賑やかな舞踊や人形劇の伴奏曲などいくつかのジャンルがあり、それぞれ楽器編成や曲目が異なります。

図4　スンダのガムラン「ガムラン・ドゥグン」

4　ジョグジャカルタは中部ジャワ州内に位置しながら、特別州として独立しています。州都はジョグジャカルタ市。

5　スラカルタは中部ジャワ州（州都はスマラン）内の一都市。この地はもともとソロと呼ばれていたため、現在でも一般的にはソロの名が多く使われています。

ご覧のように、この３つの様式のガムランは、楽器の形や編成が異なります。もちろん、演奏法や曲目も違います。もともとルーツは同じだったのですが、長い年月をかけてそれぞれの土地に移動するうちに、到達した場所での環境や生活、宗教などが影響して形を変えていったのでしょう。

　細かく見てみますと、この３つの様式内においても、さらにいくつもの特色ある音楽のスタイルが存在することがわかります。たとえば同じジャワ様式のガムランでも、東ジャワでは楽器セットはほぼ同じながら、宮廷のガムランとはひと味違う民衆のエネルギーあふれる舞踊曲が発達しています。また反対側の西に位置するバニュマス地方では、西ジャワの文化が混じるユニークで弾むような庶民の音楽文化が根付いています。ガムランは、実際にはこのように地方色豊かな、バラエティーに富んだいくつものスタイルが存在しているのです。

３）ジャワガムランの本拠地
　〜中部ジャワのジョグジャカルタとスラカルタ

　さあ、それでは本書で取り上げるジャワガムランの本拠地、中部ジャワに目を向けてみましょう。中部ジャワにはジョグジャカルタとスラカルタと呼ばれる古都があります。

　この２つの都市にはどちらも２つずつ王宮があり、観光地としても有名です。

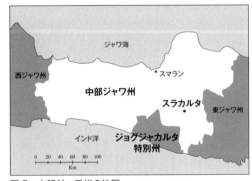

図５　中部ジャワ州の地図

２都市間の距離は約67km、車で約１時間半ほどなのですが、ガムラン音楽・舞踊のスタイルやレパートリーは少しずつ異なっています。

　ざっくり言えば、ジョグジャカルタのガムランは金属製の打楽器群が高

らかに鳴り響き、重厚でゆったりとしたテンポが特徴の音楽であるのに対し、スラカルタのガムランは柔らかい音のする楽器群が上品で繊細なメロディーを奏で、流れるようなテンポ感が特徴の音楽、といった感じでしょうか。ここまで紹介された"ガムラン"の大まかな特徴について、以下、表にまとめてみました。

表2　各地域によるガムランのスタイルの比較
※あくまでも一般的な特徴であり、各地域にはほかの特徴を持つ音楽のジャンルも多々あります。

地域	西ジャワ	中部ジャワ		バリ
		ジョグジャカルタ	スラカルタ	
主な演奏される場所	式典会場、祝いの席、庶民が集まる広場など。	王宮の半野外の大広間、祝いの席、公共の広場、野外ステージなど。		ヒンドゥー教寺院の境内、村の集会所、路上、広場、野外のステージなど。
音楽の特徴	優雅で気品にあふれた室内楽。または賑やかで弾むようなテンポの民衆音楽。	重厚できらびやか。ゆったり刻むようなテンポの宮廷音楽。または、楽しい民衆音楽。	繊細で上品。ゆったりと流れるようなテンポの宮廷音楽。または、楽しい民衆音楽。	ダイナミックでスピード感にあふれた曲調。ヒンドゥー教の儀礼の音楽。または観光、娯楽のための民衆音楽。

　ジョグジャカルタ様式と、スラカルタ様式のガムラン、どちらも宮廷音楽らしい気品にあふれているのですが、この本では、本学のガムランのふるさとでもある**スラカルタ様式のガムラン音楽**と舞踊をご紹介します。

4）ガムランのふるさと
〜古都スラカルタ

　では、さっそくスラカルタを訪れてみましょう。ジョグジャカルタを京都にたとえるなら、スラカルタは奈良にあたるような落ち着いた古都です。ほどよい広さの街で、中央の大通りの両脇には店やホテルが立ち並ぶものの、一歩路地に入れば王宮への回廊に迷い込んだり、昔ながらの家並

図6 スラカルタ市の風景
（王宮前のモスク、マスジット・アグン）

みが続いていたりして、人懐っこい人々の笑顔に出会うことができます。郊外をとうとうと流れるジャワ島最長の川・ソロ川は、有名な大衆音楽「ブンガワン・ソロ」でも歌われ、戦後には日本でもレコード化されてヒットしました。

　街の中心、住宅や商店が立ち並ぶ中に突然現れるのが、18世紀半ばに創建された本家・スラカルタ（カスナナン Kasunanan やクラトン Keraton とも称されます）と分家・マンクヌガラン Mangkunegaran の2つの王宮です[6]。ここを中心に、ガムラン音楽やジャワ舞踊、影絵芝居ワヤン Wayang（コラム p93 参照）などの芸術・芸能や、ろうけつ染めのバティック（コラム p239 参照）を始めとする工芸文化が脈々と受け継がれてきました。同時に、ガムランやジャワ舞踊、ワヤンといった芸能や美術を教える国立芸術大学 ISI Surakarta[7] などいくつかの大学があり、若者が集う活気あふれる街でもあります。伝統的なスタイルによる演奏会や舞踊公演、影絵芝居ワヤンが見られるほか、近年は大きなステージで大掛かりな照明や音響効果を駆使したガムランや舞踊の新作を披露するフェスティバルも盛んに開催されています。

　このように、現地のガムランは伝統音楽としての存在感を残しつつ、時代の変化にも柔軟に対応しながら、したたかに生き残っているのです。では、現在に至るまで、ガムランはどんな歴史をたどってきたのでしょうか？

6　1757年のサラティガ条約を経て、本家のスラカルタ王家からマンクヌガラン侯家が分家しました。本来なら本家のスラカルタ王家と分家のマンクヌガラン侯家と区別して表記すべきですが、一般的にはどちらも王家／王宮と呼ばれているため、本書ではどちらも王家／王宮と記述します。

7　Institute Seni Indonesia Surakarta。前身の ASKI（Akademi Seni Karawitan Indonesia）、STSI（Sekolah Tinggi Seni Indonesia）を経て2006年に創立。東京音楽大学とは2019年に提携を結んでいます。

2 歴史にみるガムラン

1）ガムランの始まりはいつ？

　「ガムランはいつ始まった音楽なのですか？」——よくある質問なのですが、これを聞かれると困ってしまいます。というのも正確な記録は無く、本当のところは誰にもわからないからなのです。

　ガムランの創世記に関する伝説なら、いくつか残っています。たとえば、最初にガムランを創造したのは宇宙支配の神サン・ヒャン・グル（またの名をブトロ・グル＝インドのシヴァ神のジャワ名）で、「ロコノント Lokananta」と呼ばれていたそのガムランは、クマナ、クト、クノン、クンダン、ゴン（**第2章参照**）の5種類の楽器だったと言われています[8]。また、別の説によりますと、「ロコノント」は「天界の音楽」を意味し、目に見えない楽器で演奏されていたという言い伝えも残っています[9]。いったいどんな音楽だったのでしょう？なかなかロマンをかきたてられるお話ですね。

　考古学的な見地によると、紀元前3世紀頃より中国南部からインドネシアを含む東南アジア一帯に、金属器を製造する「ドンソン文化」が広がり、「銅鼓（どうこ）」と呼ばれる青銅製の祭器が多数作られました。農耕儀礼などの重要な場面で鳴らされていたようですが、この「銅鼓」がガム

図7　銅鼓

ランのルーツではないか？との説もあります（これも本当のところはよくわかっていないようです）。

　そんなわけで、ここで詳しく説明できませんが、1つだけ言えるのは、日本が長い年月をかけて他国の文化を受け入れてきたように、インドネシ

8　R.Ng.Pradjapangrawit 1990 p4
9　Kunst 1973 p260

アも海外の影響を取り入れながら、ガムランなどの伝統文化を発展させて
きたということです。古くから伝わる形を守り続けるだけではなく、海外
からの新しい刺激を受けて、演奏目的や楽器編成、レパートリーなどを少
しずつ変化させて、現代へと伝えてきたのです。それでは、影響を受けた
海外の文化について、年代を追って見てみましょう。

表3　ジャワ略年表

西暦		主なできごと
B.C.	3 世紀〜	青銅器文化（ドンソン文化）伝来
	1 世紀頃〜	インドの貿易商が渡来し、仏教文化とヒンドゥー文化をもたらす
A.D.	7 〜	スマトラ島に仏教国シュリビジャヤ王国が興り、マラッカ海峡の交易を支配、ジャワ島にも影響を及ぼす
	8 〜 10 世紀	8 世紀半ばに中部ジャワに旧マタラム王国が興り、仏教を奉ずるシャイレンドラ王家がボロブドゥールなどの仏跡を建設。その後、ヒンドゥー教を信仰するスンジャヤ王家の時代に、プランバナンなどのヒンドゥー教寺院が建設される。インドの 2 大叙事詩の 1 つ「ラーマーヤナ」が古ジャワ語韻文に翻訳される
	10 〜 13 世紀	東ジャワにクディリ朝が興る。インドの 2 大叙事詩の 1 つ「マハーバーラタ」も、この頃古ジャワ語韻文に翻訳。「ラーマーヤナ」と合わせ影絵芝居ワヤンなどの題材に
	13 世紀末〜 16 世紀前半	マジャパヒト王国が東ジャワで台頭。約 200 年間、現在のインドネシアからマレー半島に至る諸王国を従え、ヒンドゥー・ジャワ文化を開花させる
	15 〜 16 世紀	ジャワ北部にイスラム王国ドゥマクが興り、ジャワのイスラム化が進む。同じ頃、ポルトガルが香辛料を求めて到来
	16 〜 18 世紀	中部ジャワでイスラム王国である新マタラム王国台頭
	1597 年	オランダが、ジャワを始めとしたアジアに進出。これを契機に、東インド会社を設立（1602）
	1755 年	マタラム、スラカルタとジョグジャカルタの 2 王家に分裂。のちに、スラカルタからはマンクヌガラン家が独立（1757）。ジョグジャカルタからはパクアラマン家が独立（1813）し、4 王家となる
	18 世紀末〜 19 世紀	オランダの植民地支配が本格化する一方、マタラムの各王家ではジャワ文化の絶頂期を迎える
	1942 〜 1945 年	日本軍による占領
	1945 年	インドネシア独立宣言。スカルノが初代大統領に
	1949 年	独立戦争を経て、オランダはインドネシアの主権を譲渡
	1965 〜 66 年	共産党のクーデター未遂とされる 9.30 事件を契機に、スカルノ失脚、スハルトが権力の座へ
	1998 年	前年のアジア通貨危機を契機として、スハルト大統領退陣。民主化が始まる

2）インド由来の仏教、ヒンドゥー文化の影響（紀元前〜）

　まず最初に影響を受けたのは、「インド」由来の文化です。西暦紀元前後よりインド人が渡来し、仏教やヒンドゥー教を広めました。観光地としても有名なジョグジャカルタ郊外のボロブドゥールは、8世紀末頃から建設された世界最大の仏教遺跡で、回廊のレリーフには仏陀^{ブッダ}の生涯のほか、インド由来の楽器を持ち演奏し踊る人々の姿が描写されています。また同じ頃に建設されたヒンドゥー教寺院プランバナンも姿の美しい遺跡で、ともにユネスコの世界遺産に登録されています。

図8　ボロブドゥール遺跡　　　　　　　図9　プランバナン寺院

　8世紀に興った旧マタラム王国や10世紀に東ジャワに興ったクディリ朝の時代には、インドから伝わった2大叙事詩「ラーマーヤナRamayana」と「マハーバーラタ Mahabarata」のジャワ語への翻訳が行われました。この2つの物語は、ガムランの歌の歌詞や影絵芝居ワヤン、ジャワ舞踊などの題材となるだけでなく、現代に至るまでジャワ人の心の大きな支柱となっています。物語の登場人物の名前やイラストは、店の看板などでよく見かけますし、たとえばインドネシアの初代大統領スカルノの名前は、マハーバーラタに登場する武芸の達人カルノにちなんだものであるなど、人の名前の由来になることもしばしばです。登場人物の性格に自分を重ねたり、物語から生きるための教訓を得たりと、1,000年の時を経てもなお、インド由来の物語は大きな影響を与え続けているのです。

やがて、13 世紀末に同じく東ジャワに興ったマジャパヒト（モジョパイト）王国の時代には、**ヒンドゥー・ジャワの文化が開花**しました。ガムラン音楽の合奏形態もこの頃に発達したと言われています。

3）西アジア由来のイスラム文化の影響（15 世紀〜）

　ところが、15 世紀頃からドゥマクや新マタラムなどのイスラム教の王国がジャワ島にも興り、「**イスラム**」の勢力が拡大します。イスラム教の文化はガムランにも大きな影響を及ぼします。たとえば、ガムランの楽器の1 つ、胡弓ルバブ（**p80 参照**）は、イスラムとともに西アジアから伝わった楽器ラバーブが起源ではないか？という説があります。

　また、ジャワ暦の 1 年に 1 度、イスラム教の預言者ムハンマドの誕生を祝う王宮の行事「スカテン Sekaten」では、通常のガムランよりも大きなサイズの特別な楽器「ガムラン・スカティ」が昼夜とわず 1 週間にわたり演奏されます。このスカテンは、ジャワにイスラム教を布教したワリ・ソンゴと呼ばれる 9 聖人のうちの 1 人、スナン・カリジョゴが始めたと伝えられています。大音量で打ち鳴らされるガムランの荘厳な響きはあたりを圧倒しますが、周囲には食べ物などの屋台が立ち並び、まるで村祭りのような賑わいとなります。

図 10　スカテンの様子

　スナン・カリジョゴはまた、影絵芝居ワヤン（特に皮製の人形を使用したワヤン・クリ）をイスラム教布教のために利用しました。それによって、ガムラン伴奏によるワヤンは大きく発展したのです。

４）オランダの支配に始まる西欧文化の影響（17 世紀〜）[10]

　さらに、1602 年にオランダが東インド会社を設立したことにより、「ヨーロッパ」の文化がジャワに到来します。キリスト教徒は現在インドネシア人全体の１割ほどですが、古都スラカルタにおいてもモスクのほかに教会が点在しています。時には教会内にガムランのセットが置かれ、ガムランで讃美歌が伴奏されることもあるようです。また、王宮の中は西洋かと見まがう

がごとく大理石の床上に彫像が並び、シャンデリアが輝いています。男性のガムラン奏者の正装ブスカップ（Beskap　**口絵１参照**）はこの時代にできたようですが、日本の詰襟にも似ていて明らかに西洋由来を思わせます。

図 11　西洋風な王宮内部

　この時からインドネシアは、第 2 次世界大戦までの約 340 年間という長きにわたりオランダの植民地となります。1755 年にはマタラム王国がジョグジャカルタとスラカルタの 2 王家に分裂し、オランダ支配がさらに進みました。

表 4　ジャワの王家の変遷

10　これより前の 16 世紀には香辛料貿易のためポルトガルやスペインなどの西洋諸国も来航しました。ポルトガルの船員達が持ち込んだ小型ギターは、インドネシアの伝統音楽と融合し、世界最古のポピュラー音楽と言われるクロンチョン Kroncong を生み出しました。

王家は政治的な権力を失いますが、その代わりに伝統文化の発展に力を注ぐようになり、王宮文化の絶頂期を迎えることになるのです。この18〜19世紀に、宮廷音楽としてのガムランは大編成スタイルが完成し、数々の古典の名曲が作られました。

　第2次世界大戦、独立戦争を経て1949年にオランダが正式に独立を認めて、インドネシア共和国が誕生します。ここから西洋文化はさらに浸透していきました。

　1950年に、スラカルタ市に初めての芸術高校コンセルヴァトリーKonservatori Karawitan Indonesia が創立されて以来、これまで王宮内、またはガムラン音楽家の家系において受け継がれてきた音楽知識や演奏技術が、教育現場で指導されるようになります。指導法も、最初は西洋の音楽教育にならいつつも、徐々にガムランにふさわしい方法が編み出されて今日に至っています。また、戦後は国営ラジオ局 RRI（Radio Republik Indonesia）の専属楽団によるガムラン演奏が電波に乗って流れ、市民が農作業をしたりくつろいだりしながらガムランを聴くことができるようになりました。それと同時に、市民の間にアマチュアグループが多数生まれ、ガムランの腕を競うコンクールがラジオ局などで盛んに開催されるなど、宮廷音楽が王宮の壁を乗り越え、市民の間でも気軽に楽しめるようになっていったのです。

図12　ジャワの結婚式

　現在、インドネシアでガムランの生演奏を最もよく聞くことができるのは、8月17日の独立記念日前後です。各地で記念日を祝う様々なイベントが開催され、ガムラン演奏や舞踊、影絵芝居ワヤンが上演されます。また伝統的なスタイルの結婚式では、ガムラ

ン演奏や舞踊はつきもので、新郎新婦の入場から始まり、いくつもの儀式を経て、お色直し、食事、退場に至るまで、“結婚式セット”とでも呼べるような、ほぼ定番の曲目プログラムが、式の進行に合わせて演奏されます。新郎新婦は1日だけ、まるで王様と王妃様になったような姿で、ガムラン演奏や舞踊、ワヤンとともにめでたい日を寿ぎ、お客様をもてなすのです。

　近年は、そのような特別な日以外にも、街をあげてのフェスティバルなどがしばしば開かれ、大きなステージでスポットライトを浴びながらガムランや新作舞踊が披露されるようになりました。お客様が楽しめるように派手なアクションが付いたり、シンセサイザーなどの異ジャンルとの共演であったり、何でもござれ…。そのようにして、ガムランは今も人々にとって身近な存在でありながら、日々進化を続けているのです。

5）インドネシアの標語「多様性の中の統一」

　ここまで駆け足で、ジャワの略歴とからめてガムランのたどった道を眺めてみました。「インド」「西アジア（イスラム）」「西洋」の順に外来文化の影響を受け、新しい文化が入ってきてもそれまでの文化を否定することなく、共存する形で今日に至っているのがおわかりいただけたと思います。このほかにも、実は古代から通奏低音のように中国の影響を多分に受けていますし、もしかしたら第二次世界大戦時にわずかの間進駐した日本の影響もあるかもしれません。

　歴史の話の最後にもう1つご紹介したいのが、インドネシア独立時に制定された国の標語、「多様性の中の統一」[11]です。インドネシアは世界最大のイスラム教人口を抱えているにもかかわらず、イスラム教を国教にはせず、その他の宗教の存在も認めています。

11　古代ジャワ語の「ビンネカ・トゥンガル・イカ Bhinneka Tunggal Ika」

図13 インドネシアの国章

　宗教や言葉や民族など、**異質なものを排除することなく、お互いに尊重し合いながら共存していこうという精神**は、今の時代においては貴重なものと言えるでしょう。

　そして、この精神こそはガムラン音楽にも深く根付いているように思われます。
　色々な楽器——高い音や低い音、猛スピードで弾く楽器やたまにしか鳴らない楽器、固い音や柔らかい音、時には音程やビートが合っていなかったり間違った音が聞こえてきたり…、そんなことも含めて、大勢の演奏家がそれぞれの個性や楽器の特性を生かしつつ、お互いの存在を認め合った上で一緒に演奏するのがガムランなのです。

　ジャワ人が大切にしている彼らの思想を表す言葉の１つに、「トレランシ Toleransi」があります。「寛容」「許容」といった意味なのですが、**ガムランを演奏する上でも「ほかの人を尊重し、お互いに聞き合う」ことがとても大切なのです。**そう、ガムランは深くてユニークな音楽なんですね。
　では、お待たせしました。さっそくその音楽の中身に分け入ってみましょう。

図14　結婚式の演奏

図15　田舎のガムラン

3 ユニークな音律・音階

　ガムランを初めて聴いた時に、「不思議な音楽だな」「神秘的な音だな」と感じる要因の1つは、やはり聞き慣れない音律や音階にあるのではないでしょうか。

　「音律」とは、音楽で用いられる音の高さを決める方法のことを言います。音の高さといっても、たとえばあくびをする時に声を出すと「あ～」と声の高さが曲線を描いていくように、本来音はつながっているものです。でも楽譜を書く場合には、「ド」、「レ」、「ミ」のように音の高さは階段状になっていますよね。その階段の高さを決める方法が音律なのです。

　私達は、ピアノのドレミファソラシドに代表されるような均等な段差＝「平均律」を聞き慣れていて、それは五線譜で書き表すことができますが、**世界中には五線譜では書くことのできないような音楽がたくさんあります。ガムランもその1つなのです。**では、ガムランの音律はどのようにして決められているのでしょうか？その話をするためには、まずガムランの楽器の素材や製造過程、そして調律の方法に触れなければなりません。

1）楽器の素材
～青銅の楽器

　ガムランのほとんどの楽器は青銅や鉄、真鍮などの金属でできています。そして、王宮などで使われている最も上質の楽器は**青銅製**です。青銅と言えば、日本のお寺の鐘や古代の銅鐸なども青銅製なので、日本人にとっては何だかありがたい響きに聞こえるかもしれません。

　青銅は銅と錫が混じったものです。ガムランは、王宮ではゴンソ Gansaとも呼ばれています。その語源については、以下のような説があります。

ゴンソ Gansa ＝ 銅（トゥンボゴ Tembaga）＋ 錫́（ルジョソ Rejasa）、
　　　　あるいは
　　　　＝ 錫́ 3（3：ティゴ Tiga）：銅 10（10：スドソ Sedasa）

　ガムラン楽器のセットは王宮外でも公共施設やラジオ局、教育機関など、インドネシアではあらゆる場所で所有されていますが、青銅製のガムランは高価なので、どこにでもあるというわけではありません。田舎に行くとむしろ安価な鉄製のものが多く、中には看板などの廃材を利用して作られたものもあります。インドネシアの人は音楽が大好きなので、手に入るものをうまく利用して楽器を作ってしまうのです。

写真 16　マンクヌガラン王宮のプンドポ

　そうは言っても、いちばん音色がすぐれているのは青銅製の楽器です。余韻が長く伸び、輝かしい響きを放ちます。青銅製の楽器が美しく鳴り響く場所といえば、やはり王宮でガムランが演奏される**プンドポ Pendapa と呼ばれる大広間**でしょう。大理石の床に絨毯が敷かれ、そこに並べられた楽器が打ち鳴らされると、青銅の音の余韻が高い天井まで上昇し、シャワーのように音が上から降り注ぐ音響効果が生じるのです。

　プンドポは柱だけで壁が無いので、外から鳥のさえずりや街の喧騒、雨音などが聞こえてきます。以前、雨季にスコールと呼ばれるどしゃぶりの雨が降る中、プンドポでガムランを聴いていた時に、大音量で鳴らされるガムランの青銅の響きが地面を叩きつける豪雨の音と混ざり合って、まるで異世界へ誘われたかのような何ともいえぬ心地になったのを覚えています。ガムランの青銅の響きは、音楽ホールのような閉じられた空間ではなく、半野外で周囲の音と混じり合いながら鳴らされてこそ、その威力を発

揮することができるのかもしれません。多少、楽器にびりびりした雑音があったり、演奏中に近くから人の話し声が聞こえてきたりしても、それは全く問題ではないのです。

２）楽器の製造と調律の方法
　　～セットによって音程が違う？

　青銅製のガムランは、青銅の板を火の中に入れて柔らかくし、それを取り出して叩いて形作り、また火の中に入れるということをくり返して成形します。たとえばコブのついた銅鑼＝ゴン（**p73参照**）の場合は、青銅製の円盤を数人が周囲から代わる代わる槌で叩いてコブを打ち出します。板状の鍵盤も、火に入れて叩き伸ばしたり、削ったりしながら作ります。ただでさえ暑い常夏の地で、数百度に熱せられた青銅をくり返し叩き続ける作業は本当に大変です。細心の注意を払わないと、特にコブの部分は割れてしまう危険性があるので、長年の経験や勘と集中力が必要となります。楽器職人がゴンを製作する際には、必ず事前に断食やお祈り、瞑想などの修行を行って、楽器に対する敬意を払うと同時に精神力を高めるのです。

図 17　ガムラン製造過程

　楽器の調律も、金属を叩いたり削ったりしながら行います。今でこそ電動式の道具を使う職人さんが増えましたが、以前はヤスリで削っていました。

ところで、この調律に関しては、ピアノなどの西洋の楽器とは大きく異なる点があります。ピアノの場合、一般的にはどれも同じ「音律」に調律されます。私の家のピアノとあなたの家のピアノのドレミの音の高さが違う、ということはまずありませんよね。でも、ガムランの場合は違うのが普通なのです。つまり、**ガムランはセットによって音の高さが少し異なるのです**。たとえば東京音大の楽器の音は、別のある大学の楽器と比べると1音ぐらい高めです。絶対音感のある学生さんにとっては、演奏し慣れている曲でも別の大学のセットだと音の高さが違うので混乱してしまいます。音全体の高さが違うだけでなく、音と音の間の幅の広さも微妙に異なるので、さらにわからなくなります。私も現地でそのような楽器に出会った時に、まるで違う音階を聞いているかのように感じられて、演奏できなくなってしまったことがありました。ジャワでは、**楽器セットごとに音律がやや異なるのは、むしろそれぞれの個性として受け止められているようです**。

　では、セットごとに異なるガムランの音律は、どのようにして決められるのでしょうか？仮に、新品のガムラン楽器のフルセットを購入するとしましょう。そもそも現地では、ガムランのフルセットを店頭では販売していないので、直接職人さんの工房に行って注文することになり、そこで色々なことを確認し合います。

　たとえば、各楽器の種類や個数、色（赤や茶色、黒、緑など、木枠部分の塗装はある程度自由に注文できます）、サイズなどに加えて聞かれるのが、「音律はどうするのか？」ということ。つまり、**音律も依頼主の好みが反映されるのです**。その答えとしては、職人さんに「お任せ」する、あるいは「いつもラジオから流れてくる、あのガムランと同じ音にしてほしい」など、聞き慣れた楽器と同じ音律を希望する場合がよくあるようです。中には音律に関して細かい注文をする人もいたことでしょう。そのようにして、そのセットならではの個性豊かな音律ができあがるのです。

　では、実際にガムランを調律する際の、音の高さの決め方についてお話

ししましょう。ここからは、私がお世話になった楽器職人 [12] の方へのインタビュー内容をもとにご説明します。おそらく職人さんによって調律法も異なるはずですので、あくまでも1例とお考えください。

　基準の音を決める際には、グンデル Gender と呼ばれる共鳴筒付き鍵盤楽器（**p80 参照**）を使用します。まずグンデルの鍵盤の裏側を削って、音の高さを調整します。最初に決めるのは、基準となる「6」の音 [13] です。ジャワガムランの音は数字で書き表されるのですが [14]、たとえば東京音大の楽器の場合、「6」の音はだいたいB（シ♭）です。楽器のセットによっては1音くらい低めの場合もあります。時代や地域によっても音の高さの好みが異なっていて、昔の方が音は低めだった傾向があるようです。それにしても、基準音がBというのは、西洋のオーケ

写真18　調律のために削られたサロンの鍵盤の裏

ストラが音合わせをする時にオーボエのA（ラ）の音に合わせることを考えると、洋の東西問わずなんだか似ていて興味深いですね。

　今でこそチューナーのような機械を使って音を決める職人さんもいますが、以前は機械を使わずに職人さん自身が持つガムラン的絶対音感のようなものに従って調律していました。でも、たとえばその日の職人さんの体調がいまひとつだった場合に、「6」の音が若干低めになってしまうというようなことは、実際にあるとのこと。それでも一度「6」の音を決めたら、後から直すことはせずに調律を進めていたようです。工場で作られる楽器

12　トゥントゥルム・サルワント Tentrem Sarwanto 氏（1941〜2017）。スラカルタ市内に工房を構え、国内はもとより世界中から多くの注文を受けていました。調律のための海外渡航歴も多く、2002年の来日時には、東京音大の楽器も調律していただきました。

13　ガムランのフルセットとは、スレンドロ音階とペログ音階（p39 参照）の各セットを合わせたものを指します。両方の音階の共通音が6なので、調律はこの音から始めます（ただし古い楽器は5の音を共通音にしたセットも数多くありました）。

14　数字で表される以前は、「首」「胸」など体の部分名称で呼ばれていたこともありました。

37

と違い、とても人間的ですね。

　「6」の音を決めたら、次に決めるのは1オクターブ低い6の音です。ここで2人（楽器職人と音楽家）の方から異なる意見を聞いたことがあるので、ご紹介しましょう。1人目の方は、低い6はほんの少し低めにして、1オクターブよりやや広めに調律する、という意見。そして2人目の方は、ぴったり1オクターブに合わせて調律する、という意見です。前者は、音をぴったり同じにするのではなく、ちょっとだけずらすことによって微妙な「うなり」が生じるので、その効果を出すために低めに調律するとのこと。それに対し後者は、金属は時間とともに伸縮して音が変わってしまうので、最初はぴったり同じに調律してもどうせ変わる、最初からずらしたら後で大幅にずれてしまうではないか、という考え方でした。どちらも一理あって面白いですね。でも2人に共通しているのは、「うなり」が生じることは良しとしている点です。これはピアノのような西洋の楽器ではNGです。

　それだけではありません。ガムランの場合、それぞれの楽器の音を調律する際にも、互いにほんの少し音の高さをずらすことによって、合奏全体から心地よい「うなり」が生じることを目指すのです。そして、もう1つ大切なのは、大型のゴンを単体で鳴らした時にも聞こえる「うなり」です。「うなり」——つまり音に波が生じることは、ガムラン的には「音が生きている証拠」なのです。気持ちの良いうなりを響かせるための微妙なさじ加減は、まさに長年の経験を経た職人技によるところが大きいでしょう。そのうなりの大きさも地域によって異なり、たとえばバリ島のガムランはうなりの波の幅が大きく速いのに対し、ジャワ島のガムランのうなりの幅は控えめでゆったりしています。そんなところにも、現地の人々の音に対する繊細な感受性が見受けられます。

　このようにして、オクターブ以外の音も1つ1つ決めていきます。ここから先は音階とも関わってきますので、ガムランの音階についてご説明しましょう。

3）ジャワガムランの音階
　　〜スレンドロ音階とペログ音階

　ジャワガムランは基本的に5音音階です。つまり、1オクターブ内に5つの音があります。ジャワガムランの場合、さらに音程の違う2種類の音階[15]があります。フルセットのガムランでは、金属製の楽器はそれぞれ音階別に2種類ずつあり、演奏者の前と横、あるいは前後に置かれているので、演奏者は音階が変わると前を向いたり横を向いたりしながら演奏することになるのです[16]。2種類の音階とは、以下の通りです。

【スレンドロ Slendro 音階】
　1オクターブを約5等分し、音と音の間の幅がほぼ均等な音階。ピアノの黒鍵だけを弾いているようなイメージ。日本の民謡音階や律音階、ヨナ抜き音階[17]に似る。

【ペログ Pelog 音階】
　音と音の間の幅が広いところと狭いところがある音階。琉球音階や都節音階[18]に似る。

　たとえば、サロン・ドゥムン（この本では大サロンと記します）と呼ばれる鍵盤楽器（p76 参照）は、音階ごとに次頁のように鍵盤が並んでいます。ちなみに、ガムランの音高は数字で表され、数字の下に点がある場合は低い音を、上に点がある場合は高い音を示しています。東京音楽大学の楽器の音高も、五線譜で書き表してみます（あくまでも近似値です）。音も鳴らしてみますので、次頁のQRコードからお聞きください。

15　音階のことは、ジャワではララス Laras と呼ばれています。
16　大型のゴンや太鼓など、一部の楽器はどちらの音階でも共通のものを使います。
17　「ドレミファソラシド」のうち4番目の音「ファ」と7番目の音「シ」を抜いた「ドレミソラド」の音階のこと。明治時代に「ドレミ…」は「ヒフミヨイムナ」と呼ばれていたことから「ヨナ抜き音階」と名付けられました。
18　日本の伝統的な音階の1つ。「ミファラシドミ」に相当する音階。この音階の代表的な曲は「さくらさくら」「うさぎ」など。

図19　東京音楽大学所蔵の大サロン（サロン・ドゥムン）におけるスレンドロ音階とペログ音階の音高（五線譜は、あくまでも近似値）

スレンドロ音階

ペログ音階

▶ 〈動画1〉　スレンドロ音階とペログ音階
（東京音楽大学所蔵の大サロン）

　そもそも、なぜジャワには2種類の音階があるのでしょうか？そして、どちらの音階の方が古いのか？実はよくわかっていません。ただ、ジャワ島全体でみると、多いのはスレンドロ音階[19]のようです。

　地方ではフルセットではなくスレンドロ音階のみのセットを使用している地域が多いのです。また、影絵芝居ワヤンでももとはスレンドロ音階のみが使用されていました。そのようなことからスレンドロ音階の方が古くからあったのではないか？という説がありますが、本当のところはわかりません。

　スレンドロ音階は1オクターブを約5等分した音階と言われていますが、音と音の間の幅は全く均等ではなく、実際は少し違っています。そこに地

19　「スレンドロ」の名はボロブドゥールなどの仏跡を建設したことで有名な「シャイレンドラ王家」（8〜9世紀）の名に由来するとの説があります。このことからも、スレンドロ音階は古い歴史を持つと言われているのです。

方ごと、あるいはセットごとの個性が表れているように思われます。実際にスレンドロ音階を聞くと、日本の民謡や唱歌を聞いているような、懐かしい気持ちになります。中国の音楽を思い起こす人もいます。どこか遠いところでつながっているのかもしれない、と思わせるような音階です。

　それに対し、ペログ音階は、音と音の幅が広い部分と狭い部分があるので、スレンドロ音階とはずいぶん違った印象となります。次の「調（旋法）」の説明でも触れますが、どの5音を選ぶかによって、まるで沖縄の音階のように明るく聞こえたり、あるいは「五木の子守唄」のような少し淋しげな音階に聞こえたりします。特に、沖縄の音階とは瓜二つといってもよく、海のシルクロードをたどって音楽も行き来があったのでは、と思わせるほどです。

　現地ジャワでは先述した通り、王宮のイスラム教の儀式スカテンにおいて、通常よりひとまわり大きいスカテン用の楽器が1週間にわたって鳴らされますが、この楽器はペログ音階のみです。イスラムといえば、ジャワで1日に5回町中に流れるアザーン[20]もペログ音階風です。こちらの音階は、日本人にとってはどことなく異国情緒を感じさせるところがあるかもしれません。

4）ジャワガムランの調

　音階について、さらに詳しく説明してみましょう。ここからは少し専門的な内容になりますので、難しいと思われた方はここは読み飛ばしてしまってもかまいません。

20　イスラム教における礼拝への呼びかけのための詠唱。夜明け前、正午頃、午後3時頃、日没後、夜7時頃の5回、モスクや礼拝所から大音量で流されます。

ジャワガムランの 2 種類の音階には、それぞれ 3 つの調 [21] があります。3 つの調とは、

　　①どの 5 つの音を使うのか？
　　②どの音が中心（＝主音：西洋音楽ではハ長調の「ド」にあたるイメージ）なのか？
　　③主音の次に大事な音（それぞれの調に 2 つずつある音）は何か？

によって調が変わります。ガムランの数字譜を使って説明しましょう。

表 5　ジャワガムランの各音階における調と構成音

（中心となる音＝主音は○で囲った太字に、その次に大事な音は下線を引いた太字で表しています [22]。ただし、主音はほかの音の場合も多々あります。）[23]

スレンドロ音階

1．ヌム Nem 調	②3 <u>5</u> <u>6</u> 1 ②
2．ソンゴ Sanga 調	⑤6 <u>1</u> <u>2</u> 3 ⑤
3．マニュロ Manyura 調	⑥1 <u>2</u> <u>3</u> 5 ⑥

ペログ音階

1．リモ Lima 調	⑤6 <u>1</u> <u>2</u> 4 ⑤	または　⑤6 <u>1</u> <u>2</u> 3 ⑤
2．ヌム Nem 調	②3 <u>5</u> <u>6</u> 1 ②	
3．バラン Barang 調	⑥7 <u>2</u> <u>3</u> 5 ⑥	

21　調のことは、ジャワではパトゥ Pathet と言います。
22　たとえば主音が「6」の場合、ジャワガムランでは次に大事な音は 5 度下の「2」か 5 度上の「3」の音となります。これは、西洋音階で「ド」が主音の場合、同じように 5 度上の属音「ソ」、5 度下の下属音「ファ」が重要なのと似ています。
23　たとえば、ペログ音階ヌム調は、主音が 5 や 6 の音になることも多く、6 の音の場合は「ニャマ Nyamat」調とも呼ばれます。またペログ音階バラン調も、6 のほかに 5 が主音になる場合もあります。このように、調についてはなかなか複雑なのです。

▶〈動画2〉　スレンドロ音階とペログ音階の各調の構成音
（東京音楽大学所蔵の大サロンと中サロン）

　ご覧のように、スレンドロ音階はもともと音が5つしかないので、どの音が中心となるかによって調が決まります。「ド」が主音ならハ長調というように、たとえば5の音が主音ならソンゴ調だとざっくり言うことはできます。

　ガムランでいう主音というのは、たとえば最初にゴンが鳴る時の音、あるいは最後にゴンが鳴る時の音、つまり終始音と同じ音といっても良いでしょう。ただし主音については、同じ調でも曲によって音が違うことが多々あり、一概には言えません。ガムランは、音階や調に限らず音楽理論が整っているように見えて、実は例外やおきて破りのようなものもたくさんあり、そこが面白いのですがやっかいな部分でもあります。

　さて、ペログ音階の方はもともと音が7つあるので、そこからどの5つの音を取り出し、さらにどの音が主音になるかによって調が決まります。たとえば、「1」「2」「4」「5」「6」、あるいは「1」「2」「3」「5」「6」の5つの音を取り出した、5の音が主音になることの多いリモ調は、落ち着いて憂いのある雰囲気の調で、特に「4」の音が使われると日本の都節音階を思わせます。
　一方、「2」「3」「5」「6」「7」の5音を取り出したバラン調は、明るい印象で沖縄の音階に似ています。

　ちなみに、各調を構成する音と音の間の幅の違いを図にしてみると、およそ次頁のようになります。

表6　ジャワガムランの各音階における各調の音程幅のイメージ

（スレンドロ音階は、音の幅はほぼ均等です。それに対し、ペログ音階は幅の広い部分と狭い部分があります。狭い部分に下線を引きます。）

スレンドロ音階

1．ヌム Nem 調　　　2　3　5　6　1　2

2．ソンゴ Sanga 調　　5　6　1　2　3　5

3．マニュロ Manyura 調　6　1　2　3　5　6

ペログ音階

1．リモ Lima 調　　　<u>5　6</u>　　<u>1　2</u>　　4　<u>5</u>

　　　　　　　　　　<u>5　6</u>　　<u>1　2　3</u>　　5

2．ヌム Nem 調　　　<u>2　3</u>　　<u>5　6</u>　　<u>1　2</u>

3．バラン Barang 調　<u>6　7</u>　　<u>2　3</u>　　<u>5　6</u>

5）調と時間との関係

そして、これらのガムランの「調」は、実は時間と大きく関係しているのです。影絵芝居ワヤンの伴奏音楽を例に説明しましょう。

ワヤンは通常、夜の9時から明け方4時頃まで延々と上演され、その間ガムランは常に鳴り響いています。その伴奏音楽の調が、時間の推移とともに変化するのです。調と時間のおよその関係を表にしてみると、こんな感じです。

表7　ガムランの各調と時間とのおよその関係

時間（推定）	スレンドロ音階	ペログ音階
PM9:00 ～ AM1:00	ヌム調	リモ調
AM1:00 ～ AM3:00	ソンゴ調	ヌム調
AM3:00 ～ AM4:00	マニュロ調	バラン調

　影絵芝居ワヤンは、どんな
物語であっても一晩の進行は
だいたい決まっています。ま
ず最初は、その日の舞台とな
る王国や登場人物の説明が
延々と語られ、その間は低め
の音が中心でゆったりとした
スレンドロ音階ヌム調の曲が
演奏されます。雰囲気を変え

図20　ワヤンの戦いのシーン

るためにペログ音階に変わったとしても、同じような性格のリモ調の曲が
奏でられます。

　夜中1時頃になると閑話休題、道化の人形が出てきてストーリーとは直
接関係のないお笑いや時事ネタなどで周囲を沸かせ、女性歌手達が美しい
歌声を聴かせます。この時間になると、中音域が中心となるスレンドロ音
階ソンゴ調やペログ音階ヌム調の楽しげな曲が続きます。

　そして、深夜3時頃になると物語は大詰め、戦いのシーンが多くなりま
す。この時間には高い音域が中心となるスレンドロ音階マニュロ調やペロ
グ音階バラン調の曲が、人形の激しい動きに合わせて大音量で鳴らされ
るのです。ラストのシーンでは、この調によるゆったりとした曲が演奏さ
れ、さわやかな朝が訪れたことを印象付けます。

　このようにして、調は時間の推移とともに移り変わっていくのです。こ
れは夜に限ったことではありません。結婚式のワヤンは昼も上演されるこ
とがありますが、昼の場合も伴奏音楽の調は時間の推移と関係します[24]。

　また、調の移り変わりは「人の一生」にもたとえられます。

　たとえば、最初に演奏されるスレンドロ音階ヌム調の「ヌム」は「若さ」

24　昼間の場合、スレンドロ音階ならマニュロ調→ソンゴ調→マニュロ調、ペログ音階ならバラ
　ン調→ヌム調→バラン調の順番で演奏されます。スレンドロ音階ヌム調やペログ音階リモ調
　といった低めのしっとりした楽曲は、昼間は基本的には演奏されません。なお、ルワタン
　Ruwatan と呼ばれる厄除けのワヤンも昼間に上演されますが、その場合はスレンドロ音階マ
　ニュロ調のみとなります。

を意味します。続くソンゴ調の「ソンゴ」とは「大人になる」ことを意味します。そして、マニュロ調の「マニュロ」は近づく、つまり「寿命が近づく」ことを意味するというのです[25]。一晩のワヤンの音階の移り変わりによって人の一生を味わうことになるなんて、面白いですね。

　この「調と時間」との関係は、ワヤンだけではなくガムランの伝統的な演奏会クルネガン Klenengan にも当てはまります。祝いの席などで開催されるクルネガンは夜8時くらいから深夜日付を超える頃まで、途中に食事をはさみながら開催されるのですが、演奏される曲の調の順番は、ワヤンの場合と同じなのです。確かに、低い音域でスローテンポな曲から始まり、途中軽快で楽し気な曲群をはさみ、最後は夜明けを思わせるすがすがしい高音の曲で終わるという進行は、プログラム的にも良いのかもしれません。ガムランの歌手にとっては、この調の進行が体に染みついているようで、この時間帯、この順番でないと歌えないという方もいたようです。

6）2種類の音階をブレンド

　音階の話に戻りましょう。ガムランの曲はたいてい最初から最後まで同じ音階や調で演奏され、途中で転調することはほとんどありません[26]。でも、**スレンドロ音階の楽器の演奏に乗せて、歌手がまるでペログ音階のようなメロディーを歌う手法があります**[27]。ピアノ伴奏は明るい長調なのに、童謡「ひなまつり」や「さくらさくら」のような短調のメロディーの歌を歌うようなイメージです。この場合、歌より先にルバブと呼ばれる胡弓（p80 参照）がスレンドロ音階とは異なる音を含むメロディーを弾いて、歌をそちらの音階へ誘います。この時、2つの音階が交差することにより、

25　Supanggah 2009 p280

26　たまに曲の途中でゴンを介してスレンドロ音階からペログ音階へ（またはその逆）移行する
　　モラ・マリ molak-malik と呼ばれるアレンジで演奏されることもあります。

27　バラン・ミリン Barang Miring と呼ばれる二重旋法法。西ジャワのスンダ族のガムランには、
　　この手法による歌がとても多いのです。

えも言われぬ不思議な味わいがかもし出されるのです。

　影絵芝居ワヤンでは、悲しみを表すシーンで、実際にこの手法により歌われることがあります。

　ガムランの音律や音階について説明してきましたが、これだけでも従来の西洋音楽やポップスとはずいぶん違うと感じた方は多いのではないでしょうか。異国の文化に出会うと、最初はその違いに驚き、とまどい、中には近寄りがたい感情を抱く人もいるかもしれません。それでも、その違いを否定せずに、ゆっくりと少しずつ味見をするようにして接していると、いつの日か慣れて、ごく自然なものになって、まるで昔から知っているもののように思えたりすることもあるでしょう。ガムランの音に最初違和感を持たれた人も、わからないなりに関心を持ちながら聴いていると、いつしかそのように感じられる時が来るかもしれません。

　さて、次の章ではガムランの音楽の構造についてご説明しましょう。ガムランはフル編成だと 20 ～ 30 人、あるいはそれ以上の大人数で演奏する音楽なのに、西洋のオーケストラとは違って**指揮者もいなければスコアやパート譜もありません**。それなのに、いったいどうやって合奏ができるのか？それは、しっかりした「構造」、しいて言えば「枠組＝形式」が存在するからなのです。でも、その話をするためには、まず現地で扱われている簡単な「楽譜」について触れなければなりません。その楽譜が、またユニークなのです。

図21　スクー寺院のレリーフ
スラカルタ市近郊の山の中腹に
建つヒンドゥー教寺院。小さな
ゴンを持つ姿がユーモラス。

4 シンプルな数字譜と形式
～大事な拍はどこ？

1）シンプルな数字譜「バルンガン」とは？

　ガムランは、もともと楽譜は無く口伝により伝承されてきました。ですが、ジャワでは 100 年以上前から記録のため、あるいは教育のために、簡単なメモ書きのような数字譜が使われるようになりました。その楽譜のことを、現地では**バルンガン Balungan** と呼んでいます。語源となる「バルン」は「骨」という意味。つまり、「骨のような旋律」という意味となります。いったいどんな旋律なのでしょう？そもそも、ガムラン音楽の旋律って何なのでしょう？

　このバルンガンの譜面を 3 巻の本にまとめた偉大な音楽家がいました。スラカルタ市の王宮の演奏家として活躍したムロヨウィドド Mloyowidodo 氏です。彼が編さんし、1977 年に当時の芸術大学 ASKI[28] から出版された「ジャワ・スラカルタ様式の曲集」[29] は、現在では現地の芸術大学の教科書としても使用されています。音階や調ごとに大小合わせて全 888 曲のバルンガン譜が掲載されているのですが、ムロヨウィドド氏は大変記憶力のすぐれた人だったとのこと。これだけの曲を楽譜として残すのは大変な作業であっただろうと思われます。

　それでは、その本にも書かれている、ある有名な古典曲のバルンガン譜の例を次頁に記してみましょう。現地の大学では授業の課題にもなっている「ムギラハユ」という曲の楽譜です。

28　Akademi Seni Karawitan Indonesia、現在の ISI（Institute Seni Indonesia）Solo。
29　Gending-gending Jawa Gaya Surakarta

楽譜1　古典曲「ムギラハユ」

```
Ladrang Mugirahayu, laras slendro pathet manyura

Buka      . 6 6 .      6 1 6 5      1 6 5 3      6 1 3 ②

      [: 3 6 1 .      3 6 1 2      3 6 1 .      3 6 1 2

         3 5 2 3      6 1 6 5      1 6 5 3      6 1 3 ② :]
```

　フル編成で10分ぐらいかけて演奏する曲なのに、楽譜はたったこれだけです。本当にメモ書きのようですね。詳しく見てみましょう。

2）作曲者はわからない？

　上段の Ladrang（ラドラン）は形式の種類を表しています。まず最初に形式名が示されるほど、ガムランの演奏にとって形式は大事なのです。次に書かれている Mugirahayu（ムギラハユ）はこの曲のタイトルです。「ムギラハユ」の意味は「平安であれ」というような意味。結婚式などのおめでたい席でよく演奏されます。その横の laras slendro はスレンドロ音階、pathet manyura はマニュロ調を表しています。

　あれ？作曲者の名前はどこにあるの？そう、実は**ガムランの古典曲の作曲者はわからないのです**[30]。伝えられているのは何世の王様の時代の作品、ということのみ。王宮付きの音楽家が自分の名前を前面に出すことは王様に対して畏れ多いという意識があったためか、または1人ではなく何人

30　戦後、主に王宮外で作られた曲に関しては、作曲家の名前が知られている曲も数多くあります。ガムランの曲のあり方も時代とともに変化しています。

かで共同で作曲したからか、とにかく作曲者の名前は伝えられていないのです。もっと言えば、ガムランを演奏する際に作曲家が誰なのか？はそれほど重要なことではない、と言っても良いかもしれません。これは、ベートーヴェンやショパンなどのクラシック音楽の世界とは大きく異なる点ですね。大事なのは作曲家が誰なのかではなく、演奏家が誰で、いつどんな時に演奏するか？なのです。詳しくは後ほどご説明しましょう。

3）バルンガンは後から作られたメロディー？

　さて、タイトルの下に書かれている Buka（ブコ）は、「前奏」の意味です。その横の数字は、前奏のメロディーです。そして、その下のリピート記号の中に書かれた2段にわたる数字が、この曲のバルンガン譜なのです。この曲の楽譜はこれが全てなのですが、この数字の通りに演奏するのは1部の楽器のみです。バルンガンを弾く楽器＝鍵盤楽器のサロン類（**p76 ～ 77 参照**）やスルントゥム（**p77 参照**）のみがこの旋律を奏でますが、ほかのほとんどの楽器や歌は、この数字通りには演奏しません。ここに書かれた「骨のような旋律」バルンガンは、この曲のメロディーというよりはむしろ、以下のような意味合いを持つものとなります。

　　①ジャズにおけるコード進行のようなもの
　　②曲の枠組み、手引き
　　③曲のエッセンス、曲に込められたもの

　なんとも不思議ですね。メロディーであってメロディーではないような…。実際に、この曲はゆったりとしたテンポで演奏されることが多く、たとえば1つ目の数字から次の数字を叩くまでに3秒近くかかることもあります。そうなると、遅すぎてもはやメロディーとしては聞こえなくなってしまいます。そして、もっと不思議なことに、曲にもよるのですが、バルンガンは最初に作曲されたものではなく、歌やほかの楽器のメロディーが

先に作られ、そこからまるで抽出するかのようにして、後から作られる場合も多いのです。バルンガンと曲は「にわとりと卵」の関係のように、実はどちらが先にできたのかはわからないのです。どちらにしても、バルンガンは「曲のエッセンス」「手引き」となって、スコアは無くてもガムランのあらゆるパートがこの曲を演奏するための指針となるのです。なんだか禅問答のようになってきたので、このあたりにしておきましょう。この本では、「骨のような旋律」であるバルンガンを、わかりやすく「**基本の旋律**」と呼ぶことにします。のちほど「アレンジ」の説明の部分でもう少しこのことに触れます。

4）ガムランの形式

さて、あらためてこの楽譜（**p49参照**）をよく見ると、数字にいくつかの記号が書かれていますね。丸や半円などの記号は、曲の大事な節目となる部分で、鳴らされる楽器の記号です[31]。

楽譜2　節目で鳴る楽器の記号

記号	楽器
○	ゴン
⌒	クノン
⌣	クンプル
+	クト
−	クンピャン

図22　ゴン　　図23　クンプル

図24　クト（左）　図25　クノン
　　　クンピャン（右）

これらの楽器は、曲の大事な節目の部分で鳴らされます。文章で言えば、句読点のような役割を果たします。たとえば、ゴンは句読点の「。」にあたるような、長いフレーズの最後で鳴らされます。それに対し、クノ

31　クトとクンピャンの記号は省略されることもあります。

ンやクンプルは句読点の「、」のような、途中の大事な区切りの部分で鳴らされるのです。

　そして、何拍目にどの節目の楽器が鳴るのかによって、曲の形式が決められます。1つの数字を1拍と数えますと、たとえばこの曲ならゴンは32拍目、クノンは8、16、24、32拍目、そしてクンプルは12、20、28拍目に鳴ります。このルールで節目の楽器が鳴る形式を、「ラドラン Ladrang」形式と言います。慣れてくれば、形式がわかるとバルンガン譜を見ただけで、その曲がどんなタイプの曲なのか？どんなテンポでどのようなアレンジで演奏されるのか？そして、各パートが具体的にどのような奏法をするのかが、かなり予想できます。もちろん、その曲自体を知ることが何よりも大切で、またその時にどんなアレンジで演奏されるのかも、その時の演奏目的によって異なります。それでも、曲の性格をイメージする上で、形式は大きな存在となっているのです。

代表的な形式の例

　形式には、いくつかの種類があります。以下に、代表的な形式の例をご紹介しましょう。1拍を「・」で記してみます。ここに数字を書けば、具体的な曲のバルンガンが記されることになります。

形式例① ランチャラン Lancaran 形式（ゴン周期＝16拍）

　　特徴：ゴンの周期が短い形式です。初心者が最初にならうことの多い形式です。影絵芝居ワヤンでは、兵士達が出陣する場面などでよく演奏されます。

　　　　　※ランチャラン形式については、第3章で詳しく説明します。

楽譜3　ランチャラン形式

形式例②　ラドラン Ladrang 形式（ゴン周期＝ 32 拍）

特徴：ランチャラン形式をそのまま2倍に伸ばしたような規模の形式
　　　で、様々なアレンジが可能なため、たくさんのレパートリーがあ
　　　ります。賑やかな太鼓のリズムとともに、舞踊の伴奏曲として演
　　　奏されることも多い形式です。
　　　※ラドラン形式についても、第4章で詳しく説明します。

楽譜4　ラドラン形式

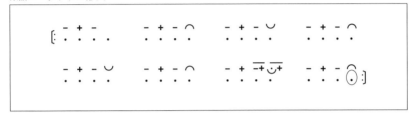

形式例③　クタワン Ketawang 形式（ゴン周期＝ 16 拍）

特徴：ゆったりとしたテンポで、歌や柔らかい響きの楽器を聴かせる曲
　　　が多い形式です。宮廷舞踊の伴奏曲としてもよく演奏されます。
　　　①のランチャラン形式と比べてみると、クノンやクンプルの数が
　　　少ないですね。

楽譜5　クタワン形式

形式例④　グンディン Gendhing 形式の1例（ゴン周期＝ 64 拍）

特徴：ジャワの宮廷音楽としてのガムランの曲には、この形式のレパー
　　　トリーが数多くあります。静かで上品で落ち着いた雰囲気の曲が
　　　多く、ジャワガムランらしさが遺憾なく発揮されます。前半の
　　　「メロン Merong」と呼ばれる落ち着いた部分と、後半の「ミンガ

Minggah」と呼ばれる、やや拍感がはっきりした部分があり、たいていはその後別の形式の曲に、まるで組曲のようにしてつながっていくので、いったん演奏が始まってから終わるまでに1時間以上かかることもあります。

　曲のサイズにはいくつかの種類がありますが、以下はこの形式の前半部分で、「kt. 2 kr.」と呼ばれるサイズの譜例です。「kt.」は小さな節目部分を叩く楽器「クト Kethuk」（**p75 参照**）のこと、「2」は節目楽器クノンが1度打たれてから次に打たれるまでにクトが「2」度鳴らされるという意味。「kr.」は「kerep =〈しばしば、密集している〉」という意味です。クトが鳴る場所は「＋」の記号で表されています。

楽譜6　グンディン形式の前半部分（kt. 2 kr.）

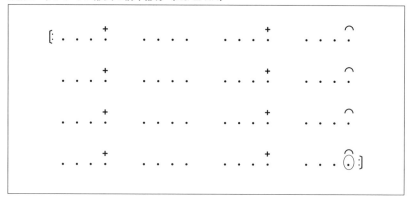

　最後に、このグンディン形式の中でも最大のサイズのものをご紹介しましょう。前半部分が「kt. 4 awis」と呼ばれるサイズで、節目楽器クトがクノン周期ごとに4回叩かれ、その頻度は「awis =〈まれ〉」である、という意味が記されています。ゴン周期が256拍もあり、1度ゴンが鳴らされてから、次に鳴るまでにおよそ10分ぐらいかかります。ゴン奏者は、その間何もしないか、あるいはスリン Suling と呼ばれる竹笛を吹いているか、中にはのんびり煙草を吹かしたり、眠そうにしている人もいます。そ

れでも、約 10 分後にゴンのタイミングが来るとちゃんと鳴らせるのです
から、不思議ですね。このサイズの代表的な曲に「ロンドン Rondhon」と
呼ばれる曲があります。スレンドロ音階ソンゴ調の曲で、古典的な演奏会
では長大な曲であるにもかかわらず、しばしば演奏されます。特にジャワ
では、深夜に電気を消して、瞑想をしながら小編成の静かなガムラン演奏
を聴く「ムルヨララス Muryoraras」と呼ばれる会があるのですが、そこで
この曲が演奏されることがあります。目をつぶりながら、しっとりとたゆ
たうようなこの曲の演奏を聴いていると、まるで異空間にまぎれこんでし
まったかのような気持ちになります。

楽譜7　最大規模のグンディン形式の前半部分（kt.4 awis）

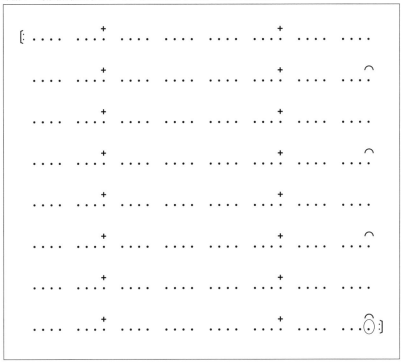

5）大事な拍はどこに？

　さて、今度は「拍」に注目しながら、再び先ほどの「ムギラハユ」という曲のバルンガン譜を見てみましょう。

楽譜 8　「ムギラハユ」

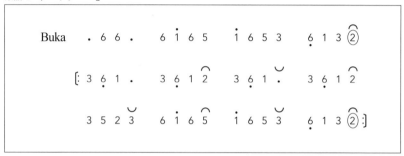

　節目を鳴らす楽器、ゴンやクノンやクンプルの記号は、どれも 4 つずつ並んだ数字の最後に付されていますよね。ガムランの古典曲はほとんどが 4 拍子なのですが、節目の重要な拍は必ず 4 拍目に来るのです。あれ、1 拍目ではないの？私達が今まで知っている音楽は、1 拍目がいわゆる強拍ですよね。でも、**ガムランは最後の拍が強拍なのです**。イメージを図にしてみると、こんな感じです。

表 8　西洋音楽とガムランの強拍の違い

	1	2	3	4
西洋音楽	●	・	○	・
ガムラン	・	○	・	●

※強拍は●、次に強い拍は○

　強拍と言っても、ガムランの場合は強く叩くということではなく、**その拍に重みがある、重要だというイメージ**です。たとえば、前奏であるブコ Buka の最後の 2 の音にゴンとクノンを叩く印がありますよね。この曲の

56

場合、前奏は胡弓ルバブ（途中から太鼓クンダンが加わる）が担当し、他の
パートはこのゴンが最初に鳴る音から一斉にスタートします。つまり、前
奏の最後の音がスタートの音となるわけです。西洋音楽に慣れた耳だと、
どうしてもここが1拍目に聞こえてしまうのですが、ジャワ人はこれが最
後の拍と感じています。これが文化の違いと言いますか、面白いところで
す。

　実は、**最後が重要**という感覚は、音楽以外の日常生活でも感じることが
あります。たとえば、「みちこ」ちゃんという子どもがいたとします。日
本人なら、略して「みっちゃん」とか「みいちゃん」とか呼んだりします
よね。でも、もしジャワの人だったら「ちこ」ちゃん、とか「こ」とか、
後ろを取るはずです。

　もう1つ例を挙げると、インドネシア語では1、2、3のことを「サトゥ」
「ドゥア」「ティガ」と言うのですが、もし踊りで号令をかけるとしたら、
拍に合わせるのは最初の「サ」「ドゥ」「ティ」ではなく、後ろの「トゥ」
「ア」「ガ」の方となります。つまり、拍に合う方を太文字にすると、「**サ**
トゥ」「**ドゥア**」「**ティガ**」ではなく、「サ**トゥ**」「ドゥ**ア**」「ティ**ガ**」とな
るわけです。

　また、ガムランの練習会があるときなど、ジャワでは「ジャム・カレ
（ゴム時間）」という言葉があるほど開始時間はいい加減で、時間に遅れて
くる人は大勢いるのですが、なぜか終わりの時間はぴたりと終わります。
いつまでも残っておしゃべりしている人はほとんどいなくて、皆さーっと
帰ります。とにかく「後ろ」、「最後」を合わせるのが重要なのです。最後
というのは、言い換えれば「目的地」とも言えます。ガムランの場合、**最
も大切な「目的地」に一緒にたどり着く**、という感覚なのだと思います[32]。

32　ガムラン用語では、4拍目の目的地の音をセレ Seleh と呼んでいます。セレの音が何かによっ
　　て、各楽器が奏でる旋律が変わってくるので、セレはとても重要なのです。

6）ガムランはくり返す…

　そして、何よりも重要なのは、**ガムランはくり返しの音楽**です。どんなに長い曲であっても、また短い曲であっても、ガムランの曲はくり返して演奏します。たとえば、短い曲の代表、ガンサラン Gangsaran という曲の楽譜を見てみましょう。

楽譜9 「ガンサラン」

　メロディーが「6」の音だけ、というとてもシンプルな曲です[33]。これをただくり返すだけでは、いったいどこをやっているのかわからなくなってしまいそうですが、先に説明した重要な節目を叩く楽器、ゴン、クノン、クンプルが鳴ることによって、現在地を把握することが可能になります。

　長い曲であっても同じで、やはり節目のゴンやクノンが鳴ることによって、「やっとそこまで来たか」というような現在地把握をすることができるのです。

　そして、**ゴンの鳴る拍が最後でもあり、次のくり返しの最初ともなります**。最後が最初でもある、というイメージは、たとえば大学を卒業したら社会人としてのスタートでもある、という人生の通過点にも似ています。くり返しはまた、輪廻転生にもなぞらえるかもしれません。ジャワの人は、ガムラン音楽の様々な要素を、人生訓や哲学にも結び付けて考えています。ガムランはとても人間らしい音楽と言えるのは、このことにもよるのかもしれません。

33　ガンサランは、踊りの戦いのシーンなど緊迫した場面でよく演奏されます。「5」や「2」など、別の音の連打による「ガンサラン」もあります。

5 ずれる拍、伸び縮みする拍「イロモ」について ～アレンジの妙

　さて、「音律・音階」、「楽譜」、「形式」に続いてご紹介したいのは、「リズム」についてです。といっても、ジャワガムランはほとんどが4拍子で、とりたてて特徴があるというわけではありません。古典曲にはワルツのような3拍子の曲はありませんし、複雑な変拍子があるというわけでもなく、どちらかというと淡々と進む感じで、リズム的には単調に聞こえるかもしれません。それよりも、特徴的なのは**独特の「ずれ」や「間」**ではないでしょうか。

1）ガムランの拍はずれている？

　日本でガムランを演奏した時に、お客様から「ずれて叩いている人がいた」という内容のアンケートをいただいたことがありました。その通り！ガムランの数ある楽器の中には、わざとずらして叩く楽器があるのです。アンケートを書いた方は「ずれている」すなわち「叩きそこなった」と感じてしまったのかもしれませんが、実はガムランの場合はずれていることが正しいのです。音程がずれているだけでなく、拍もずれているのが普通だなんて、ガムランは本当に不思議な音楽ですね。

　特に「ずれ」を意識して演奏するのは、大事な節目の拍で鳴らす「ゴン」や「クノン」です。先ほど最後の最も大事な拍でゴンが鳴ると説明しましたが、たとえば**曲が終わる時には、最後のゴンを拍通りにすぐ打つのではなく、一瞬待って少し「間」があってから、ゆっくり「ゴーン」と叩きます。**それを聞いてほかの楽器も最後の音を鳴らします。そのタイミングは決して揃っていなくてもよく、むしろバラバラッと木の実が地面に落ちるような感じで鳴るのが良しとされているのです。また、途中の大事な拍で鳴ら

すクノンも、ゆったりしたテンポで演奏している時は拍の通りには鳴らさず、少し後ろにずらして叩きます。その方がその拍が強調されるからです。

２）メトロノーム通りには演奏しない

　そのようにして演奏全体を見回してみると、実は全てのパートが決してメトロノームのように拍を刻んでいるのではなく、一見規則正しく叩いているように見えても、実は周囲の音を聴きつつ、**微妙に拍を揺らしながら叩いている**ことに気付くでしょう。たとえば、ゆったりとした長い古典曲を演奏している時、太鼓はたまに「ダー」と鳴らしますが、よく聞くとその「ダー」を鳴らすタイミングは、少し後ろにずれていることが多いのです。その方が、落ち着いたテンポを維持することができるのかもしれません。また、余韻の長い低い音域を奏でる鍵盤楽器スルントゥム（**p77 参照**）や、細かい装飾旋律を奏でるグンデル（**p80 ～ 81 参照**）も、長大な古典曲をスローテンポで演奏する時には、ほんの少しずれて叩いているように聞こえます。これは真似しようと思っても、なかなかすぐにはできません。長年の経験による微妙な「ずれ」のさじ加減が必要なのです。

　また、第２章の楽器紹介でも触れますが、胡弓ルバブ（**p80 参照**）や竹笛スリン（**p82 参照**）、そして女声による歌シンデン（**p84 参照**）は、まるで自由リズムのごとく、固定された拍からは解き放たれたかのようにして旋律を奏でます。実は全く自由というわけではなく、それなりに拍を感じながら演奏しているはずなのですが、拍がぴったりと合う音楽を聞き慣れた私達は、最初は何ともいえぬフワフワしたような、宙に浮いているかのような印象を抱いてしまいます。

　それでも、そのような音楽に馴染んでくると、いつのまにか拍がぴったりと合うことの方が不自然に感じてきてしまうから不思議です。現地の音楽家に交じって演奏していると、なんともいえないグルーブ感を感じるこ

とがあります。拍がまるで生き物のように飛び跳ねているような、あるいは静かに息をしているような印象です。人の鼓動が感情によって少し早くなったり遅くなったり…、そんな感じに似ているのかもしれません。その時々の間合いや息づかいによって、あちこちで微妙な「ずれ」がありつつも、全体的には決して崩れることなく合奏がまとまり進行していくのです。

3）伸び縮みする拍＝「イロモ」

さて、そのような微妙な拍の揺れではなく、今度は本格的な拍の伸縮についてご説明しましょう。そう、ガムランの拍は伸び縮みします。それはまるで、風船に描かれた絵が、風船をふくらませると大きくなるようなイメージです。あるいは、ある曲を ♩＝60 ぐらいのテンポでスタートしたのに、途中から ♩＝30 になってしまうような感じです。このような「拍の伸び縮み」、あるいは「速さの段階」のことを、ガムラン用語では「**イロモ Irama**」（ジャワ語読みではイロモ、インドネシア語読みではイラマ）と言います。イロモにはいくつかの段階があります。以下に表にしてみます。

表9　イロモの段階と小サロンの打数との関係

イロモの段階	イロモの名前	1拍：小サロンの打数	速さ
イロモ 1 / 2	ランチャル lancar	1： 1	速
イロモ 1	タングン tanggung	1： 2	↑
イロモ 2	ダドス dados ／ ダディ dadi	1： 4	
イロモ 3	ウィル wiled	1： 8	↓
イロモ 4	ランカプ rangkep	1： 16	遅

このように、イロモには主に5段階あって、小サロン（サロン・パヌルス、またはプキンとも言いますが、この本ではわかりやすく小サロンと呼びます）の打数と関係しています。テンポが伸びてゆっくりになると、実は小サロンは拍と拍の間がスカスカにならないように音をうめる、つまり打点が増えていくという特徴があるのです。

図26 小サロン（サロン・パヌルス／プキン）

たとえば、イロモ・タングンと呼ばれるイロモ1の場合、1拍の間に打つ小サロンの数は2回ですが、イロモ・ダドスと呼ばれるイロモ2のテンポになった場合、1拍の間に打つ小サロンの数は倍の4回になります。この場合、小サロンの打つテンポはどのイロモでもそんなに大きくは変わらないので、逆に1拍の長さが延びていくわけです。イロモ3ではさらにその倍の8回、イロモ4ではなんと16回にもなります。小サロンは、実際には何回も同じ音を叩き続けるのではなく、基本の旋律「バルンガン」をアレンジしながら演奏します。その例を以下に記してみましょう。

表10 各イロモの段階における、基本旋律バルンガンと小サロンの演奏例
（上段が基本旋律、下段が小サロン）

イロモ ½
2321
2321

イロモ1
2 3 2 1
2233221

イロモ2
2　　3　　2　　1
223322332211221

イロモ3
2　　　　3　　　　2　　　　1
2233223322332233221122112211221

イロモ4
2　　　　　　3　　　　　　2　　　　　　1
2233223322332233223322332233221122112211221122112211221122112211221

　ご覧のように、イロモの段階が変わると、基本旋律バルンガンの１拍の長さが変わっていきます。実際に演奏する時は、基本旋律を何回もくり返すうちに、だんだん遅くなって別のイロモに変化したり、そのうちまたもとのイロモに戻ったりするので、アレンジによっては何度も伸び縮みしていきます。イロモを変化させるのは、太鼓クンダン Kendhang の役目です（**p86 参照**）。太鼓が音で合図を出すことによって、合奏全体の拍が伸びたり縮んだりするのです。

　１拍の長さが伸びると、拍と拍の間にすき間ができますよね。そのすき間を小サロンは細かい刻みで埋めています。先ほどの**表10**の例では、２３２１という基本旋律を縦に見てみると、最後の１と真ん中の３を打つ瞬間には、どのイロモの段階でも小サロンは同じ１と３の音を叩いていますが、１つ目と３つ目の２の音の時には、小サロンは別の音を叩いています。２３２１という基本旋律の中で、最も重要な音は最後の音の１、その次に大事な音は真ん中の音の３なので、小サロンもその音が鳴るタイミングでは同じ音を鳴らしているのです。

　このルールは、他のパートにおいてもほぼ当てはまります。さて、ここからはガムランのアレンジについて少しご説明しましょう。

4）ガムランのアレンジの妙
〜集団でアレンジ

　先にもお伝えしたように、ガムランの古典曲には作曲家の名前が書かれていません。作曲家がいないわけではないのですが、作曲家が誰かというのはそれほど大事なことではなく、それよりもその場の演奏者がどのようにその曲を解釈し、アレンジして演奏するか？というのが大事なのです。アレンジというと、通常なら１人のアレンジャーがいて楽譜にしますよね。ガムランの場合はその場で行われるので決して楽譜にはせず、そし

て1人が行うのではなく皆でアレンジし合うのです。そんなことできるの
か？って思いますよね。

　アレンジに近い意味のガムラン用語として、ガラップ Garap という言
葉があります。これは「それぞれの役割を持った個人が集まり、一緒に
なって1つのものを作り上げること。それぞれの仕事は相互に結び付いて
いること」を意味しています。ガムラン以外でも、たとえば「田んぼを耕
作する」というような時にもガラップという単語が使われます。ようする
に、決して1人で行うのではなく、集団でお互いに助け合いながら何かを
成し遂げるさまを意味するのです。ガムランはまさに、常に集団でアレン
ジして演奏する音楽と言っても過言ではないのです。ガムランにおけるガ
ラップはまた、「伝統における創造性」であり「古典曲を素材にした料理
のよう」だとも言われています[34]。

　では、具体的にはどのようにしてアレンジするのでしょうか？集団でア
レンジと言っても、皆が勝手にやったらバラバラになってしまいます。実
は、誰よりも先導してアレンジを決めていくパートがあるのです。合奏の
中では、曲のテンポや進行を決めるリーダー的な存在のパートがあり、そ
のパートが皆を同じ方向に導いていくのです。
　たとえば、イロモの説明でも触れたように、テンポは太鼓が決めます。
太鼓の刻みが遅くなると、ほかのパートも一緒に遅くなっていきます。そ
のうち、いくつかのパートがちょうど良いタイミングで刻みを半分に細か
くして、拍と拍の間を埋めてゆきます。先ほどイロモのところで紹介した
小サロンがそうですし、ほかにもそのような細かい旋律を奏でるパートが
いくつか出てきます。そのようにして、合奏の中では刻みの2重、3重の
ような構造が生まれるのです。

　そして、その細かい旋律も、あるいは大きな刻みで奏でる基本旋律バル
ンガンも、だいたい同じようなメロディーの道筋をたどります。そのメロ

34　Supanggah 2002 p4

ディーの高低、進行を決めるのが、ルバブと呼
ばれる胡弓です。たとえば、4 拍目の大事な音
が 6 だった場合に、高い 6 の音に向かうのか？
低い 6 の音に向かうのか？あるいは、途中で 2
の音を通るのか？ 1 の音を通るのか？というよ
うな道筋を決めるのがルバブ[35] で、皆より少し
メロディーを先取りして進みます。ほかのパー
トは、そのルバブの音を聞きながらほぼ同じ道
筋をたどります。

図 27　ルバブ

　中には小走りするように刻む小サロンのよう
なパートがあれば、大股にしか歩くことのでき
ないような節目だけを叩くパートもあります。
それらのいろんな歩調の楽器が、まるで追いか
けっこのようにして、ほんの少し前を行ったり後から付いていったりしな
がら、ほぼ同じ道筋をたどっている…というようなイメージでしょうか。
そのようにして、全体で大きな渦のような、旋律とも言えないような旋律
を奏でているのです。

　そして、さらに言えばアレンジのしかたにもセンスが必要なのです。ま
ず考えなければならないのは、その場の TPO です。同じ曲でも、もし結
婚式のための演奏ならその場を寿ぐために賑やかで楽しいアレンジにする
でしょう。踊りの伴奏だったら、踊り手の体の動きに合ったリズミカル
な演奏になるでしょう。でもそれが亡くなった知人を供養するための演奏
だったら、その人を偲ぶような、そして心穏やかに祈るような演奏となる
かもしれません。**そこに集う人々が演奏を聞いて同じ気持ちを共有するこ
とができるような、そんなアレンジを目指す**ことになるのです。また、演
奏する曲そのものが持っている性格も大事にしなければなりません。ただ
好きなようにアレンジすれば良い、というわけでもないのです。

35　ルバブなどが演奏する細かい旋律は、調とも大きく関係します。演奏している曲の調の主音
　　や大事な音が何かを意識しながら、その調にふさわしい旋律を奏でていくのです。

5）大事なのは「ラサ（味）」

　ここで、現地の演奏家がガムランを演奏する上で特に大事にしている言葉をご紹介しましょう。それは、「ラサ rasa」です。ラサは、辞書で引くと「味」と訳されます。食べ物の味が美味しいという時などに使われます。ガムランにとっても、この「味」がとても大切なのです。

　そもそも良い演奏というのは、決して間違わずに演奏できることでも、すぐれたテクニックで弾けることでもなく（もちろんそれも大事なのですが）、「味わいがすぐれていること」「美味しいこと」が大切なのです。ではその「美味しい演奏」ってどんな演奏なのでしょう？私自身、自分達日本人の演奏の録音を現地の先生に聞いていただいたところ、「ラサが無い」と言われてしまった経験があります。先生もそれ以上は語ってくれません。自分で探しなさい、ということなのでしょう。「ラサのある」良い演奏をすること、そのために精進することは、ガムラン奏者にとっては究極の願いかもしれません。そしてそれは、ガムランに限らずどのジャンルの音楽においても言えることでしょう。

　以上、ここまでガムラン音楽の不思議な世界をかいま見ることができたでしょうか？次の章では、ガムランの楽器を具体的にご紹介しますが、その前にもう1つだけ、ユニークな特徴をお伝えしますね。

6）全ての楽器を演奏できることが理想？

　第2章ではたくさんの楽器が登場しますが、実は**ガムラン演奏家は全ての楽器が演奏できて歌も歌える、少なくとも各パートの奏法を理解していることが理想**なのです。西洋のオーケストラで言えば、ヴァイオリンも弾ける、トランペットも吹ける、ティンパニーも叩ける！ということになるわけです。そんなこと、できるのか？って思いますよね。でも、ガムラン

の楽器の中には叩けば簡単に音が出る楽器も多いですし、奏法がそれほど難しくない楽器もあります。だから、少しずつでもガムラン音楽に接していると、いつのまにか全てではなくても、複数の楽器が演奏できるようになるのです。

　現地の演奏家も、それぞれ得意な楽器というのはあって、本番で演奏する楽器はほぼ決まっています。でも、プロの演奏家ならほかの人が演奏している楽器の奏法や歌についてもあるていど理解しています。だから、メモ書きのような楽譜しか無くても、**互いに"音のメッセージ"を聞き合い、理解し合うことによって、合奏の中で「音によるコミュニケーション」を取ることができるのです。**複数の楽器が演奏できるようになることは、ガムランを演奏するためには必要なことなのですね。大変ではありますが、練習の際に1回合奏するごとに楽器を交替しながら演奏すると、毎回違う景色が見えるようでなかなか面白いです。

　ではお待たせしました。次の章ではさっそく、ガムランの楽器を1つ1つご紹介しましょう。

図28　東京音楽大学付属民族音楽研究所のガムラン教室

コラム　　インドネシアの気候

　インドネシアの季節は、四季のある日本と異なり「乾季」（4月から10月頃）と「雨季」（11月から3月頃）の2つに分かれています。雨季には、朝からギラギラと暑い太陽が照らし、昼は酷暑、夕方にはもくもくと大きな雲が立ち上がり、ざあっと激しい夕立がやってきます。激しい雨で道は川になり、人々は慌てて散り散りになって雨宿り。すぐに雨も止むと少し涼しい夕方、人々は家のおもてのベンチで夕涼み。雨季には緑が美しく、様々な花が咲き乱れ、市場はあらゆる種類の瑞々しい果物であふれます。

　インドネシアは熱帯、さぞ暑いだろうとお思いでしょう。蒸し暑く酷暑な日盛り、外は確かに暑いですが、家の中の石や陶器のタイルで覆われた床はひんやりと涼しく、昼寝には最適です。そして乾季は湿度がぐっと下がるため、夜は厚手の上着を着ないと寒いくらいです。バイクに乗っていると顔をきる風は冷たく、手袋が必要。星が瞬く夜、街なかの屋台に座って温かいコーヒーやお茶を飲むのも乾季の楽しみの1つです。

　乾季は空気が澄んで音がよく通ります。とりわけ夜の王宮でのガムラン演奏の際には、ひんやり輝く大理石の床を、すべるように踊る踊り子の衣装の衣擦れの音が耳に心地よいほどです。そして深く響くガムランの音は、ゆったりと夜の街に広がっていきます。

雨季、激しく雨が降ると、町のあちこちの道はまるで川のように。

コラム　明け方から夜中まで〜ジャワの食べ物

　ジャカルタから国内線に乗り換えて、スラカルタの空港に降り立ち、街なかへ向かってタクシーに乗り込んで走り出すと、沿道にはたくさんの屋台が並んでいます。キャスターの付いた移動式のものから、小屋かあずま屋のような作りで椅子が何個か置いてある簡易な屋台まで色々です。

　街なかに入るとますますその数は増えて、歩道にゴザを敷いて上にテント式に布を吊った屋台も多く見かけます。もちろん世界的なファーストフードのチェーン店もあり、ウーバーイーツのようなデリバリーも賑わっていますが、屋台ごとに味の違う、地元の美味しい食べ物もまだまだ元気で非常に魅力的です。そんなスラカルタ市内の屋台の 24 時間をご紹介します。

暑い中、サテ（串焼肉）を焼くのに大忙しの屋台。

　空が白んできた早朝 4 時半頃、チリンチリンとなる鈴の音や、時々吹き鳴らされる笛の音とともに、甘いタピオカ入りのおかゆや、ゆでとうもろこしの屋台がやって来ます。

　「ナシ・ソト（Nasi Soto 鶏雑炊）」の屋台で、パリパリした「クルプック（Kerupuk 米やキャッサバの粉を揚げたお煎餅）」をつまみながら、熱い鶏のスープとカラッと揚げた小さな紫玉ねぎをトッピングした雑炊を朝ごはんにしても。机に置かれた小さい「ジュルック（Jeruk Nipis ライムのような小さな柑橘類）」を絞るとさらに風味が増します。まだ足りなければ店内に並ぶバナナや揚げ物を取って、後で申告してお勘定を。

お昼には、暑い昼日中、木陰のある道
の辻には必ずいくつか屋台が出ていま
す。しゃがんで小鍋で揚げ物「ゴレンガ
ン（Gorengan バナナ、テンペや油揚げ
など）」をするおばあさん、果物を刻ん
でそれにピーナッツソースをかけた「ル
ジャック（Rujak）」を用意するおばさ
んをよく見かけます。大きな道沿いや学
校の前などは、お昼ご飯を食べる人達で
大混雑。さっと食べられる「ミー・アヤ

ミー・アヤムには、甘く美味しいフルーツ
ジュースがよく合う。

ム（Mie Ayam ゆで鶏を乗せたラーメン。様々なトッピングがある）」、店主が
広げたバナナの葉にご飯を乗せ、いろんなおかずをてんこ盛りにしてクルッと包
んでもらって持ち帰るテイクアウトメニューも人気です。

　どのお店でも定番の、ジャスミンの香るジャワティーには、すでに底から
2cm くらい砂糖がたまっていて、大きなグラスの底に沈んだ砂糖を長いスプー
ンでかき混ぜて飲みます。冷たいドリンクがご所望なら、鋭い尖った氷割りで店
主がかち割ってくれた氷をそこに入れて、暑い中一瞬の涼を楽しみます。

　夜の屋台はさらに賑わいを見せます。中華料理の屋台では夕飯のおかずの
持ち帰りにバイクを駐めて待つ人だかりが。揚げ鶏「アヤム・ゴレン（Ayam
Goreng）」屋さんでは、ゴザに大勢が座ってご飯と鶏肉、美味しい「サンバル
（Sambal ジャワの辛味噌）」とを頬張っているところに、タバコ売りや、ギター
を持った流しのミュージシャンがやってきます。

　夜が更けると徐々に静かになり、人のまばらな街角の屋台に三々五々集まって
来るのは、コーヒーやお茶で、長く涼しい夜を過ごす人達です。
　イスラム教が多数派な街ではアルコールをたしなむ人やサービスする店は非常
に少なく、限られています。薄暗い屋台ではお酒の代わりに甘いものをつまみな
がら夜更けのお茶やコーヒー、牛乳（生姜入り、蜂蜜入り、シロップ入りなど）
が定番で、これが日本の居酒屋代わり。夜遅くまで舞台や影絵を観た後にお茶を
飲むのはまた格別な味わいです。そうこうしているうちに夜が明け、またチリン
チリンと屋台を引く音が聞こえてきます。

色々な楽器や歌の紹介

〜音楽的な"役割"ごとに〜

ガムランとひとことで言っても、実は色々な形の楽器がたくさん並んでいることに驚くでしょう。ガムランは音楽そのもの、あるいは楽器全体のことを指し、それぞれの楽器には固有の名前が付いています。そこで、ジャワガムランの楽器を、音楽的な"役割"ごとに分けて１つずつご紹介しましょう。そう、ガムランの楽器には、それぞれ合奏の中における役割があるのです。大きく分けて、以下の４つの役割に分類できます。

表１　ジャワガムランの楽器の役割

　楽器に役割があるなんて不思議ですよね。そもそも西洋のオーケストラでも、高い音域を出すバイオリンやフルートはメロディーを奏で、低い音域のコントラバスはベースを受け持つというような役割が無いわけではありません。でも、たとえばどんな曲であってもシンバルはこの拍でしか鳴らさない、なんて決まりは無いですよね。ガムランには、そのようなルールがいくつもあって、どんな曲でも楽器ごとに役割を果たしていかなければならいのです。**まるで合奏音楽が１つの社会で、各楽器がそれぞれに割り当てられた仕事をしながらその社会を成り立たせているかのようです。**楽譜が無く指揮者がいなくても大勢で合奏できるのは、実はこのようなしくみやルールがあるからなのかもしれません。

　では、さっそく１つずつ楽器を紹介していきましょう。なお、ジャワ語の楽器名の中には、少々長くてわかりにくいものもあります。そこでこの章では、正式な名前の後ろに、この本のためにわかりやすく書き変えた名前を、カッコ内に記載することにします。

例：ボナン・バルン Bonang Barung（大ボナン）

※楽器の大きさがわかるよう、楽器の近くに10円玉を置いています。
※各楽器の音程については、p91～92の表3、第1章動画1、2を参照ください。

1 「節目（枠組）」を鳴らす楽器

　曲の大事な拍、節目となる拍だけ鳴らす楽器の仲間です。文章でいうなら「。」や「、」など、句読点で鳴らすイメージです。これらは「節目楽器」「コロトミー Colotomy（音楽的句読法）楽器」とも呼ばれていて、曲の枠組を形作ります。音楽を家にたとえれば、柱のような存在となります。

　このグループに当てはまるのは、**ゴン**（ゴング）**類**の楽器です。ゴン類は、表面にコブのついた銅鑼で、大小様々な大きさがあり、形状は、棹に吊るされたものと、木枠の上に置かれたものの2種類あります。木製のスティックの先を布で丸くおおったバチ、あるいは糸を巻き付けたバチで、コブの部分を叩きます。

ゴン・アグン Gong Ageng（ゴン）

　ガムランセットの中では最大の大きさで、直径約1m。木製の棹にコブを横向きにして吊るします。「ゴーン」と鳴るので「ゴン」と名付けられました。

　ズシンと重いバチで打つと、うなりのある重低音が長い余韻とともに響きわたります。とりわけ神聖な楽器なので、演奏する時にはお香や花、料理が盛られた大皿などをゴンの前にお供えします。

　ゴンは曲の最初や最後など、最も重要な節目の部分で鳴らします。5の音が一般的ですが、さらに低い3の音もあります。スレンドロ、ペログ両音階とも共通の楽器を使用します。

図1　ゴン

ゴン・スウアン Gong Suwukan（スウアン）

　中型のゴンです。影絵芝居ワヤンではひんぱんに使用します。通常、ク
ンプルとともに木製の棹に吊るします。スレンドロ音階、ペログ音階とも
に低い1と2の音があります。2の音は両音階とも音程がほぼ同じなので、
1つのスウアンを共有することも多いです。

クンプル Kempul

　中型のゴン類で、いくつかの音に調律され、音の高さによって大きさが
異なります。コブの部分を叩いてミュートさせると「プル」と鳴るので、
クンプルと名付けられました。曲の途中の節目の部分で鳴らします。通
常、音階ごとに2つの棹に分けて吊るします。スレンドロ音階のクンプル
は3561、ペログ音階は35671の音があります。

図2　棹に吊るされたゴン（後方両端）、スウアン（前方両端）、クンプル（その他）

クノン Kenong

　木枠に張られた紐の上に、コブを上向きにして平置きにします。バチで叩くと「ノーン」という高音で伸びのある響きがするのでクノンと名付けられました。クノンも曲の途中の大事な節目の部分で鳴らします。通常スレンドロ音階は2356i、ペログ音階は23567i の音があります。

図3　クノン

クト Kethuk

　クノンを小型にしたもので、小さな節目の部分や裏拍で定期的に叩きます。名前の通り、「ト、ト…」という音がします。スレンドロ音階のクトの音は2、ペログ音階は6です。

クンピャン Kempyang

　クトと一対で置かれ、クトの拍の間に叩きます。名前の通り、「ピャン」という高い音がします。スレンドロ音階の音は1、ペログ音階は6で、どちらもクトより約2オクターブ高いです。

図4　クト（左）・クンピャン（右）。
（バチは手前がクト、奥がクンピャン用）

2 「基本の旋律」を鳴らす楽器

　第1章でも触れたように、ジャワガムランの古典曲には、曲の骨組みとなる「バルンガン」と呼ばれる旋律があります。ここでは、わかりやすく「**基本の旋律**」と呼んでみます。この旋律を奏でるのは、鍵盤打楽器です。空洞のある木枠の上に鍵盤を並べ、木づちなどで叩く**サロン類**と、共鳴筒の付いた台の上に鍵盤を吊るした**スルントゥム**の2種類があります。青銅の楽器は余韻が長く、続けて叩くと音が混じり、にごってしまうので、バチを持っていない方の手で直前に叩いた音をミュートさせながら演奏します。鍵盤の数はどれも通常7枚で、スレンドロ音階の音は左から順に6123561、ペログ音階は1234567。3種類のサロンとスルントゥムが同じ旋律を奏でると、4オクターブの奥行きのある世界が広がります。

サロン・ドゥムン Saron Demung（大サロン）

　サロン類の中では最も大きく、低い音域を奏でます。木づちで叩くと力強い音がします。音量を変化させながら、曲に表情を与えます。

図5　大サロン

サロン・バルン Saron Barung（中サロン）

　サロン類の中では中くらいの大きさで、大サロンより1オクターブ高い中音域を奏でます。基本の旋律のほか、より細かいリズムやメロディーを演奏することもあります。

図6　中サロン

サロン・パヌルス Saron Panerus ／プキン Peking（小サロン）

サロン類の中では最も小型で、大サロンより2オクターブ高い音域を奏でます。高音がよく響くように、水牛の角^{つの}でできたバチで叩きます。基本の旋律の隙間を埋めるようにして、細かく旋律を刻みます。

図7　小サロン

スルントゥム Slenthem

サロン類とは構造が異なり、ブリキなどでできた共鳴筒の上に、紐でつなげた鍵盤を並べ、フェルトを巻いたバチで叩きます。大サロンよりさらに1オクターブ低い音域を奏でます。柔らかい音色ですが、合奏内では遠くまでよく響き、ベースのような役割を果たします。

図8　スルントゥム

3 −1 「アレンジ（装飾）」をする楽器

　アレンジ（装飾）とは、ここでは基本の旋律「バルンガン」の音と音の間の隙間を、様々なアレンジにより細かい旋律で埋めていくことを言います。曲の骨となる旋律に、音で肉付けしていくようなイメージです。若干アドリブ的な要素もありますが、全く好きなように演奏するわけではありません。あくまでも合奏全体を聞きつつ、周囲の音に沿うようにして、伝統的に受け継がれてきたパターンのようなものを当てはめていくのです。楽譜には書くことのできない微分音や拍の揺れ、こぶしなどが駆使されて、合奏に豊かな表情を与えます。

　中でも、p80 以降に紹介する**ルバブ**や**グンデル**、**ガンバン**、**スリン**などの柔らかい音を出す楽器群は「**ラグ Lagu 楽器**」とも呼ばれ、ジャワガムランの古典曲では大いに活躍します。「ラグ」とは、それらの楽器が互いに寄り添いながら奏でる旋律のようなものを意味します[1]。これまでに紹介した楽器群に比べると、「ラグ楽器」の演奏技術は難しく、曲や音階についての知識や経験も無いと演奏できないのですが、これらの楽器こそがジャワの宮廷音楽らしい、繊細で上品な味わいを生み出す存在となっているのです。また、ラグ楽器の場合、同じ曲でも演奏家によって解釈やアレンジのしかたが異なることもあり、演奏家の個性が発揮できるパートでもあります。

　アレンジ（装飾）をする楽器の仲間には、様々な素材や形状のものがあります。金属製の楽器や木琴、弦楽器、笛など実にバラエティーに富んでいて、それぞれの音色の特性を活かした奏法で、曲にうるおいと深みをもたらします。

1　ジャワガムランの演奏家で音楽学者のスマルサム Sumarsam 氏 (1944-) は、「ラグ」のことを「内なるメロディー inner melody」と訳しています（Sumarsam 1975）。曲の内部、あるいは演奏家の心の内に流れるメロディーなのです。

ボナン・バルン Bonang Barung（大ボナン）

　12 ～ 14 個の小型の銅鑼が、コブを上向きにして木枠の上に2段に置かれています。スレンドロ音階は1から2まで、ペログ音階は1から7まで約2オクターブの音の玉が並び、演奏しやすいように配置されています（p108、p143 参照）。木の棒の先に糸を巻き付けた2本のバチを両手に持ち、基本の旋律「バルンガン」を細かく分割しながら演奏します。また、小ボナンと入れ子のリズムを奏でるなど、いくつかの奏法があります。

　合奏では、ほかのパートより少しだけ先取りするように旋律を奏で、全体をリードする役割を果たします。前奏を受け持つことの多い楽器です。

図9　大ボナン

ボナン・パヌルス Bonang Panerus（小ボナン）

　ボナン・バルンよりやや小型で、1オクターブ高く調律されています。ボナン・バルンとセットになって、より細かい旋律を奏でます。

図10　小ボナン

ルバブ Rebab

胡弓の1種。木製の胴体に牛の胃袋などの内臓の皮を張り、1本の弦（真鍮）を上から下に折り返し、2本になるようにして、上部左右に差した糸巻きに巻き付けます。この時の巻き加減で、音程を調節します。弓は、以前は馬の尾の毛が使われていましたが、現在は合成繊維を使用。弓で弦をこすって音を出します。

合奏の中ではリーダー的な存在です。これから演奏する曲をその場で決め、イントロ当てクイズのごとく前奏を弾くことで皆に次の曲を知らせたり、メロディーを先導して曲の進行を決めたりする役割を果たします。

図11　ルバブ

グンデル・バルン Gender Barung （グンデル）

前出のスルントゥムと同じ構造で、ブリキ（昔は竹）でできた共鳴筒の上に鍵盤を紐でつなげて並べた楽器です。鍵盤の数は12 〜 14枚。先端にフェルトを巻いた円盤が付いているバチを両手に持ち、左右の手を器用に動かして音をうまくミュートさせながら演奏します。柔らかい音で包み込むような響きが、ジャワガムランならではの上品な味わいをかもし出します。音は6から3まで2オクターブ半あります。ペログ音階は1と7だけ変えた2種類のグンデルがあり、調によって使い分けています。

図12　グンデル

　グンデルは、伝統的な影絵芝居ワヤンで特に活躍します。ダラン Dalang（人形遣い）の語りのバックで常に鳴らされ、緊迫、悲しみ、沈静など人形の感情や場面の空気を表現し、各シーンの雰囲気作りに欠かせない存在となります。

グンデル・パヌルス Gender Panerus

　上記のグンデルよりひとまわり小型で、1 オクターブ高い音域に調律されています。グンデルよりさらに細かい旋律を奏でます。

図 13　グンデル・パヌルス

ガンバン Gambang

　木琴の 1 種。空洞のある木枠の上に、約 20 枚の木製の鍵盤が並べられています。水牛の角（つの）でできた長い棒の先に、フェルトを巻いた円盤を取り付けたバチを両手に持ち、ほぼオクターブ奏法で演奏します。金属音が主体のガムラン合奏の中で、ガンバンのコロコロとした木の音色は軽やかな印象を与えます。音は 6 から 5 まで 4 オクターブもあります。

図 14　ガンバン

スリン Suling

　竹笛の1種。吹き口に鉢巻のような籐製の輪が付いているのが特徴です。音階により穴の数が異なり、スレンドロ音階では4個、ペログ音階では5個の穴が開いています。大事な節目の拍に向かって、まるで鳥のさえずりのような独特の旋律を奏でます。6から2オクターブ上の6̤まで出すことができます。

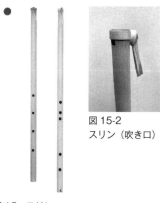

図 15-2
スリン（吹き口）

図15　スリン
スレンドロ音階（左）とペログ音階（右）

シトゥル・パヌルス Siter Panerus （シトゥル）

　金属弦の琴です。大きさにより、**シトゥル・バルン**（中型）や**シトゥル・スルントゥム**（大型）、また高い足の付いた装飾的な共鳴箱に弦を張った**チュルンプン Celempung** など、いくつかの種類があります。

　小型のシトゥル・パヌルスは音域が高く、両面に弦が張られています。両面それぞれ違う音階に調律しておき、脇に付いた足のような金具をひっくり返せば裏側が表になり、瞬時に調を変えて演奏することができます。まさにリバーシブルで、持ち運びにも便利な楽器なのです。

図16　シトゥル・パヌルス（左）と側面（右）

　標準的なシトゥルは2本ずつの複弦が約12コース張られ、2から3̤まで2オクターブ強の音があります。両手の親指の爪を使って弦をはじいて演奏します。高いキラキラした音色で、合奏に楽しげな印象を与えます。

3 −2 「アレンジ（装飾）」をする歌

　楽器ではありませんが、ここでガムランの歌について紹介したいと思います。というのも、ジャワガムランにはインストゥルメンタルの曲もありますが、実は大半の古典曲には歌が付いているからなのです。そして、その歌はちょっと変わっているのです。

　一般的なポップスやクラシックの声楽曲では、歌がその曲で伝えたい内容を歌詞で表現しますが、ガムランの歌の場合は、歌詞の内容と曲は直接の関係はありません。なぜなら、歌詞はその曲のために作られたものではなく、伝統的な定型詩をその場で選び、色々な曲に当てはめて歌っているからなのです。たとえていえば、「花の色は、移りにけりないたづらに…」のような有名な和歌を、様々な曲に当てはめて歌っているようなものです。同じ曲で違う歌詞を選んだりしますし、逆に、曲は違うのに歌詞は同じということもよくあるのです。そのため、一般的な歌謡曲と比べると、歌詞の内容はそれほど大きな意味を持っているわけではありません。ようするに、ガムランが伴奏で歌が主役という位置付けではなく、**歌は、他の楽器と同じく数あるパートの中の１つ**、という並列的な存在なのです。

　そうはいっても、ネット上でジャワガムランを聴くと、たいてい女性の歌声が大きな音量で、目立って聞こえてくるでしょう。ジャワの人は歌が大好きで、ガムラン合奏の中でも歌をよく聴き、声の美しさやメロディー、こぶし回しの妙に聞き惚れているのです。

　歌には大きく分けて、女性が１人で歌う**シンデン**と、男性が斉唱で歌う**ゲロン**があります。また、男女が斉唱で歌う**ブダヤン**や**コール**と呼ばれる歌も数多く作られています。さらに、主に男性が掛け声で曲を活気づけ彩りを添える、**スンガアン**と呼ばれるものもあります。

シンデン Sindhen

　古典曲において、女性が独唱で歌う歌のことを言います。歌詞は定型詩なのでシラブル数（母音の数）が決まっており、それを大事な節目の拍の音に向かって、伝統的なメロディーパターンに乗せて歌います。かっちりと拍通りに歌うのではなく、ずらしたり揺らしたりこぶしを付けたりしながら独特のリズム、音の流れで歌うのが特徴です。

図17　シンデン

ゲロン Gerong

　男性が斉唱で歌う歌です。歌詞は、伝統的な定型詩を使い、その曲で歌い継がれてきたメロディーに当てはめて歌います。シンデンと異なるのは、曲全体ではなく、ある特定の部分でだけ歌うこと、そして、わかりやすい拍に乗って歌うことが挙げられます。

図18　ゲロン

ブダヤン Bedhayan ／コール Koor

　ガムランの歌には、男女揃って斉唱で歌うものもいくつかあります。その中で、神聖な宮廷舞踊「ブドヨ Bedhaya」（**p201 参照**）や「スリンピ Srimpi」（**p204 参照**）の伴奏曲で歌われる歌が「ブダヤン」と呼ばれていました。「アンデー、バーボー Andhe Babo」という歌い出しで始まる歌詞が多いのも特徴です。舞踊の伴奏曲でなくても、このブダヤンのスタイルで歌われることもあります。

　そのほかに、同じ男女の斉唱でも、主に戦後に多く作られた新しいスタイルの歌は、ブダヤンとは別に「コール」と呼ばれています。その代表的なものが、影絵芝居ワヤンの人形遣いナルトサブド Nartosabdho（1925 ～ 1985）が古典曲や自作の曲に乗せて作詞作曲した、男女斉唱の歌の数々です。歌詞の内容は恋愛模様やご当地ソングなどわかりやすいものが多く、メロディーも現代風で聞き映えがするので人気となり、現在でもよく歌われています。彼の作品のみならず、近年では「コール」の付いた曲が続々と作曲されています。

スンガアン Senggakan

　「掛け声」「合いの手」のようなものです。ゲロンを歌う男性達が、歌の合間に大事な節目の拍に向かって「ハー」「ヤー」「エッ」のような声を出したり、太鼓のリズムに合わせて「ハエハエ」と調子よく掛け声を発したり、時には「オエオエ～」と節を付けて高らかに歌ったりします。スンガアンがあることで、ゴンやクノンなどが鳴る重要な拍が強調される、あるいは曲が活気付くなどの効果がもたらされます。

　ここまで歌について説明してきましたが、そのほかにもう１つ、歌い手が行うのが「手拍子」です。たとえば、中太鼓チブロンが軽やかなリズムを刻んでいる間、歌っていない時に手拍子をして場を湧き立たせます。その場合、皆が同じ拍で叩くのではなく、表拍と裏拍に分かれて入れ子のリズムを刻むなど、手拍子でもリズム遊びのようなことをしているのです。

4 「テンポ」を指示する太鼓

　ガムランには指揮者がいませんが、指揮者の役割を果たすのが太鼓です。たいていアンサンブルの中央に置かれ、様々な音を駆使して、曲の始まりや終わりのタイミング、テンポの変化、音量やアレンジなどの指示を折々に繰り出します。

　ガムランの太鼓は、ナンカ（ジャックフルーツ）などの木をくり抜いた胴体の両面に牛や水牛の皮が張られた両面（2面）太鼓です。バチは使わず手のひらや指を使って変化に富んだ音を出します。皮の端を叩くと「ダンダン…」という音がするので、太鼓はクンダンと呼ばれています。大きさにより、何種類かの太鼓があります。

クンダン・アグン
Kendhang Ageng（大太鼓）

　大型の太鼓で、低く深い音がします。長くゆったりとしたジャワの古典曲では、最小限の音のみで合奏全体をまとめ、下から支えるようにして速さの指示を出します。また、指先で皮を軽く叩きながら、まるで心臓の鼓動のようなイメージで合奏全体のテンポを整えます。

図19　クンダン・アグン（上）
　　　＆クティプン（下）

クンダン・クティプン Kendhang Ketipung（クティプン、小太鼓）

　小型の太鼓です。指で皮を叩くと「プンプン…」という音がするので、クティプンと呼ばれています。通常はクンダン・アグンと一緒に使用します。クンダン・アグンの低い音の間に、調子をとるようにして高めの音を定期的に鳴らすなどして、周囲にテンポを知らせます。

クンダン・チブロン
Kendhang Ciblon（チブロン、中太鼓）

中ぐらいの大きさの太鼓です。もともとこの太鼓は王宮内には無く、庶民の間で踊りの伴奏曲などに使われていました。華やかな音色が魅力のこの太鼓は、いつしか王宮内でも取り入れられ、好んで使用されるようになりました。

図20　チブロン

「タッ」という鋭い音、「トゥルン」という軽やかな音など、10種類以上の様々な音色を出すことができるので、舞踊の伴奏曲はもちろん、古典曲の演奏においても賑やかさ、軽快感など多彩な表情を出し、合奏全体に活気をもたらします。

クンダン・サブ Kendhang Sabet ／ワヤンガン Wayangan

チブロンよりひとまわり大きな太鼓です。名前の通り、影絵芝居ワヤンの伴奏で使用されます。低めで迫力のある音を出すことができるので、戦いのシーンなどでは大活躍します。

以上、ガムランの楽器や歌を、①「節目（枠組）」、②「基本の旋律」、③「アレンジ（装飾）」、④「テンポ」、という4つの役割に分類してご紹介しました。実際、それぞれの楽器が持つ役割は、この4つにきっちりと分かれているわけではなく、ところどころ交差しています。

たとえば太鼓は「④テンポ」に分類されますが、中太鼓チブロンは、装飾的でカラフルなリズムを奏でるので「③アレンジ（装飾）」に分類することもできます。また、鍵盤楽器中サロンや小サロンも「②基本の旋律」を担当しますが、それをもとにアレンジして細かい旋律を奏でることもあり、「③アレンジ（装飾）」に入れることもできます（p88　表2参照）。

曲によって、またはテンポやその場のアレンジによって、合奏の中で楽器が担う役割が都度変化していくのも、ガムラン合奏の特徴なのです。

表2 ジャワガムランの楽器の役割

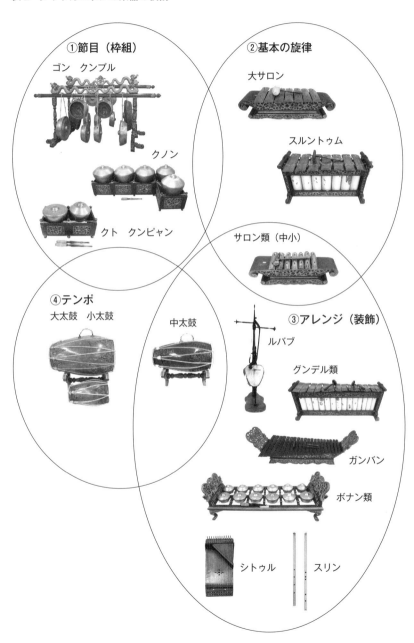

①節目（枠組）
ゴン　クンブル
クノン
クト　クンピャン

②基本の旋律
大サロン
スルントゥム
サロン類（中小）

④テンポ
大太鼓　小太鼓
中太鼓

③アレンジ（装飾）
ルバブ
グンデル類
ガンバン
ボナン類
シトゥル　スリン

5 その他の楽器

　ガムランの楽器群の中には、これまで紹介したもののほかに、通常のガムラン演奏の場では使用されず、宮廷舞踊や影絵芝居ワヤンの伴奏曲など限定された場でのみ使われる楽器があります。そんな楽器を以下に集めてみました。

クチェル Kecer

　小型のシンバルです。小さな木製の台の上に2組のシンバルが上下で打ち鳴らすような形で置かれています。上側のシンバルに取り付けられた紐を両手の指にからめて打ちます。「チェルチェル…」と小刻みに聞こえるので、クチェルと

図21　クチェル

呼ばれています。影絵芝居ワヤンの前奏曲や伴奏曲で使用されるため、クチェルの音が聞こえてくると、ワヤンへの期待に胸が高まります。

クマナ Kemanak

　まるでバナナのようなユニークな形をした金属製打楽器で、異なる音に調律された2本で対になっています。1人1本ずつ持ち、2人で交互に打ち鳴らします。

　木製の棒の先に紐を巻いたバチでスリットの横の部分を叩き、楽器をスーッと上に持ち上げることで豊かな余韻を引き出します。またミュートのしかたも変

図22　クマナ

図22-2　クマナの打ち方

わっていて、楽器を持つ手の親指をムニュッとスリットに押し付けることにより、音の余韻がキュウと上がって止まります。

この楽器は、**ブドヨ**などの宮廷舞踊の伴奏曲で使われる神聖な楽器です。その場合、クマナのほかはゴン、クノン、クト、太鼓などの少数の楽器と男女による斉唱や掛け声のみの編成となります。また**サンティスワラン Santiswaran** と呼ばれるイスラム教の祈りの言葉による声楽曲でも、**トゥルバン Terbang** と呼ばれる片面太鼓とともに使用されます。どちらの音楽においても、クマナは朗々と歌われる斉唱のバックで、定期的に規則正しいリズムを刻むのが特徴です。

クプラ Keprak

一見したところただの木箱のように見えますが、壁面を木づちで叩くことにより、宮廷舞踊の伴奏の際に、踊り手に様々な動きの指示を与えます。楽器というよりは、壁面に掛けられた金属板とともに音で舞踊への合図を繰り出す鳴り物として使用されます（**p201 参照**）。

図 23　クプラ

※このほかにも、儀式の際に使われる大型の和太鼓のような形をした**ブドゥ Bedhug** などの楽器があります。

さて、ここまでたくさんのガムランの楽器をご紹介してきましたが、これらの楽器は実に幅広い音域を網羅しています（**表3参照**）。いちばん低い音のするゴンからいちばん高い音のするボナン・パヌルスまで、約5オクターブ半以上の音域があるのです。それらが一斉に鳴ることで、豊潤な音響空間を作り出します。さらに、ガムランの音はきっちりと調律されているわけではなく音程が微妙にずれているので、合奏全体からうなりが生じ、その場にいるとあたかも宇宙空間を漂っているかのような不思議なゆらぎに包まれるのです。

表3　ジャワガムランの各楽器などの音域（東京音楽大学所蔵のガムラン）

※五線譜の音高はあくまでも近似値です。
　また、ルバブ、スリン、女声シンデン、男声ゲロンに関しては、合奏内で使用するおよその音域を表しています。

1　スレンドロ音階

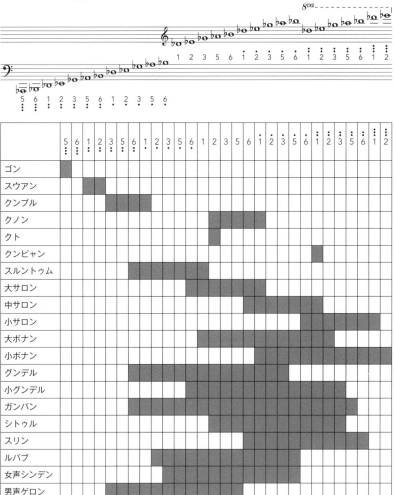

2 ペログ音階

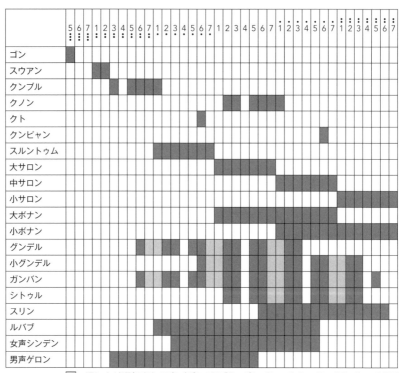

調により選択される音（グンデル類、ガンバン、シトゥル、調によって必要な音だけを並べた楽器を使用）

コラム　　夜のしじまのワヤン

　ガムランの伴奏による「ワヤン」は千年の歴史を持つと言われる人形芝居で、ジャワ島やバリ島では今でも盛んに上演されています。絵巻物をたぐり寄せながら語る「ワヤン・ベベル」、木偶人形を操る「ワヤン・ゴレ」、人が演じる「ワヤン・オラン（ウォン）（**p221 参照**）」などいくつかの種類がありますが、中でも人気なのが水牛の皮に細かい細工をほどこした人形を使用する影絵芝居「ワヤン・クリ」（クリは皮の意味）で、2009 年にはユネスコの無形文化遺産に登録されました。

　影絵なのに人形はきれいに色付けされていて、現地ではほとんどの観客は影側ではなく、人形を操る側から見ます。理由は、「もとが絵巻物だったから」、「影側は主催者、または精霊達が見るから」、あるいは「『影』は心の中の喜びや悲しみといった魂のありようを表しているから」、など色々な説があります。

　語られる物語は、インドから伝わった 2 大叙事詩「ラーマーヤナ」と「マハーバーラタ」を題材にしたもので、王国同士の争いや恋愛、神からの啓示といった本筋の合間に、主催者の紹介や村のトピック、政治や宗教、そしてたわいないコントやお笑いなどがはさまり、話は無限に広がっていきます。娯楽的な要素が強い芸能ですが、もとは悪霊を遠ざけ、祖先の霊による加護を願う儀礼のためのものでした。今でも結婚式や国の独立記念日などのお祝いごとのほか、疫病や地震などの災いを遠ざける「厄除け」のために、王宮や公共施設、広場や民家の軒先など、あちこちで上演されています。

　さあ、それではさっそくジャワ島のワヤンを見に行きましょう。山奥のとある村でワヤンが上演されるというので車で向かいますが、なかなかたどり着きません。何度か人に尋ねつつ、薄暗い夜道で不安になってきた頃、遠くからかすかにガムラン

道化の人形

の音色が聞こえてきました。向かっていくと、あたりが次第に明るくなり、夜店が立ち並ぶのが見えます。やっと到着。結婚式の飾りつけをした家の前に仮設のステージができていて、その上には大きなスクリーンとたくさんのワヤン人形、

手前にはガムランの楽器がところ狭しと並べられています。上演はすでに始まっていて、お客さんは楽しそうに笑っています。ダラン（人形遣い）はたった1人でいくつもの人形を操り、まるで落語家のように声色を変えて演じています。それだけでなく、歌を歌ったり、金属板を足で鳴らして後ろの楽隊に合図を送ったりしていて、とても忙しそう。でも人形の動きやセリフが無く、ガムランがゆったりと流れている間は、少し休憩しながらタバコをゆっくりふかしていて、何となくのんびりした雰囲気も漂っています。

　夜更けになると、子ども達はゴザの上で寝てしまいます。途中で帰ってしまう客もいて、出入りも自由気まま。夜明け近くになると、激しいガムランの音に合わせて人形がずっと戦っているのですが、そんな緊迫した場面でも時々道化の人形が出てきて、おかしいことを言ってはお客さんを笑わせています。ワヤンでは真面目な人生訓が語られる時でさえ、ダジャレを連発して笑わせる人形がよく登場します。そうやって、あまり重くなり過ぎないように音楽やお笑いをはさみ込んで、観る人に救いの手をさしのべているのかな？なんて想像してしまいます。
　そんなことを考えているうちにゆったりとした音楽が流れ、スクリーンの真ん中にカヨンと呼ばれる山のような形の人形が置かれて終了。時刻は朝4時。そろそろアザーン（イスラム教の詠唱）の時間です。先ほどまでの喧騒がうそのように、お客さんはふと我に返ったような面持ちで、夜明け前の静かな山道を帰ってゆくのでした。

ワヤンの上演風景

第3章

さあ、合奏！
入門編「マニャルセウ」

1 まずは"基本の旋律"を叩いてみる

　第3章では、2章でご紹介した楽器のうち、奏法のやさしい代表的な楽器を使って、合奏法を解説します。最初の課題曲は、現地でよく演奏されているポピュラーな古典曲「マニャルセウ 〜 Lancaran Manyarsewu, Pelog Barang」。マニャルは大空を大群で飛ぶ渡り鳥で、千羽のマニャルという意味です。この曲は伝統的な影絵芝居ワヤン（**コラム p93 参照**）でよく使われ、大軍が意気揚々と出発する場面で、活気あふれる演奏を聴くことができます。ここでは合奏のしくみを理解する目的で、シンプルに演奏してみましょう。

　実は本来、たとえば東京音楽大学の実技授業では、最初に楽譜は使わず、何度もくり返し練習して曲を習得します。色々な楽器の奏法を学ぶので、課題は1年に数曲。ガムランは身体に染み込ませるように、見よう見まねでゆっくり習得していく音楽なのです。

　また、日本でガムランの楽器を演奏できる環境は限られていますので、読者の皆さんがすぐに楽器に触れることは難しいと思います。そこで本書では、テキストだけでも理解しやすいように、楽譜も使いながら図解していくことにします。手拍子をしたり鍵盤図を指差すなど、少しでも「実践」に近いことを体感できるような提案もしてみました。動画もたくさん用意しましたので、楽器の音を聴いたり、演奏の様子を見たりしながら、異文化を理解していくプロセスを楽しんでください。

1）暗号のような横書きの数字メモ

　それではまず、課題曲「マニャルセウ」の"基本の旋律"、**図1**をご覧ください。なんだか暗号のようですが、ガムランの音は日本の伝統音楽の

ように数字で示されています。音が規則的に並んでいる曲が多いので、西洋の五線譜を読み解くよりも初見はやさしいと思います。

　この曲は琉球音階に似た“ペログ音階”で、「2」「3」「5」「6」「7」の5音を使う、とても明るい曲です。音は数字が大きいほうが高い音になります。テンポは、1音1秒くらいでイメージしてみてください。

　また、西洋音楽の楽譜を読み慣れている方は、1拍目や奇数拍の数字を強拍に取りたくなりますが、**ガムランでは強拍は偶数拍、つまり2、4、6、8拍目にあります。**さっそく異文化の壁ですね、私も理解に時間がかかりました。なかなか慣れないと思いますが、なるべくそのようにイメージしながら読んでみてください。

図1　「マニャルセウ」の基本の旋律

5	3	5	3	5	3	6	5
6	5	6	5	6	5	3	2
3	2	3	2	3	2	7	6
7	6	7	6	7	6	5	3

左から右方向に数字を読んで、次の行に移行していきます。

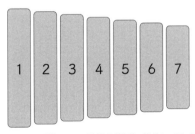

ペログ音階のサロン鍵盤図　＊旋律を順番に指差してみましょう。

▶ 〈動画1〉　基本の旋律を演奏

2）ユニゾンで奏でるメロディーライン
──大・中・小サロンとスルントゥム

　基本の旋律を演奏する楽器は、7枚の鍵盤を持つ楽器群で、大サロン、中サロン、小サロン（プキン）、スルントゥムです。それぞれ音域が異なり、一緒に演奏するとなんと4オクターブの壮大なユニゾンになります。ジャワガムランのほぼ全ての古典楽曲は、同じようにユニゾンで基本の旋律を演奏するのです。では楽器ごとに、特徴と演奏方法を見ていきましょう。

大・中サロン

　バチをしっかりと握って、鍵盤の真ん中を**力強く叩いて演奏**しましょう。荘厳できらびやかなサロンの音色は、合奏の核になります。音の余韻が長いので、慣れてきたら、**叩くと同時に前に叩いた音を止めながら演奏**しますが、まずは堂々と強い音を出すことが大切です。

バチを持ってかまえているところ

6の鍵盤を打って5を止めているところ

小サロン（プキン）

　バチの先の部分を見てください。円錐形になっていますね。この部分は**水牛の角**で作られているのです。このバチで、鍵盤の真ん中を穏やかに叩きます（大・中サロンと違って、**小サロンは高音がキンキンと響き**

小サロンのバチ

すぎないよう、音量を控えめに演奏します）。「マニャルセウ」では、基本の旋律を細かく2打ずつ演奏していきます。小サロンの音は高音域でキラキラと輝いて、基本旋律を彩り、また、抑えた音量で音を均一に刻み続けることで、合奏のテンポを安定させる役割も担います。慣れてきたら、小サロン特有の音の止め方、つまり2音ごとに、次の音を鳴らす時に前に叩いた鍵盤をつまんで響きを止める奏法を練習してみてください。消音のタイミングは大・中サロンと同じです。

スルントゥム

　共鳴筒の付いた楽器です。鍵盤の真ん中を、バチの重みを利用してやさしく叩いて、音を響かせましょう。低音でボーン…と聴こえるような、長い余韻を持つスルントゥムの響きは、合奏に心地よい安定感を与えてくれる、穏やかでリーダー的な存在の音です。慣れてきたら、次の音を鳴らすタイミングで、あるいはそれよりもほんの少し遅く、前の音の鍵盤をつまんで音を止めます。これは、前の音と次の音を、途切れずにつなぐための、ガムランのお約束事です。楽器によって少しずつ叩き方や音の止めかたが違いますね。それぞれ丁寧に演奏して、慣れていきましょう。

バチを持ってかまえているところ

3を打って5を止めているところ
（手がクロスする）

▶ 〈動画2〉 大・中・小サロン、スルントゥムで基本の旋律を演奏

2 ガムラン曲には "時報" がある !?
節目を示す楽器の奏法

　ここからは、曲の節目を担当する楽器について解説します。さてガムラン音楽の「節目」とはいったい何でしょうか。

　ガムランの古典曲はどの曲も、一定のメロディーをくり返して演奏します。読者の皆さんの中には、「マニャルセウ」の基本の旋律譜を見て、あるいは動画で旋律を聴いた印象として、リズムに特徴や抑揚が無く、始めも終わりもわかりにくいと思った方がいるのではないでしょうか。これを何度もくり返していたら、どこを演奏しているか、わからなくなりそうですよね。そこに登場するのが、「形式」という曲の枠組みの概念と、それをわかりやすく示す「節目楽器」群なのです。

　ジャワガムランの古典曲は、"家"にたとえると、広さや柱の数などが既定の型（＝形式）に属していて、家の広さがどれくらいか（＝全体で何拍の曲なのか）、各部屋は何畳で柱は何本あるか（＝途中何拍ごとに、いくつの段落に区切れるか）、などが形式によって決まっています。この、曲の区切りのタイミングで鳴らされる楽器が、節目楽器なのです。もっとわかりやすく言えば、曲がひとまわりするごとに1回鳴る楽器、それを4つに区切って時計でいえば1時間に4回、15分ごとに鳴る楽器、さらに区切って鳴る楽器というようなものがあって、**それらが曲の途中に鳴ると、曲の枠組みがわかるだけでなく、現在地もわかるしくみになっているのです。**ジャワガムランは、なんと時報が組み込まれたような音楽なのです！

　ちなみに「マニャルセウ」は、比較的規模の小さい**ランチャラン Lancaran 形式**（p52 参照）の曲で、1周するたびに1回鳴るゴン、4回鳴るクノン、クノンの合間に鳴るクンプル、1周に8回鳴るクトが曲の枠組みを形作っています。節目楽器同士が交互に掛け合うような、インドネシアらしい奏法もさっそく登場します。

　それでは最も重要なゴンから、順に演奏法を説明していきます。

1）曲の最も重要な節目に鳴らすゴン

　ゴンは、コブの部分を大きなバチで水平方向に叩いて演奏します。大きな楽器の超重低音に、現在の録音技術では拾いきれないほどの広音域の音が含まれています。心の奥に響いて、なぜか手を合わせたくなる音です。

　音楽的には、ゴンのタイミングで基本の旋律が大きく区切られて、メリハリが付きます。1つのまとまりが終わって音楽がリセットされ、演奏も演奏者もリフレッシュするのです。

　バチが重いので、打った後はその都度、下に置いておきましょう。

かまえているところ　　　　　　　打つ瞬間

図2　「マニャルセウ」のゴン　ゴンの記号：○

5	3		5	3		5	3		6	⑤
6	5		6	5		6	5		3	②
3	2		3	2		3	2		7	⑥
7	6		7	6		7	6		5	③

※基本旋律を唱えながら、○の付いたゴン拍で手を打ってみましょう

▶ 〈動画3〉「マニャルセウ」の基本旋律とゴンを演奏

※ゴンは低音で、スピーカーでは聞こえにくいため、イヤホンかヘッドフォンを使用することをおすすめします。

2）ゴンの次に重要な節目に鳴らすクノン

　クノンも大事な時報の一部です。演奏者全員によく聴こえるようにはっきりと打ちましょう。コブをバチで叩いて演奏します。

かまえているところ　　　　　　　　打つ瞬間

　「マニャルセウ」でクノンは1行に4回、ガムランの強拍である偶数拍のところで鳴らすのですが、この時、何の音を鳴らすのか？これがとてもガムランらしくてユニークなので、インドネシア国立芸術大学スラカルタ校で教えている奏法をご紹介します。文章にすると少しややこしいのですが、興味を持たれた方は次の図3を見ながら読み進めてください。

　まず、1行4回のクノンを、前半の2回と後半の2回に分けてみます。1行目の旋律であれば前半「5353」と後半「5365」のように分けて考えるのです。鳴らす音は、基本旋律の偶数拍の音をそのまま鳴らすのではなく、前半と後半それぞれの最後の音を採用して、前半の2回は3（「5353」の最後の音）、後半の2回は5（「5365」の最後の音）を鳴らします。つまり、クノンは節目の拍を示すと同時に、基本の旋律の重要な音をひと足先に知らせているのです。そしてこのお知らせを聴くことは、楽しいコミュニケーションへの第一歩、何度も合奏するうち、自然に仲間の音が聴こえてきます。

図3「マニャルセウ」のクノン　クノンの記号：⌒

$$
\begin{array}{cccccccc}
5 & \overset{3}{\overgroup{3}} & 5 & \overset{3}{\overgroup{3}} & 5 & \overset{5}{\overgroup{3}} & 6 & \overset{5}{\overgroup{⑤}} \\
6 & \overset{5}{\overgroup{5}} & 6 & \overset{5}{\overgroup{5}} & 6 & \overset{2}{\overgroup{5}} & 3 & \overset{2}{\overgroup{②}} \\
3 & \overset{2}{\overgroup{2}} & 3 & \overset{2}{\overgroup{2}} & 3 & \overset{6}{\overgroup{2}} & 7 & \overset{6}{\overgroup{⑥}} \\
7 & \overset{6}{\overgroup{6}} & 7 & \overset{6}{\overgroup{6}} & 7 & \overset{3}{\overgroup{6}} & 5 & \overset{3}{\overgroup{③}}
\end{array}
$$

※基本旋律を唱えながら、クノン拍で手を打ってみましょう。

▶〈動画4〉基本旋律とクノン、ゴンを演奏

3）クノン拍の合間に鳴らすクンプル

　クンプルはゴンと同じ竿(さお)に吊ってあることが多く、演奏者はよくゴンと兼任します。ゴンよりも少し小さい専用のバチで、ゴンと同様にコブを水平方向に叩きます。低音のボワンとした響きがジャワの人に「プル“pul”」と聴こえるのが、楽器名の由来なのだそうです。

かまえているところ

打つ瞬間

次の**図4**をご覧ください。クノンとクンプルのタイミングは、交互になっていますね。クンプルはクノン拍の合間に鳴らします。

1つ注意点があります。クノンの偶数拍に対して、クンプルは奇数拍に鳴らすのですが、なぜかゴン拍の直後、つまり**1拍目はお休み**なのです。このわけは、王宮で使用される青銅製のゴンには長い余韻があり、ゴンの直後にクンプルを鳴らすと大事なゴンの響きを消してしまうのでお休みにした、という説を聞きました。結果的にゴン周期に軽いところと重いところができて、独特のグルーヴ感が生まれます。

図4 「マニャルセウ」のクンプル　クンプルの記号：⌣

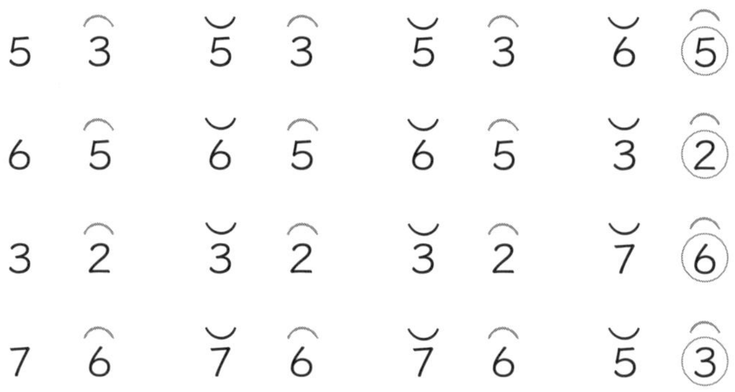

5 ⌢3　⌣5 ⌢3　⌣5 ⌢3　⌣6 ⌢(5)

6 ⌢5　⌣6 ⌢5　⌣6 ⌢5　⌣3 ⌢(2)

3 ⌢2　⌣3 ⌢2　⌣3 ⌢2　⌣7 ⌢(6)

7 ⌢6　⌣7 ⌢6　⌣7 ⌢6　⌣5 ⌢(3)

※基本旋律を唱えながら、クンプル拍で手を打ってみましょう。

▶ 〈動画5〉基本旋律とクンプル、ゴンを演奏

では次に**ゴン**、（ク）**ノン**、（クン）**プル**を合わせて、唱えてみましょう。

図5は、「マニャルセウ」が属する楽曲の型、**ランチャラン形式**のゴン、クノン、クンプルのリズムパターンです。[　]内を4回くり返すと、「マニャルセウ」の1曲分になります。動画が観られる人は演奏と一緒に唱えてみましょう。演奏する時には、餅つきの杵を持つ人と餅をこねる人のように、互いを聴き合って演奏すると、リラックスしてタイミングを間違え

ずに叩くことができます。ところで、ここではじめて「•」が出てきましたね。ガムラン譜では•はお休みの記号なので、覚えておいてください。

図5　ランチャラン形式のゴン、クノン、クンプルのリズム

•	⌒	⌣	⌒	⌣	⌒	⌣	◯
[休み	ノン	プル	ノン	プル	ノン	プル	ゴン]

▶ 〈動画6〉「マニャルセウ」の基本旋律とゴン、クノン、クンプルを演奏

　基本旋律だけを演奏するよりも、節目楽器と一緒に演奏する方が曲の輪郭がはっきりしますね。ジャワガムランでは、節目楽器の周期に馴染むことが、初歩の段階で最も大事だと言われています。また、動画を見て気付いた方がいるかもしれませんが、クノンとクンプルは交互に打ち鳴らすだけでなく、鳴らした後、相手が打つ拍で自分の楽器の音を止めています。節目楽器の演奏者も、1人で一生懸命に拍を数えているのではなく、仲間とコミュニケーションをとっているわけです。互いに相方の音を聴いて、応えるように演奏するのはとても楽しいですよ！

4）節目？意外と大忙し！クト

　クトは、クノンやクンプルよりも、さらに頻繁に鳴らされる小ぶりな節目楽器です。次頁の楽器を見ると、クトとクンピャンがセットで台に置かれていますね。「マニャルセウ」のような小規模のランチャラン形式では、クトのみを使い、これが節目？と思うような忙しさで演奏します。

　クトは専用のバチでコブを叩きます。音は「ト」と聴こえるように、打ったらすぐに音を止めましょう。バチを持たないほうの手でコブのまわ

りを押さえれば響きが止まりますが、もし難しくなければ、クノンと同様、バチでコブに触れて止めてください。

かまえているところ　　　　　　　打つ瞬間

　ランチャラン形式の曲は、「マニャルセウ」を含めクンピャンを使わず、クトを基本の旋律拍の合間に、音楽的に言えば「裏拍」にあたるところで鳴らしていきます。クノンよりも少し小さめの音量で打つようにすると、バランスが良いです。この後の〈動画7〉では、2通りの音の止め方を収録しましたので参考にしてください。
　さて、ここで基本旋律の図に**クトの拍**が加わります。**図6**の楽譜は、第1章 p52 ランチャラン形式の図に準じた16拍のゴン周期になりました。問題は、図（譜面）にすると裏拍（弱拍）が強拍よりも前にあることです。西洋音楽に馴染んできた人は、楽譜の最初に強拍が無いことに少なからず混乱すると思います。…もしやジャワガムランは、いつも弱拍からスタートする不思議な音楽？違うのです。読み進めてください。

5）大事な"最初のゴン拍"

　ここでさらに、"最初のゴン拍"も基本旋律の図に加えてみましょう。**図6**最上段の右上をご覧ください。実は**基本旋律が始まる前に、必ずゴンの強拍があるのです**。このゴン拍は、この後 p114 で説明する**前奏の最後の**

拍であり、ジャワガムランはここから合奏を始めるのです。この後の〈動画7〉も“最初のゴン拍”から演奏しています（これまでの動画は、基本旋律をわかりやすく示すために、“最初のゴン拍”を入れずに演奏していました）。数字譜が少しずつ、現地で使われる楽譜らしい姿になっていきます。

図6 「マニャルセウ」のクトと最初のゴン拍　クトの記号：＋

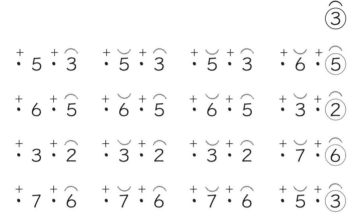

 〈動画7〉最初のゴン拍から、基本旋律とクト、ゴンを演奏

　これで、基本の旋律を担当する楽器と、曲の枠組みを示す節目楽器の解説は終わりです。次は、節目の大事な音を賑やかに演奏する**大・小ボナン**の奏法と、曲の開始や終止の合図を出し、テンポを決めて指示をする、**クンダン**（**太鼓**）を図解していきます。

　ここからは主に、楽器を使用して習得している人向けの教科書的な内容になります。授業や講座で何度も合奏した人が、本書で理解を深めるイメージで書きますので、難しいと思われた方は読み飛ばしてください。
　一方、動画では「マニャルセウ」が音楽的な魅力を増して、指揮者無しでスムーズに進行していく様子がわかります。テキストを飛ばされた方も、インターネット環境がありましたら参考動画はぜひご覧ください。

3 曲がおめかし！ 大・小ボナンの奏法① グンビャン奏

　曲を彩り、様々な奏法を楽しめる楽器、大・小ボナンの奏法について図解していきます。合奏にボナンが加わると、楽曲に化粧をしたかのように美しい濃淡がつき、色々なアレンジが芸術的に演出されます。

　楽器は、大きな木製台の両側に施された装飾が繊細で美しく、たくさんの「鍋を逆さにしたような玉」が２列に置かれていて、エキゾチックな音とフォルムを持っています。演奏者は両手にバチを持って演奏しますが、そこに座っただけでワクワクして、初心者にも人気の楽器です。

　それではまず、玉の位置と、音の配列に慣れましょう。

図7 「マニャルセウ」（ペログ音階・バラン調）で使う大・小ボナンの音配列

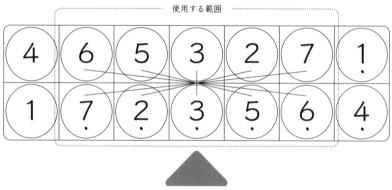

演奏者

　演奏者は３の音の前に座ります。10個の音の配置をまず覚えましょう（左右両端の４つの音は、この曲では使いません）。手前下列の５音は左から順番に、「7」そして「2」「3」「5」「6」と並んでいます（数字の下に点があるのは、低い音域の音を表しています）。また、演奏者から見て遠いほうの上列は、右から順番に、真ん中の音域の「7」そして「2」「3」「5」「6」と、

中央を点対称にして並べてあるのです。のちに色々な奏法を知ると、この配置が合理的であることがわかります。

かまえているところ

打つ瞬間

1）賑やかな裏拍のオクターブ奏、大ボナン

　それでは大ボナンの奏法を具体的に解説していきます。基本旋律を、クト拍を含む4拍ずつのグループに分けて考えます。ジャワガムランではこの4拍のグループが大事な単位で、**ゴトロ gatra** といいます。西洋音楽では小節といいますね。大ボナンはそれぞれのゴトロのいちばん重要な音、すなわち最後の音を、クトのタイミングと同じ裏拍というか弱拍、すなわち1拍目と3拍目に打ちます。

　両手のバチを使って、オクターブ奏＝同じ数字の高い音と低い音を左右のバチで同時に叩く奏法で打っていきます。オクターブのことをガムランでは**グンビャン gembyang** といい、3/3（＝3のグンビャン）のように表記します。**各ゴトロの1、3拍目に、4拍目の大事な音をグンビャン奏で叩くというのがランチャラン形式曲の大ボナンの基本奏法**です。慣れてきたら、次の動画のように音を止めながら演奏しましょう。また、ボナンのバチには、太い紐が何重にも巻かれてあり、柔らかい音が出るようになっていますので、この部分がコブに当たるように演奏しましょう。

　次の**図8**を見ると、ボナンは重要な音を先取りして、2度ずつ打つことがわかります。**先取り、増幅はボナンの重要な役割の1つ**で、楽曲がとても賑やかになりますね。

図8 「マニャルセウ」の大ボナン（グンビャン奏）

大ボナン　基本旋律

（図：大ボナンと基本旋律の数字譜）

▶ 〈動画8〉基本旋律と大ボナン、ゴンを演奏

2）オクターブで変則リズム、小ボナン

　大ボナンの演奏に慣れてきたら、小ボナンにも挑戦してみましょう。大ボナンと同じように、重要な音を先取りしてグンビャン（オクターブ奏）で演奏するのですが、小ボナンは打つ回数が増えて、リズムが少し複雑になりますので、**変則リズムが得意な人におすすめです。**図9のように各ゴトロ（小節）に3回ずつ打ち、3回目のタイミングが基本旋律の大事な拍に重なります。なお、各ゴトロの1拍目を見ると、お休みの拍とグンビャンの上に横線がありますが、これは1拍を2つに分けるときに使う記号です。

図9 「マニャルセウ」の小ボナン（グンビャン奏）

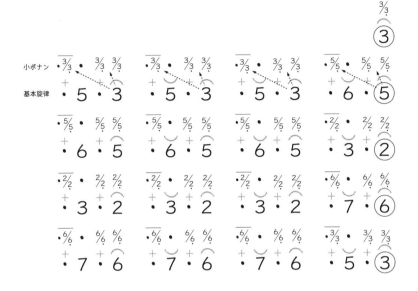

 ▶ 〈動画9〉基本旋律と小ボナン、ゴンを演奏

　ボナンの奏法にはさすがの音大生も苦戦しますが、半年ほど続けると慣れてきます。クラスメイトが演奏する基本旋律や節目楽器の音を聴きながら、くり返し合奏し、耳と体でタイミングをつかむことが大切です。次の動画で大・小ボナンを同時に演奏してみます。何とも賑々しいですよ！この、4拍目の大事な音のことをセレ（**p57 脚注参照**）といいます。

 ▶ 〈動画10〉基本旋律と大・小ボナン、ゴンを演奏

4 合奏は自由飛行、だからこそルールが大事！

ここまでたくさんの楽器奏法を学んできました。多くの読者の方は、入門の段階からこんなに多くの楽器を勉強しなくてはならないとは、想像していなかったのではないでしょうか。最初は1年に数曲習得というのが、これで腑に落ちたかもしれません。

第1章で触れているように、ジャワガムランは指揮者がいませんので、演奏者それぞれがまわりの音との関係から現在地を確認します。そして、ジャワガムランは演奏中にその都度、進行が決まるので、音による指示や誘導のメッセージに従って進まねばなりません。曲の流れからとり残されず合奏するために、**互いの奏法を知って仲間からのメッセージを受け取る練習がとても大切なのです。仲間と関わり合う、生きもののような音楽のしくみ**、とてもユニークですね！

それではいよいよ、合奏のルールを学んでいきましょう。

1）"ガムラン流"進行ルールとは

まず、合奏の「始まりと終わりの手順」についてお話します。航空機の離陸、着陸などと同じように、合奏の始まりと終わりは特に、**全員が細心の注意を払って1つにまとまる必要があって**、そのための共通ルールが決めてあるのです。以下、順に書いていきます。

　　ジャワガムランの合奏を始めるときのルール
　　①独奏で前奏メロディーを演奏
　　　（ランチャラン形式曲では大ボナンが担当する場合が多い）
　　　　　↓
　　②途中から太鼓が入って、最初のゴン拍とテンポを知らせる

↓

③最初のゴン拍から全員で合奏開始

↓

④太鼓から次の合図があるまで、同じテンポで何周もくり返す

　実は、基本旋律の最後の音は、最初のゴン拍の音と同じ音になっていて、ひとまわりするとうまく同じ音に戻ってくるのです。**くり返すことは、つつがなく続いていくこと**であり、**繁栄の象徴**としてジャワの人々が日頃から大切に思っていること。次の指示誘導の合図まで何度もくり返すことが、ガムランの基本ルールなのです。実際の演奏では、この後様々なアレンジを展開していくわけですが、今は割愛してシンプルに終止に向かいますね。

ランチャラン形式曲の合奏を終える時のルール

①まず終わりに向かう準備として、クンダン（太鼓）の誘導で**テンポが速くなり、大・中サロンが音量を上げる**（航空機の着陸態勢・シートベルト着用サイン点灯のイメージ）

↓

②終止の合図が始まるまで、速いテンポのまま大・中サロンは音量を上げた状態で合奏を続ける（空港まで注意深く飛ぶイメージ）

↓

③クンダンの終止の合図が始まったら、全員音量をそのままに、クンダンに合わせてテンポを遅くしていき、最終のゴン拍直前まで演奏して最後のゴンを待つ（滑走路に進入して着陸を待つイメージ）

↓

④最後のゴン拍をゴン奏者が幾分ためて、遅らせてから打ち（着陸！）、各演奏者はゴンが鳴ったらそれぞれ最終の音を打ち、演奏を終える

　古典曲の終止も、安定して飛行している航空機が、着陸前にシートベルトを着用して着陸態勢に入るようなイメージです。

ランチャラン形式曲の場合は、クンダンの誘導でテンポが速くなり、大・中サロンが音量を上げます。ここからにわかに緊張感が生まれ、**全員が終止まで注意深くクンダンを聴きながら演奏する**ことになるのです。

　では、上記のルールを踏まえたうえで、クンダンの具体的なパターンを実践していきましょう。

２）指揮者無しで巧みなスタート！
　前奏から最初のゴン拍へ

　「マニャルセウ」だけでなく全ての古典曲には、**その曲特有の前奏旋律**、言わばイントロがあります。これをブコ Buka といい、語源は"開く"という意味のジャワ語です。指揮者のいないジャワガムランでは、まず１人の奏者がブコを演奏し始めますが、**ブコの最後は必ずゴン拍**になっていて、このゴンに向けてクンダン（太鼓）の合図が途中から加わり、ほかの演奏者達は**ゴン拍から合奏を始めます**。

　この曲のクンダンは、大小２つの太鼓を組み合わせて演奏します。
　「マニャルセウ」を含むランチャラン形式の基本的なクンダンパターンは、３つの音「p＝トゥン」「b＝ダン」「t＝タ」の組み合わせで、呼び名は叩いた時の音を真似たものになっています。ちなみに p はアルファベットでなく、元は高い音を示すために棒の上に○を付けた記号で、b も同じように、低い音という意味で棒の下に○を付けた記号なのだそうです。
　前奏ブコを演奏する楽器は大ボナン、ルバブ、グンデルなどですが、ランチャラン形式曲ではおおむね大ボナンが前奏を担います。次の図は、「マニャルセウ」の前奏ブコの旋律と、大ボナンとクンダンのスコアです。

図10 「マニャルセウ」の前奏（ブコ）

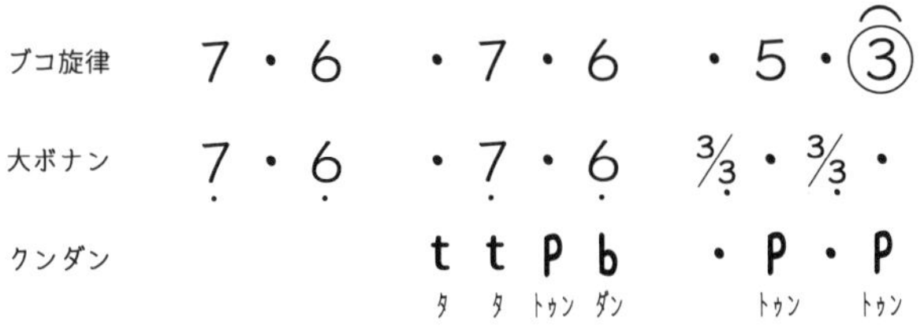

ブコ旋律	7・6	・7・6	・5・③
大ボナン	7・6	・7・6	³⁄₃・³⁄₃・
クンダン		t t ℔ ♭	・℔・℔
		タ タ トゥン ダン	トゥン トゥン

※ クンダンの記号と読み方： ℔＝トゥン ♭＝ダン t＝タ

　音大の実習授業や社会人講座では、全員でブコのクンダンパターン「タタトゥンダン・トゥン・トゥン」を日本の楽器を習得する時のように口唱歌で覚え、次にそれを唱えながら、○の付いたゴン拍で手を叩けるように何度も練習を重ねて、最初のゴン拍を捉えられるようにします。

　大ボナン奏者は、まずブコの旋律を演奏できるように練習します。この部分は、グンビャン（オクターブ）奏ではなく1音ずつ単音で弾いていくのですが、この曲のブコ旋律は古来伝承されているように、まず手前の列の7と6の音を使い、ゴン拍のあるブコ最後のゴトロ（小節）で、グンビャン奏に切り替えます。ブコの途中でクンダンが入ってきたら、テンポをクンダンに合わせるようにしてください。

　合奏のテンポを決めるのはクンダン奏者であり、ブコ最後のゴンまでの5拍分「ダン・トゥン・トゥン」でテンポを示しますので、そのほかの演奏者もブコを注意深く聴き、クンダン奏者が示したテンポに乗って演奏を始めれば、乱れず無事にスタートが切れます。

　何とも良くできたルールというかしくみですね。このルールのおかげでジャワガムランの古典曲は、指揮者がいなくても一斉に合奏を始めることができるのです。

▶〈動画11〉「マニャルセウ」のブコから最初のゴン拍まで

3）クンダン（太鼓）の奏法とパターン、
合図の意味について

　無事に曲が始まり、全員で演奏を始めることができました。今後はクンダン奏者が、太鼓の音で進行上の指示や誘導をしていきます。

　それでは、ランチャラン形式のクンダンについて、音の出し方と、「マニャルセウ」で使う基本パターンをご紹介しましょう。

クンダンの音の出し方（クンダン・アグンとクティプン）

　ジャワのクンダンは、両面に皮を張って締めるタイプの太鼓で、適切な音に調律し、ほとんどのものは台に乗せて素手で両側から叩きます。また、小さいクティプンは抱えるようにして使います（東京音楽大学にはクティプンにも台があるのですが、これはお隣のジョグジャカルタ様式の特徴です。東京音楽大学の楽器は、ジョグジャカルタ王宮と深く関係してきたスラカルタのマンクヌガラン王宮様式の楽器で、いくつか両様式折衷の特徴が見られるのだそうです）。2つのクンダンの皮面は、大きい面と小さい面があり、利き手に大きい面がくるようにするのが、スラカルタ様式では一般的です。ここでは右利きの方への説明をします。

　「マニャルセウ」では、クンダン・アグン（大）とクティプン（小）、2つのクンダンを使って3種類の音を出します。次に音の出し方を説明していきますが、実際に楽器を演奏する環境がある方は、ぜひ動画も見て真似するようにしてください。

◆ p（トゥン）

　クティプン右面を、右手の人差し指と中指の指先ではじいて音を出します。**右皮面の真ん中よりも少し手前を叩くと良い音が出ます**。音は木製の胴体に響いて、太鼓らしい余韻があります。左面は使いません。「トゥン」の音は軽やかでしっ

p（トゥン）を打つ瞬間

かりしたイメージで、ガムランの音程でいうと3ぐらいに調律して演奏します。ゆくゆくは親指など1本の指で、丁寧に美しく響かせて演奏できるようになると、より宮廷音楽らしい上品な雰囲気になります。

◆ t（タ）

　クティプンの左の皮の中央を、左の手のひらで叩きます。この時に平手打ちのように"はじく"のではなく、**発音後に左手を皮面に"置きっぱなし"にして、音の余韻が出ないようにする**のがポイントです。同時に右手は右皮中央に触れて、左面から出た音が共鳴しないようにミュートします。すると「タッ」と短く切ったような音になります。

t（タ）を打つ前

t（タ）を打つ瞬間

◆ b（ダン）

　大小の太鼓を組み合わせて音を出します。左手はクティプンの t（タ）、右手はクンダン・アグンの大きな右面の手前を、手のひら全体でやさしく叩きます。

　クンダン・アグンの右面は低い1くらいの音程に調律し、打音がしないように、静かに響かせましょう。左手のクティプンの音と組み合わせることによっ

b（ダン）を打つ瞬間

て音の輪郭が出ます。トゥンと比べるとより弛緩したイメージ。動画を参考にして各音の音色と音量のバランスをつかんでくださいね。

大・小の太鼓を組み合わせて叩く王宮様式のクンダンは、どの音も丁寧に美しい音で演奏するようにします。とても穏やかで、一般的な「太鼓」が持つ威勢の良い元気なイメージと違って、予想外に感じる方もいるのではないでしょうか。

▶ 〈動画 12〉クンダン 3 つの音（p, t, b）の鳴らし方

　それでは、3 つの音を使った様々なパターンを見ていきましょう。参考までに、各パターンの意味について、日本語訳を付けておきます。

ランチャラン形式のクンダンのパターン

◆ブコ（前奏）

日本語訳：さあ始めます。テンポはこのようにしましょう。

t t p b　・p・p

◆始まりのパターン

日本語訳：これから気持ちを合わせて演奏しましょう、どうぞよろしく。

・p・p　・p・p　・p・p　・p・p

◆ランチャラン形式の通常パターン

日本語訳：つつがなくこのまま演奏していきましょうね。

p p p p　p b p p　p b p p　p b p p

◆最終行であることを示すパターン（テンポを上げる時も同じ）

[日本語訳]：一周してそろそろ曲の最後の大事なゴンが鳴りますよ。

＊ここでは速度変化の記号はまだ使わないことにします。

b P P b 　　P P b P 　　P b P P 　　P b P P

◆終わりに向けて、最終行でテンポを上げた直後の１行目のパターン

[日本語訳]：さあ皆さん、終止に向かいます。気持ちを合わせましょう！

・P ・P 　　・P ・P 　　・P ・P 　　・P ・

◆減速して終止するパターン

[日本語訳]：ブレーキをかけます！減速して終わりましょう。

P ・P ・ 　　P b P ・ 　　b P ・b 　　・P ・・

　上記のように、各パターンを日本語訳のような意味合いで使って演奏していきます。合奏している時も、音質に気を付けて演奏しましょう。なかなか良い音が出ない場合は、少し叩く場所をずらしてみてください。手の大きさや形には個人差があるので、良い音が出るフォームは、人によって少しずつ違います。自分にとってのベストポジションを、ぜひみつけてください。

　説明が少し長くなりました。さあ、それでは、実際にマニャルセウを演奏する順番にパターンを並べてみましょう。

「マニャルセウ」のクンダン演奏例

①ブコから最初の1周

```
              7 · 6      · 7 · 6      · 5 · ③
              t t P b    · P · P      · P

· 5 · ③   · 5 · ③   · 5 · ③   · 6 · ⑤
· P · P   · P · P   · P · P   · P · P

· 6 · ⑤   · 6 · ⑤   · 6 · ⑤   · 3 · ②
P P P P   P b P P   P b P P   P b P P

· 3 · ②   · 3 · ②   · 3 · ②   · 7 · ⑥
P P P P   P b P P   P b P P   P b P P

· 7 · ⑥   · 7 · ⑥   · 7 · ⑥   · 5 · ③
b P P b   P P b P   P b P P   P b P P
```

②2周目以降（何周するかはクンダン奏者が決めます）

```
· 5 · ③   · 5 · ③   · 5 · ③   · 6 · ⑤
P P P P   P b P P   P b P P   P b P P

· 6 · ⑤   · 6 · ⑤   · 6 · ⑤   · 3 · ②
P P P P   P b P P   P b P P   P b P P

· 3 · ②   · 3 · ②   · 3 · ②   · 7 · ⑥
P P P P   P b P P   P b P P   P b P P

· 7 · ⑥   · 7 · ⑥   · 7 · ⑥   · 5 · ③
b P P b   P P b P   P b P P   P b P P
```

③終わりに向けてテンポを速くする周（速度を速くする記号：——→）

```
· 5 · ③   · 5 · ③   · 5 · ③   · 6 · ⑤
P P P P   P b P P   P b P P   P b P P

· 6 · ⑤   · 6 · ⑤   · 6 · ⑤   · 3 · ②
P P P P   P b P P   P b P P   P b P P
```

```
 ・ 3 ・ 2̂     ・ 3̆ ・ 2̂     ・ 3̆ ・ 2̂     ・ 7̆ ・ ⑥̂
 P  P  P  P     P  b  P  P     P  b  P  P     P  b  P  P

 ・ 7 ・ 6̂     ・ 7̆ ・ 6̂     ・ 7̆ ・ 6̂     ・ 5̆ ・ ③̂
 b  P  P  b     P  P  b  P     P  b  P  P     P  b  P  P
```

④速い速度にした後の周

```
 ・ 5 ・ 3̂     ・ 5̆ ・ 3̂     ・ 5̆ ・ 3̂     ・ 6̆ ・ ⑤̂
 ・ P ・ P     ・ P ・ P     ・ P ・ P     ・ P ・ P

 ・ 6 ・ 5̂     ・ 6̆ ・ 5̂     ・ 6̆ ・ 5̂     ・ 3̆ ・ ②̂
 P  P  P  P     P  b  P  P     P  b  P  P     P  b  P  P

 ・ 3 ・ 2̂     ・ 3̆ ・ 2̂     ・ 3̆ ・ 2̂     ・ 7̆ ・ ⑥̂
 P  P  P  P     P  b  P  P     P  b  P  P     P  b  P  P

 ・ 7 ・ 6̂     ・ 7̆ ・ 6̂     ・ 7̆ ・ 6̂     ・ 5̆ ・ ③̂
 b  P  P  b     P  P  b  P     P  b  P  P     P  b  P  P
```

⑤終止する周（速度を遅くする記号：◄——— ）

＊最後の１～２行で徐々に減速させて、最終ゴン拍の直前までアテンドして終わります。

```
 ・ 5 ・ 3̂     ・ 5̆ ・ 3̂     ・ 5̆ ・ 3̂     ・ 6̆ ・ ⑤̂
 P  P  P  P     P  b  P  P     P  b  P  P     P  b  P  P

 ・ 6 ・ 5̂     ・ 6̆ ・ 5̂     ・ 6̆ ・ 5̂     ・ 3̆ ・ ②̂
 P  P  P  P     P  b  P  P     P  b  P  P     P  b  P  P

 ・ 3 ・ 2̂     ・ 3̆ ・ 2̂     ・ 3̆ ・ 2̂     ・ 7̆ ・ ⑥̂
 P  P  P  P     P  b  P  P     P  b  P  P     P  b  P  P

 ・ 7 ・ 6̂     ・ 7̆ ・ 6̂     ・ 7̆ ・ 6̂     ・ 5̆ ・ ③̂
 P  ・ P  ・     P  b  P  ・     b  P  ・  b     ・ P  ・  ・
```

▶〈動画 13〉ブコから終止までの、クンダンの演奏

動画 13 では、②を省略してすぐに速くなり、2 周で終止しています。速くなってから 1 周あるいは 3 周で終止しても OK です。1 周で終止する場合は、p121 ④の 1 行目から⑤の 2 行目に移行します。3 周で終止する場合は、④のあとに②を加えます。速くなってから終止までが、あまり長すぎないようにします。

　ちなみに、最後のゴンを打つタイミング直前に、クンダンの演奏は終わってしまいます。その後ゴンをどのくらい待ってから打つのか、そのタイミングはゴン奏者に委ねられているのです。そして、ゴンが鳴った後に、ほかの演奏者達が最終音を打つタイミングも、実はそれぞれの演奏者に委ねられています。このような、クンダン奏者から指示の無い場合は、少し"ずれ"があるくらいが良いとされていますので、演奏者はリラックスして、最後の 1 打を叩いてください。多少ずれるくらいが自然で良いのです。

　また、クンダンのパターンは特にバリエーションが多く、地域やグループ、演奏者によって少し違うことがよくありますが、どれが正解、間違いということはありません。**グループ全員が同じ合図を共有しておくことが大切です。**

4）必要最低限の覚書、バルンガン譜

　「マニャルセウ」の最もシンプルな演奏を解説したところで、一般的な楽譜「**バルンガン譜**」（第 1 章 p48 に詳しい記述があります）を見てみましょう。バルンガンとは、スルントゥムやサロンが演奏する基本旋律のことです。バルンガン譜には、形式、曲名、音階、調（旋法）が示され、前奏ブコの旋律に続いて基本旋律バルンガン、ゴンやクノンなどの節目楽器の記号、くり返しの括弧が書かれています。これ以外の楽器奏法や進行上のルールについては特に書かれておらず、あらかじめ習得しておく必要があるのです。

　次頁、**図 11** のブコ（Buka）を見てください。ゴン前のボナンのグンビャン奏は書いてありませんね。実はボナン奏の古来から伝承されているルー

ルに則って、「・5・3」というバルンガンから、p115のようなグンビャン奏になったというわけです。

　バルンガン譜は本来、覚書のようなもので、基本の旋律を忘れてしまった時などにサッと見る程度に使うものなのです。西洋音楽の楽譜の役割とは大きく異なります。

図11　「マニャルセウ」の一般的なバルンガン譜

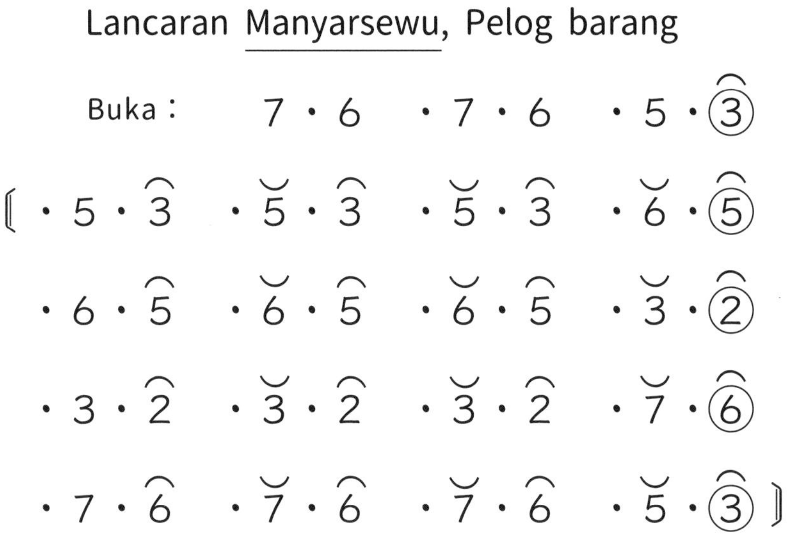

Lancaran Manyarsewu, Pelog barang

Buka：　7・6　・7・6　・5・③

〔・5・③　・5・③　・5・③　・6・⑤

　・6・5　・6・5　・6・5　・3・②

　・3・2　・3・2　・3・2　・7・⑥

　・7・6　・7・6　・7・6　・5・③〕

コラム　　ジャワガムラン　癒しの秘密

　ガムランコンサートのアンケートには、「癒されました」というコメントが多く寄せられます。本学で実技授業を履修している学生さんや、社会人講座生の皆さんも、「癒される音楽」という印象や感想を持つ人が大多数です。世界でも、イギリス[1]をはじめとしてガムランが広くセラピーに使われていますが、なぜな

1　イギリスでは、ジャワガムランの合奏のしくみが「人と直接関わる」観点から、コミュニケーション能力啓発のため小学校の教材になっているほか、刑務所で「人を信頼する心を養うセラピー」に活用され効果を上げている。

のでしょう。ガムランにいったいどんな秘密（？）が隠されているのでしょうか。

　本学で「音楽療法」の授業を担当しておられる平田紀子先生[2]は、「合奏」を用いて施設や病院で音楽療法を実践されている、合奏療法のスペシャリストです。

　平田先生によれば、「合奏を用いる音楽療法にとって大事なポイントは、①楽譜に頼らないこと、②合奏に際して共通のルールがあること、③技法がシンプルで、その人にとって楽しく、美しい音でよく響くこと、④演奏がそれほど難しくないのに、全員で合わせると素晴らしい音楽になって達成感があることです。まさに全て、ジャワガムランにも当てはまりますね」とのこと。

　「仲間の音をよく聴き、相手を思いやってタイミングを合わせたりするのは、コミュニケーション能力の向上や、自己成長、自己発見の場にもなります。これ以外にも、余暇を楽しみ、仲間と共に何かに没頭する時間を持つことは、生活の質の向上につながるのではないでしょうか」というコメントを寄せてくださいました。ガムランの癒しの秘密が、音楽療法の分野からひも解くと、霧が晴れるように明快な言葉になります。ジャワガムランが生涯学習に適していることは実感していましたが、現代日本人（世界の人々も？）が抱えている「孤独」「孤立」の問題にも役立ちそうなことが、よくわかるお話です。やはりガムランは癒される音楽だったのです。

　また、ガムランを聴くとよく眠れるという感想も多く、以前、乳児とお母さんの「子育てサークル」で演奏したことがあるのですが、終演時に全員の赤ちゃんがスヤスヤと眠っていて、お母さん達が驚いていました。ガムランの「音」、特に青銅製の楽器はたくさんの倍音を含んで、人間の耳には聴こえない音域のものまでが多く鳴っています。その聴こえない音と脳の関係についての関心も高まっているようで、ガムランの音の波形を機械で測りたいという若い医学研究生が、民族音楽研究所に訪ねてきたりもします。

　今後さらに研究が進んで、ガムランが日本の社会の様々な場面で役立つことを、大いに期待しています。

2　平田紀子　東邦音楽大学准教授。東京音楽大学音楽療法講師。施設や医療の現場で主に歌唱や合奏による音楽療法を実践。日本音楽療法学会認定音楽療法士。

5 2人で息を合わせて！
大・小ボナンの奏法② インバルとスカラン

　ガムラン演奏の進行が、演奏者に委ねられて都度決まることや、まわりの音を聴いて関わり合いながら進む、人なつこい音楽であること、その面白さといいますか、醍醐味のようなものを、ここまで読み進めてこられた読者の皆さんは実感されていると思います。

　ここからもう一歩踏み込んで、さらにコミュニケーションを楽しむ課題に入ってみましょう。太鼓の合図に応じて大・小ボナンが「**インバル Imbal**」と「**スカラン Sekaran**」というアレンジ奏法に変えて演奏するのですが、これがとても華やかで、人気のある奏法なのです。

　まずインバル、スカランそれぞれの奏法を理解し、課題曲「マニャルセウ」の基本旋律と枠組みに合わせてみましょう。インバルは、大・小ボナン奏者が互い違いに音を織り込むように奏でて、明るい雰囲気を作ります。スカランは、インバルの明るい雰囲気の途中で、基本旋律バルンガンの特に大事な拍＝ゴン拍の音をめがけて、まるで大輪の花を咲かせるように大ぶりのメロディーで彩る奏法で、このアレンジで演奏しているときは「カラフルなマニャルセウ」になるのです。それでは説明していきます。

1）2人が交互に奏でる大・小ボナンのインバル奏法

　まず、「インバル」に挑戦してみましょう。2人で1つのパターンを作り、これをくり返します。

BB   7   3

BP   2   5

> ＊今後楽譜上では、大ボナン：BB（ボナン・
> バルン）、小ボナン：BP（ボナン・パヌルス）
> のように記載します

　練習は、まず大ボナン奏者が7373…とくり返すことからスタートします（速さは73を1秒に1回弾く程度で、3に強拍があります）。次に、その合間に小ボナン奏者が音を入れていきます。大ボナン3のすぐ後に2を打って、大ボナン7の後に5を打つのです。小ボナンは2525…と打つわけですが、大・小ボナンの2人が交互に叩くと1つのフレーズになって「27532753…」と聴こえるのです。これをくり返し続けます。肩の力を抜いて互いに聴き合って練習していると、少しずつ手が無意識に動くようになり、1人で演奏しているように聞こえます。小ボナンの裏拍打ちが苦手という人は無理をせず、まずは大ボナンを担当しましょう。

2）華やかなスカランのメロディーを覚えましょう

　インバル奏に慣れたら、次は「スカラン」に挑戦してみましょう。大事な拍の音に向かって演奏するフレーズを「スカラン」といいます。花という意味のスカル sekar が語源で、「花々しいもの」という意味です。

　スカランには様々な長さ、たくさんの種類があり、演奏者が他の装飾楽器や歌などのフレーズを聴いて、それに絡むように半ば即興的に演奏される、本来はとても自由なものです。初歩の段階では、まず各行最後のゴンの音（「マニャルセウ」の曲でいうと5、2、6、3）に向かって、4種類のシンプルなスカランを練習してみましょう。大ボナンと小ボナンのフレーズは、似ていますが少し違うので、それぞれ数字譜を書いておきます。大ボナンよりも小ボナンのほうが細かく、軽く打ちます。

ペログ音階、バラン調のシンプルなスカラン例

◆ 5に向かうスカランの例

BB　$7/5$　6 7 6 7 5

BP　2 7 6 7 6 7 5

◆ 2に向かうスカランの例

BB　2 7 6　7　$2/2$

BP　2 7 6 7 6 7 $2/2$

◆ 6に向かうスカランの例

BB　3 5 6 7 2 7 6

BP　7 5 3 5 7 5 6

◆ 3に向かうスカランの例

BB　$7/3$　5　$7/3$　・

BP　2 7 6 7 6 5 3

▶ 〈動画14〉上記4種類のスカランを演奏
　　　　　　（スカランごとに大ボナンのみ→小ボナンのみ
　　　　　　→大・小ボナンの順に演奏）

　ボナンの音配列は独特な並びですし、数字譜にもまだ馴染んでいないので、最初はなかなか手が動かないと思います。スムーズに演奏できるようになるまで、動画を見ながら何度も練習してみてくださいね。スカランは**最後の音が大事な到達点**です。

　それでは次にインバルとスカランを組み合わせて書いていきます。基本旋律バルンガンの拍や旋律を感じながら演奏してみましょう。

大・小ボナンによる、
「マニャルセウ」のインバル、スカラン奏の例

（Blngn：バルンガン）

Blngn	・5・3̑	・5̆・3̑	・5̆・3̑	・6̆・⑤
B B	7̣ 3 7̣ 3	7̣ 3 7̣ 3	7̣ 3 7̣ 3	⁷⁄₅ 67̣ 67̣ 5
B P	2̣ 5 2̣ 5	2̣ 5 2̣ 5	2̣ 5 2̣ 5	2̣7̣ 67̣ 67̣ 5

Blngn	・6・5̑	・6̆・5̑	・6̆・5̑	・3̆・②
B B	7̣ 3 7̣ 3	7̣ 3 7̣ 3	7̣ 3 7̣ 3	2̣7̣ 6 7 ²⁄₂
B P	2̣ 5 2̣ 5	2̣ 5 2̣ 5	2̣ 5 2̣ 5	2̣7̣ 67̣ 67̣ ²⁄₂

Blngn	・3・2̑	・3̆・2̑	・3̆・2̑	・7̆・⑥
B B	7̣ 3 7̣ 3	7̣ 3 7̣ 3	7̣ 3 7̣ 3	3̣5̣ 67̣ 2̣7̣ 6
B P	2̣ 5 2̣ 5	2̣ 5 2̣ 5	2̣ 5 2̣ 5	7̣5̣ 3̣5̣ 7̣5̣ 6

Blngn	・7・6̑	・7̆・6̑	・7̆・6̑	・5̆・③
B B	7̣ 3 7̣ 3	7̣ 3 7̣ 3	7̣ 3 7̣ 3	⁷⁄₃ 5 ⁷⁄₃ ・
B P	2̣ 5 2̣ 5	2̣ 5 2̣ 5	2̣ 5 2̣ 5	2̣7̣ 67̣ 65̣ 3

▶ 〈動画 15〉インバル、スカラン奏で「マニャルセウ」を演奏

　グンビャン奏からインバル、スカラン奏へ、大・小ボナンの奏法が変わると、曲の印象がガラリと変わります。インバルは基本の旋律の後ろで小さいフレーズをコマコマとくり返してユニークですね。スカランは鮮やかにゴンを彩って、ゴン拍の存在感が増します。

　演奏がぐんと華やかになるので、インバルを教わった後は、学生達がいつも楽しそうに練習しています。2人で1つのメロディーを作るというのも新鮮なようです。それでは次に、奏法の切り替えについて学びましょう。

3）合図をキャッチ！――奏法を切り替えて楽しむ

　大・小ボナンのインバル、スカラン奏は、演奏の途中でクンダン奏者が音で合図をして始まり、同じくクンダン奏者の合図で元の奏法に戻ります。ガムランの、このしくみを知らない人には、途中で雰囲気が変わるきっかけはきっとわからないはずです。合図もまるで暗号のようですね。

　「マニャルセウ」を何周か演奏して合奏が安定した頃、クンダン奏者は4行目の始まりから**アレンジ切り替えへの誘導パターン**を叩きます。これは、いつもの最終行パターンとは明らかに違うリズムになっています。ボナン奏者はグンビャン（オクターブ）奏をしながらそれを聴き分けて、3のゴン拍に向かってスカランを演奏します。楽譜は以下のようになります。

華やかなアレンジへの誘導パターンとボナン奏法の切り替え（最終行）

（クンダン：Kd）

Blngn	・7・6	・7・6	・7・6	・5・③
Kd	P P P P	P P ・t	・P ・b	・P P tP
BB	%6・ %6・	%6・ %6・	%6・ %6・	7/3 5 7/3
BP	・%6・ %6 %6	・%6・ %6 %6	・%6・ %6 %6	27 67 65 3

————————— グンビャン奏 ————————　———スカラン———

合図は、最終行の冒頭から始まる p（トゥン）の連打です。ボナン奏者はそこで気付いて、t・p・b（タ・トゥン・ダン）の後に3のスカランを演奏して奏法を切り替えます。ゴンを境目にするのではなくて、それよりもひと足先に奏法を切り替える、これが指揮者のいないビッグバンド、ジャワガムランの面白いところです。**アレンジを先導するクンダン、それに応えてゴン前に華々しく切り替えるボナン、そしてゴンが鳴る節目の時には、全員がそのアレンジの心持ちになっている**という流れになります。

　さらに、こうした切り替えのタイミングでは、クンダンが穏やかになったり賑やかになったり、またテンポを少し変えようとするかもしれません。メッセージを受け取ったら、奏法を切り替えるだけでなく、クンダン奏者の意向に添って、全員でさっと合わせましょう。ノリの良さが決め手です。

アレンジ中のクンダンのパターン（各行共通）
　クンダン奏者は、アレンジ中は同じパターンを演奏し続けます。元気で明快なリズムです。インバル、スカラン奏を聴きながら、皆で演奏を楽しみましょう。

Blngn	・5・3	・5・3	・5・3	・6・⑤
Kd	・P P tP	・P P tP	・P P tP	・b b ・b b

アレンジの終わりと元の奏法への切り替え（最終行）
　華やかな演奏を何度かくり返し、楽しんだところで、再びクンダン奏者の合図で皆に切り替えを促し、元の演奏に戻します。奏法を切り替える場所は、またしても最終行のゴン前。太鼓のパターン（t t p b　・p・p）、見覚えはありませんか？そう、全員で演奏をスタートする時の、前奏ブコ（Buka）のパターン（**p118 参照**）です。

Blngn	・7・6	・7・6	・7・6	・5・③
Kd	・P P tP	・P P ・	t t P b	・P ・P
BB	7 3 7 3	7 3 7 3	7 3 7 3	³⁄₃・³⁄₃・
BP	2 5 2 5	2 5 2 5	2 5 2 5	・³⁄₃ ³⁄₃ ³⁄₃

———————— インバル奏 ———————— ―グンビャン奏―

　ちなみに、アレンジ部分のくり返しの回数も決まっていません。たとえば穏やかなアレンジは、結婚式で新郎新婦の紹介をする際のBGMによく使われますが、司会のナレーションが終わったタイミングでアレンジがもとに戻る、ということが多いです。また賑やかなアレンジは、ジャワの伝統的な影絵芝居ワヤンで、人気のキャラクターが踊っているシーンに使われ、その人物が踊り終わるタイミングでもとに戻るようなこともあります。自由自在であるということは、すなわち**ガムラン奏者は、常に状況に合わせて演奏する責任を負っている**とも言えるわけで、好きなように演奏するわけにはいかないのですね。ですから現地では、自由なアレンジで時間を気にせずに演奏のできる「クルネガン Klenengan」と呼ばれる催しの時、演奏家の皆さんはジャズ音楽のように、自由なセッションを思う存分くり広げて、とても楽しそうです。

4）アレンジを引き立てる、大・中サロンの音量調節

　さて、合図を聴き分けて切り替えるのは、ボナン奏者だけの仕事ではありません。実はここで、木のバチで演奏している大・中サロンの音量調節が、重要な役割を果たします。穏やかにする場合は、最終行2番目のクノンのタイミングから、つまり6の音から音量を小さくします。反対に、賑やかにする場合は、クンダンの音量に合わせて、いきなりではなく自然に、スムーズに音量を上げて演奏しましょう。

大・中サロンは、硬い木製のバチの特性を活かして、他の楽器よりも大きな幅で音量を変化させることができます。これによって合奏の音量バランスを変えて、アレンジやテンポごとの雰囲気の違いを効果的に演出することができるのです（どのような時にどのような音量にするのが適切か、共通のルールとしてある程度決まっていて、次章でも少し触れています）。

　ガムランの演奏者にとって、音の合図だけで奏法が変わる分岐点はとてもスリルがあります。**指揮者がおらず声掛けもない中で、演奏しながらクンダン奏者の意向を汲み、自分の奏法や音量、ノリさえも切り替えねばならないのですから。**合図を聞き逃したら迷惑をかけてしまうし（日本人は特にこの感覚が強いようです）、仲間とはぐれてしまったら…と思うとドキドキしてきます！

　大丈夫、皆お互い様ですし、大事な仲間です。慌てず、ゆっくり、何度も練習して、慣れていきましょう。失敗を経て、ピタリと全員で切り替わる魔法のような瞬間を体験すると、やみつきになります。うまくいった嬉しさに加え、互いをかばい、讃え、信頼し合う気持ちが生まれて、その一体感に心が楽しくホカホカとあたたかくなるのです。

▶ 〈動画16〉奏法の切り替えと華やかな
　　アレンジの参考演奏（クンダン）

▶ 〈動画17〉奏法の切り替えと華やかな
　　アレンジの参考演奏（大・小ボナン）

　ここまで覚えたら、1曲通しての演奏に挑戦です。何度か上記の華やかなアレンジを加えて演奏すると、たった4行の曲が、山あり谷あり、8分ほどかかります。楽器を交代して練習すれば、この1曲で何度でも合奏を楽しめますよね。**ガムラン音楽の「肝」は、作曲家や楽譜でなく、演奏者によるその都度のアレンジであることが実感できると思います。**

　なお、今回ご紹介した大・小ボナンのインバル、スカラン奏は、実は本来、音階や調（旋法）、他の装飾楽器の理論など多岐にわたる知識が必要な、初心者には難しい奏法なのです。ですがガムランらしい互い違いの奏法や、太鼓の合図による奏法の切り替えを体験することができますし、インバル、スカラン奏を仲間と何度も練習すると、ボナンの音配置を覚え、慣れるきっかけにもなります。そのため、現地でも初歩の導入によく採り上げており、東京音楽大学でもそれにならって、入門課題に組み込んでいます。

まとめ　本場、ジャワの先生方の演奏を聴いてみましょう1

　大変お疲れさまでした！これで第3章の入門課題を終わります。
　最後に本場の先生方の演奏を聴いてみましょう。インドネシア国立芸術大学スラカルタ校では、「マニャルセウ」の独創的なアレンジを教材に採用しているため、本書の奏法と違っているところがたくさんあります。ですがここまで読み進められた読者の皆さんは、何も知識がない状態でガムラン演奏を聴いた時よりも特に耳が進化して、節目楽器やサロン、ボナンなど個々の楽器の音も識別できるようになり、混沌とした当初の印象とは、かなり変わっていると思います。
　詳細に聴くと、大・小ボナンのアレンジや基本旋律の変奏メロディー、クンダンにもバリエーションが多く使用されているのがわかるのではないでしょうか。さらに、次章で登場する“イロモの段階”つまりバルンガンの速さを一段階遅くするアレンジも採用しているため、この章でお伝えした「マニャルセウ」と進行もかなり違いますね。アレンジのバリエーションは、まだたくさんあります。…そう、ジャワガムランには初心者メソッドのような曲はなく、課題曲は常に、プロも舞台で演奏する“現役の曲”なのです。アレンジの豊富さ、深さに気付いたのなら、それは大きな成果

です（40年ほど勉強している私も、いまだにしばしば未知の、あるいは新しいアレンジに遭遇します！）。

　シンプルな楽曲が演奏者によって様々にアレンジされ、奥深い世界を作り上げる、ジャワガムランならではの演奏をお楽しみください。

▶〈特別動画〉「マニャルセウ」の合奏　参考演奏
　　　演奏：インドネシア国立芸術大学（ISI）スラカルタ校
　　　ガムラン演奏科講師陣

コラム　　南国の生薬を絞った「ジャムゥ」を1杯！

　インドネシアといえばガムランや舞踊、染め布バティックなど、芸術が盛んなイメージですが、伝統的な生薬から作られる「ジャムゥ」も大切なジャワ文化の1つです。

　ジャムゥとは、ウコンなど薬効のある植物を使ったエキゾチックな飲み物。私がソロに下宿していた時、毎日ジャムゥ売りの綺麗な女の人が、伝統的な服装でバティックを腰に巻いて髪を結いあげ、何本も瓶の入った大きな籠を背負って家の前を通っていました。呼び止めると、籠を地面に下ろしてガラスのコップを取り出し、その日の体調を聞いてくれます。そして何本かのジャムゥの瓶を上下にゆすりながらコップに注いで、あっという間に調合し、手渡してくれるのです。

　値段は日本円で100円くらい。黄色や緑、薄茶、真っ黒な液体の瓶もあります。椰子砂糖で甘みが付けられて飲みやすいのですが、風邪をひいた時には、黒っぽいジャムゥが苦くて少し値段が高かったことを覚えています。また、市場ではよくジャムゥの売り子さんが、何種類かのコップをお盆に乗せ、狭い通路を練り歩いています。お客さんは色で見分けてコップを手に取り、女性は買い物がてら1杯、男性は生玉子の黄身をトッピングしたりして出勤前に1杯、その場で飲み干すのです。朝の健康増進ドリンクといったところですね。専門店に行くと、ちょっと怪しげなものを含め、色々な効能をうたうものがたくさん売られています。

さてそんなジャムゥは庶民の気軽な飲み物かと思いきや、その語源は「呪文」の意味の Jampi という説があり、バリ島に伝わる古いレシピには、呪文を唱えながら飲むという記述が残っているそうです。8世紀頃に建設された仏教寺院ボロブドゥール遺跡にも、すでにジャムゥを作っているレリーフがあります。また、ジョグジャカルタの王宮には13世紀の治療薬レシピ本（すでに呪文はなく飲用、軟膏など）が残されているそうで、そのレシピの多くは妊婦や乳児のためのもの。ジャムゥ作りはお世継ぎの出産に関わる、王家繁栄のための重要な仕事だったことがわかります。

　東京・神田で、インドネシア大使館御用達の本格ジャムゥを手がける野村尚史さん[1] は、植物の生態や分類の研究でカリマンタン島（ジャワ島の北にある島）を訪れていた時に、経由地ジャワでジャムゥを知り、その素晴らしさに心を奪われたそうです。常夏で年中同じ薬用植物が豊富に採れる、稀有な環境を最大限に生かしたその手法は、"植物を生のまま石うすですりつぶし（これが重要で、乾燥させたものを煮出したり、ミキサーやミルで粉砕するのでは取り出せない成分があるそうです）、濾して飲む"というのがポイント。天然の薬効成分を合理的、効果的にいただける見事な方法なのですね。一般的な健康増進のためのジャムゥには、クニル Kunir（秋ウコン）、クンチュル Kencur（バンウコン）、トゥムラワ Temulawak（クスリウコン）などがたっぷり。ジャワ島や神田を訪れたら、ぜひ1杯飲んでみてください。

ジャムウ売りの女性

嫁入り道具のジャムウ棚
（中部ジャワ・カルティニ博物館）

1　「TETES MANIS」（テテスマニス）　東京・千代田区内神田の日本初ジャムゥ専門店店主。出張店舗やジャムゥに関する講演、レクチャーなども精力的に行っている。
URL：https://www.instagram.com/tetes_manis/

第 4 章

さあ、合奏！
初級編「アスモロドノ」

1 バルンガンと節目楽器を演奏しましょう

　第4章では、入門編「マニャルセウ」に続いて、初級編としてラドラン形式の古典曲「アスモロドノ〜 Ladrang Asmaradana, Slendro Manyura」を課題曲に選びました。「アスモロドノ」は、愛をテーマに綴られる、ジャワの伝統的な詩形の名で、スレンドロ音階の名曲です。愛する人を想いながら出陣する男性舞踊の伴奏曲として、現地で盛んに演奏されている曲でもあります。

　前章では説明していない速さの概念や、新しい奏法が登場して、アレンジの幅が広がります。ゆったりとしたテンポの合奏は、バルンガンが穏やかに演奏されます。曲の合間を細かい刻みの装飾楽器群が文様を彩るようにうごめく様は、あたかも万華鏡のような美しさです。より王宮のガムランらしい、優雅で繊細、かつ立体感のある合奏を楽しみましょう。

　まず課題曲「アスモロドノ」のバルンガン譜を見てみましょう。この曲は「1」「2」「3」「5」「6」の5音で構成された**スレンドロ音階（p39 参照）**の曲ですが、次の図をよく見ると、ブコのゴンや曲の途中に、「6」の下に点のあるものがありますね。これは低い音域の「6」を表しています。**ラドラン形式では、基本旋律の音域が広くなり、より音楽が豊かになるのです。**

　クノンやクンプル、ゴンの記号の出番はどうでしょうか。前曲のランチャラン形式ほどには忙しくなさそうですね。クト記号はここには書いてありませんが、もちろん演奏しますので、のちほど詳しく説明します。

図1 「アスモロドノ」のバルンガン譜

Ladrang Asmaradana, Slendro manyura

Buka : ・3・2　・3・2　3322　・1・⑥

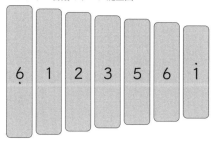

スレンドロ音階のサロン鍵盤図

＊バルンガンを順番に
　指差してみましょう。

　ランチャラン形式の曲と同じく、サロンやスルントゥムがバルンガンを演奏します。図1下の鍵盤図を見てください。ペログ音階と違う点が見つかりましたか？スレンドロ音階の構成音には「4」「7」がないので、同じ7鍵盤のサロンでも、音の配置がペログ音階の楽器と違うのです。低い音域の「6」が左端にあります。この曲の最初のゴン拍はここを叩きます。

　アスモロドノのバルンガンには低い「6」が3か所あり、点が付いていない真ん中の音域の「6」が3行目の最初に1か所ありますね。点の付かない「6」は、楽器の右から2番目の鍵盤「6」を叩きます。

　小サロンは、バルンガンの1つの音を2回ずつ叩きます。この曲でいうと、22112266…となるわけですね。前章と同じく、音程が変わっていく2打ごとに、前の音を止めながら演奏してみましょう。

1）スレンドロ音階、サロン、スルントゥム演奏のお約束

　ここでガムランならではの「伝承ルール」が登場します。ガムランには、理屈を超えて、伝承されているお約束、ルールがあるのです。

　3行目クノン拍の低い「6」は、楽譜では低い音を指す•印が付いているのに、サロンやスルントゥムは右から2番目の鍵盤「6」を演奏すると伝承されています。次のバルンガンの音が「5」の場合、このように演奏することが多いのです。これはなぜでしょうか。古い時代のサロンが「12356」の5鍵盤しかなかった時の名残りとも言われていますが、とにかくこの曲のこの部分はそう伝承されて、演奏家達はそれを守っています。

　この点に注意して、もう一度、この後の動画を見ながら「アスモロドノ」のバルンガンをサロン鍵盤図で順番に指さしてみましょう。前奏ブコ（Buka）最後のゴン拍、6から演奏します。

▶️ 〈動画1〉「アスモロドノ」のバルンガンを演奏
　　　（大・小サロン、スルントゥム、ゴン）

2）わざと遅らせて叩く？クノンの優雅なタイミング

　次に節目楽器であるゴン、クノン、クンプルを鳴らす位置を、図1バルンガン譜で見てみましょう。クノンは⌒、クンプルは◡でしたね。規則的に入っています。出番はあまり頻繁ではなく、それほど忙しくなさそうです。

そのせいか、ラドラン形式ではクノンもクンプルもゴンと同じく、十分に響くよう丁寧に叩き、叩いた後は音を止めません。前曲「マニャルセウ」では音を止めていましたが、形式によって奏法が変わったのです。

さらに、どれもほんの少しだけタイミングをずらして、遅れ気味に叩いてみてください。この「ずれ」により、大事な拍の響きが目立ち、演奏が落ち着きます。これは、日頃メトロノームを使って拍に忠実に演奏している音大生からすると驚きの価値観で、異文化への興味をそそられるポイントと言えます。ちょっとした「ずれ」1つでも、やってみると、とてもガムランらしくなりますよ。

3）節目楽器に“クンピャン”が登場！

それでは次に、クト（記号は＋）と、新しく加わるクンピャン（記号は−）について、図2の楽譜を見てみましょう。4行目が不規則ですね。

図2　ラドラン形式の節目楽器
（ゴン：○、クノン：⌒、クンプル：⌣、クト：＋、クンピャン：−）

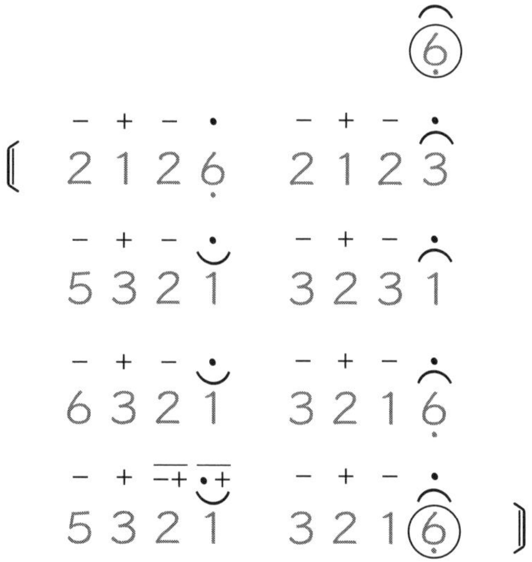

クトとクンピャンを組み合わせて演奏

　p75をご覧ください。演奏者から見て右にクンピャン、左にクトがあります。クトの方が、背が低くて、叩くバチも少し大きいです。両手にそれぞれのバチを持って、どちらもコブを叩きます。図2を見ながらクトとクンピャンを組み合わせて叩いてみましょう。

　クトは叩いた後すぐに音を止めますが、クンピャンは止めません。すると4拍のまとまりは「ピャン、ト、ピャン、休み」のように聴こえるはずです。クトとクンピャンが鳴らない休みの拍が楽曲の強拍で、そこにゴンやクノン、クンプルが鳴りますので、最初からそれらの楽器と組み合わせた音型で、ラドラン形式の節目楽器のタイミングを覚えるのがガムラン流です。最初、つまりゴンの後だけ4拍目がお休みですが、「ピャン、ト、ピャン、プル（クンプル）」「ピャン、ト、ピャン、ノン（クノン）」が交互にくり返され、最後に「妙なリズムパターン」が登場してゴンが鳴るのです。この後の動画に合わせて何度も唱えてみてくださいね。

　ところで4行目前半は、少し忙しそうですね。＋－の上に線が付いていますが、これは1拍に2つの音を入れるという意味で、西洋音楽でいう8分音符のようなイメージです。そのため4行目は変則リズムになるわけです。この「妙なリズムパターン」はサラハンSalahanと呼ばれ、急に違った音型が入ってうっかり間違えたかのように聴こえます。実は、サラハンとはジャワ語で「間違いのようなもの」という意味なのです。この変則パターンを入れ、演奏仲間の注意をひき、ゴン拍が近いことを知らせています。そうまでして仲間にゴン拍の到来を伝えたいとは…ガムランって不思議で面白い音楽ですね！

▶ 〈動画2〉アスモロドノのバルンガンと節目楽器を演奏

2 "速さの段階"とは？
——イロモ1とイロモ2

この先へ読み進める前に、ガムランの摩訶不思議でユニークな速さの概念、「イロモ」について、第一章 p61 〜 63 に詳しく書かれていますので、再度目を通してみてください。

1）テンポが倍々に伸びる！速さの概念と楽器奏法

ジャワガムランでは、演奏中にバルンガン1拍の長さが2倍、4倍、8倍、さらには最大16倍に伸びたり、逆に縮んだりするのです。そしてそれぞれの"速さの段階"ごとに、名前が付けられています。この段階によって装飾楽器の奏法が変わる場合があり、大・小ボナンはその1つです。

また装飾楽器の中には、バルンガンがテンポ良く演奏される速さ（イロモ1/2 および 1）では登場せず、テンポがよりゆっくりになったイロモ2から演奏されるものがあります。ルバブやグンデル、ガンバンなど、中部ジャワ、スラカルタ様式を代表する楽器群や、古典様式の歌がこれにあたります（これらの楽器や歌は中級以上の課題ですので、ここでは触れません）。

曲の途中で"速さの段階"が変化することによって、装飾楽器の奏法が変わり、登場する楽器が増えてアンサンブルの編成も変わり、さらには主な旋律を演奏する主役の楽器が変わっていくのがジャワガムランの奥深いところで、"速さの段階"の概念はとても重要なのです。

2）歩く？止まる？大・小ボナンのミピル Mipil 奏

まず、ボナンの新しい奏法を紹介しましょう。**ミピル奏**（ミピルとは、諸説ありますが「歩く」という意味）といいまして、ジャワガムランの古典

曲をイロモ1、2、3で演奏する際に使われる、ボナンの基本的な奏法です。

　前章の「マニャルセウ」ではグンビャン（オクターブ）奏について説明しましたが、この時のイロモの段階は"イロモ1/2"というものでした。実はこのイロモは、王宮様式としては速すぎる速度とされていまして、ボナンの奏法は、ミピル奏のほうが、使用頻度が高いです。

　これから、「アスモロドノ」で使う大・小ボナンのミピル奏について説明しますが、その前に、スレンドロ音階の楽器の音配列をご紹介しておきましょう。ペログ音階と似ていますが、縦に2列、横に6音の12音で、ペログ音階のボナンよりも玉（私達は日頃"ボナンだま（玉）"と呼んでいます）が2つ少ないのです。しかも右の2つは近年になって増えた"おまけ"のようなもので、今回は使いません。「アスモロドノ」のボナンは10個の玉で演奏していきます。演奏者はやはり、3の玉の前に座ります。

図3　スレンドロ音階の大・小ボナンの音配列

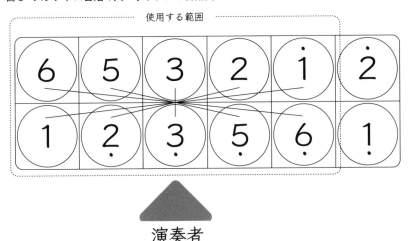

大ボナンのミピル奏（イロモ1とイロモ2）

　ミピル奏にはイロモの段階やアレンジによって長短2種類の奏法があります。短いものをミピル ロンボ Lombo、長いものをミピル ランカプ Rangkep と言います。ロンボは"1つずつ"、ランカプは"ダブル"、ある

いは"2倍"という意味です。

イロモ1の時にはミピル ロンボが使われます。またミピル奏の際には**ドゥドゥ Nduduk グンビャン奏**と呼ばれる奏法がセットで組み合わされることが多いです。ミピルの"歩く"意味に対してドゥドゥは"座る"、とか"とどまる"という意味で、2つの奏法を組み合わせると、歩いたりとどまったりする奏法イメージになります。

それでは図4に具体的に書いていきます。ミピル奏にはバリエーションがありますが、ここでは基本の演奏例を紹介します。

図4 「アスモロドノ」の大ボナン　ミピル奏の例（イロモ1）

Blngn	2 1 2 6̣	2 1 2 3̂
BB	2 1 2・2 6̣ 2・	2 1 2・2 3 2・

Blngn	5 3 2 1̆	3 2 3 1̂
BB	5 3 5・2 1 2・	3 2 3・3 1 3・

Blngn	6 3 2 1̆	3 2 1 6̣
BB	6 3 6・2 1 2・	3 2 3・1 6̣ 1・

バリエーション　6̣ 6̣ ⅚・6̣ ⅚・・

Blngn	5 3 2 1̆	3 2 1 ⑥
BB	5 3 5・2 1 2・	3 2 3・1 6̣ 1・

　まず、ミピル ロンボについて説明します。バルンガン4拍のグループを前後2拍ずつに分けて考えると、2126なら21と26となりますね。バルンガンが21なら大ボナンは2121、26なら2626と、てくてく“歩く”ように細かく2倍にして、4つ目の音を省略します。つまり、バルンガン2126を212・262・と演奏するのがミピル ロンボなのです。この時、お休みの拍「・」がバルンガンの後ろの拍と合うように、大ボナンはバルンガンの半拍前から打ち始めるのです。この奏法は慣れるまで難しいと感じるかもしれません。ガムランは、どの楽器も後ろが合うような奏法になっていて、特にスラカルタ様式のボナンは、先取りしてバルンガンの音と合うところまできたら休むのを“粋”とするようです。

　3行目の後半に、2種類の奏法を書いてみました。下段は上段のバリエーションです。QRコードでも、くり返した2回目にはこちらを演奏していますので、下段の「ドゥドゥグンビャン奏」の説明をしましょう。グンビャンとは、オクターブで同じ音を同時に演奏することでしたね。ドゥドゥ グンビャン奏は、ここにあるような音型で叩くのが基本です。このパターンは、①バルンガンに同じ音が続く時や、②中、高音域の大事な拍の音を強調させたい時、あるいは③ボナンの持つ音域よりも高い音を表現する時などに使います。今回は②に該当します。でも、なぜここでこの奏法を使う場合があるのでしょう。この部分のバルンガンは高い音ではありません。実はちょっと深めの理由があるのですが、この後イロモ2のところに答えがありますので、今は保留にしておきますね。“理由を知る”こともガムランの大事な学習です。答えをどうぞお楽しみに。

▶〈動画3〉「アスモロドノ」の大ボナン（イロモ1）を演奏　

　では次に、もう1段遅いテンポ、イロモ2の大ボナン演奏例を書いてみます。主にミピル ロンボ奏の倍にあたるミピル・ランカプ奏が使われ、イロモ1と同じく3行目のクノンに向かうところは2種類あり、ドゥドゥグンビャン奏は2回分になっています。この後の動画を見ながら次頁図5をご覧ください。

図5　「アスモロドノ」の大ボナン　ミピル奏の例（イロモ2）

Blngn	2	1	2	6	2	1	2	3⌒
BB	212・212・		262・262・		212・212・		232・232・	

	5	3	2	1⌣	3	2	3	1⌒
	535・535・		212・212・		323・323・		313・313・	

	6	3	2	1⌣	3	2	1	6⌒
	636・636・		212・212・		323・323・		161・161・	
			66%・6%・・				66%・6%・・	

	5	3	2	1⌣	3	2	1	⑥
	535・535・		212・212・		323・323・		161・161・	

▶ 〈動画4〉「アスモロドノ」の大ボナン（イロモ2）を演奏

　さて、3行目でなぜドゥドゥグンビャン奏にする場合があるのかという、先ほどの謎について、ここで解説します。ゆったりしたテンポのイロモ2になるとルバブやグンデル、ガンバン、シンデン、ゲロンなどが加わり、演奏の主役は歌を含む装飾楽器群に変わります。「アスモロドノ」のイロモ2でよく演奏されるゲロン（男性の斉唱）付きのアレンジでは、バルンガンからは想像できませんが、3行目のクノン拍で最も盛り上がり、高い3の音まで上がってから中音域の6に下りる華やかなメロディーラインを奏でるのです。この時に、大ボナン奏者は装飾楽器（特にリーダー格の楽器ルバブ）に同調して、バルンガンが示す低い6ではなく、高い6の音を強調するドゥドゥグンビャン奏を選ぶことがあります。するとそれに準じて、イロモ1でもここをドゥドゥグンビャン奏にすることがあるのです。

装飾楽器群や歌が演奏に加わると、このようにアレンジのバリエーションが多く生まれ、よりコミュニケーション豊かな音楽になるんですね。

　こうして大ボナン奏者がドゥドゥ グンビャン奏を選んだら、小ボナン奏者はミピルで演奏せず、大ボナンと同じくドゥドゥ グンビャン奏にします。**小ボナンは大ボナンの奏法に合わせる、これも大事なルール**です。

　次に、小ボナンの演奏例を書いてみます。小ボナンは、なんと大ボナンの倍の速さで忙しく演奏します。大ボナンよりも1オクターブ高い高音域を、スラカルタ様式では、力を抜いて大ボナンよりも小さな音で演奏するのがお約束で、忙しいけれど特段目立つわけではありません。星屑のような、キラキラした小さくて細かい音が、合奏全体に輝きを与えるイメージで演奏します。

図6　「アスモロドノ」の小ボナン　ミピル奏の例（イロモ1）

Blngn	2	1	2	6	2	1	2	⌢3

BP　212・212・　262・262・　212・212・　232・232・

※以下、図5と同じ

　さて、イロモ1の小ボナンを書くはずの図6は、楽譜にすると図5と全く同じになります。小ボナンは大ボナンの倍の速さで演奏します。そのため、図5（大ボナンのイロモ2の奏法）と、図6（小ボナンのイロモ1の奏法）は同じになってしまうのです。ですので、図5を見ながら〈動画5〉をご覧ください。

▶〈動画5〉「アスモロドノ」の小ボナン（イロモ1）を演奏

親亀の上に子亀が2匹…ミピル奏の大・小ボナンの関係

　小ボナンのイロモ2については、図を省略しますが、バルンガンに対して大ボナンと小ボナンがどのような関係になっているのか、「アスモロドノ」の最初の4拍の、イロモ1と2の場合の奏法を次の**図7**に書いておきますので、興味のある方は解読してみてください。動画では、大・小ボナンのコンビでイロモ1と2を演奏します。

図7 「アスモロドノ」の大・小ボナン（最初の4拍）

イロモ1の大・小ボナン

Blngn		2	1	2	6̣	

B B 　　 2 1 2 ・ 2 6̣ 2 ・

B P 　2 1 2 ・ 2 1 2 ・ 2 6̣ 2 ・ 2 6̣ 2 ・

イロモ2の大・小ボナン

Blngn 　　　　　2　　　　　1　　　　　2　　　　　6̣

B B 　　 2 1 2 ・ 2 1 2 ・ 2 6̣ 2 ・ 2 6̣ 2 ・

B P 　2 1 2 ・ 2 1 2 ・ 2 1 2 ・ 2 1 2 ・ 2 6̣ 2 ・ 2 6̣ 2 ・ 2 6̣ 2 ・ 2 6̣ 2 ・

▶〈動画6〉「アスモロドノ」の
　　　　大・小ボナン（イロモ1）を演奏

▶〈動画7〉「アスモロドノ」の
　　　　大・小ボナン（イロモ2）を演奏

おまけ　メロディックなミピル奏

　これまで紹介してきたミピル奏に加えて、メロディーのような特殊なミピル奏のパターンもあります。この曲でよく使われる箇所があるのですが、初級課題としては難しいので、おまけとしてそのパターンを説明します。

図8　"6" に向かって演奏される、特殊なミピル奏の例
（「アスモロドノ」では、ゴン拍の 6̣ に向かって演奏されることが多い）

イロモ1

イロモ2

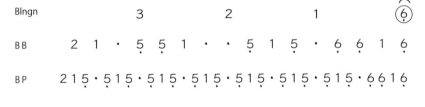

　このようなパターンを使う理由を以下に挙げてみます。

①バルンガン4拍が、［・1・6̣］のように1拍目と3拍目が休みの場合のルールとして使用
②大事な拍や、大事な音に向かうことを強調するため
③ルバブなどの装飾楽器が特徴のあるフレーズを演奏して、ボナンがそれに合ったパターンを選んで、沿うように演奏する時

　「アスモロドノ」のゴン 6̣ に向かう際にこのパターンを使う場合は、上記②の理由で大事な拍の音への道筋を示すために使うわけです。このメロ

ディが始まれば、演奏者はすぐに「この後の大事な拍の音は6である」ことがわかります。ここでも大いにボナンは"先取りと装飾"の仕事をしているのです。

　旋律形として覚えるには多少長いですし、小ボナンの奏法が難しいので、説明のみにしておきます。ミピル奏はかなり奥が深いのです。

3）イロモ2のバルンガン奏
──小サロンだけ細かく、刻むように演奏！

　大・中サロンは、テンポが遅くなってもそのままバルンガンを演奏します。イロモ2になったら音量を落とすのが重要で、主役の装飾楽器群の演奏をよく聴いて、煽らないよう1打ずつ大事に打っていきます。

　一方、イロモが変わると奏法が一変するのが小サロンで、ここから詳しく説明していきます。

密度が決め手！イロモを決める小サロン

　イロモ2になると、小サロンは音量を変えませんが、打数や奏法が変わります（小サロンがバルンガン1拍に対して何回打つか、その打数がイロモの段階を決める指針になっているということは、第1章でも触れましたね（**p61 参照**）。小サロンのイロモ2の奏法は、イロモ1の奏法と同じく2回の連打が基本となりますが、少しボナンに似ています。

　まず、ボナンのミピル奏と同じくバルンガンを前後2拍ずつに分けます。小サロンは2126の前半のバルンガン21に対して、イロモ1では2211と演奏しますよね。イロモ2では、これが22112211となるのです。肝心なのは、やはり最後の11（そのうち最初の1）がバルンガン1のタイミングと合うように演奏する、というところです。図にしても文章で書いても、ややこしいのですが、比較のためバルンガン2126のイロモ1と2を書いてみましょう。

図9　「アスモロドノ」の小サロン（イロモ1と2）

イロモ1の小サロン（小サロン＝ Saron Peking：SP）

Blngn　　2　1　2　6̣

SP　　　2 2 1 1 2 2 6̣ 6̣

イロモ2の小サロン

Blngn　　　2　　　1　　　2　　　　6̣

SP　　　2 2 1 1　2 2 1 1　2 2 6̣ 6̣　2 2 6̣ 6̣

　コツがわかってしまえば徐々に慣れていきますので、今は難しく感じても心配しないで読み進めてください。

小サロンの省エネルール

　そしてもう1つ、小サロンには省エネのお約束、ルールがあります。バルンガン3行目後半の3216̣の6ですが、サロンやスルントゥムは高いほうの6を演奏するのでしたね（**p139参照**）。イロモ2の小サロンの場合、低い1と高い6を組み合わせて11661166と演奏すると、1と6の鍵盤が離れていて演奏しづらいのです。このような場合、小サロンは5、6打目の音（11）を、最後の大事な音である6の隣（55）に代えて演奏するルールがあるのです。**図10**のようになります。〈**動画8**〉でもそのように演奏していますので、参考にしてください。

図10　3行目後半のバルンガン3216̣の小サロン（イロモ2）

Blngn　　　3　　　2　　　1　　　　6̣

SP　　　3 3 2 2　3 3 2 2　1 1 6 6　5 5 6̣ 6̣

（この55が省エネです！）

4）不思議な存在感…イロモ２のクト奏法

　クトのイロモ２の奏法は、ビー玉を固い地面に落とした時のようなユニークなもので、最後はやはり音を止めます。音は"ト　トトト"のように聴こえます。ぜひQRコードから動画を視聴して、実際の音を聴いてリズムパターンを感じてください。とても趣があるのですが、楽譜にしづらい（できない！）のが難点です。クンピャンと合わせて、イロモ１と同じパターンで（p140参照）演奏しますが、古典曲のイロモ２、３、４でクトはこのように「トトト…」と演奏します。

▶ 〈動画８〉「アスモロドノ」の大・小サロンと
　　　　　クト、クンピャン（イロモ２）を演奏

　このように、**イロモ１と２では、奏法や音止めのルールが変わる楽器が**あることを覚えておいてください。

　ところで、小サロンや大・小ボナンのミピル奏は、バルンガンの音を細かく刻んで演奏していますよね。聴いていると、小さな音のかけらでバルンガンの旋律を柔らかく包み込むようにして、目立たなくしているように感じます。このしくみを「まるで"拡大した葉脈"を見ているよう」という人がいます。バルンガンと大・小ボナンの奏法を併記した譜面（p148図7）を見て「親亀の上に子亀が２匹、その上に孫亀が４匹」という人もいました。そもそもバルンガンの"バルン"は、"骨"という意味で、小サロンや大・小ボナンが奏でる音は、"骨を覆う細胞"と言えるわけです。イロモ２では、さらに柔らかい音の装飾楽器が、筋肉や脂肪や皮膚のように加わって、骨は、存在感はあるものの、細胞や筋肉に守られて、はっきりとは見えなくなります。

　木の葉にしても人の身体にしても、ジャワガムランの装飾方法は、西洋の「極限まで研ぎ澄まされた技法で奏でる、美しい音の装飾」とはまるで

違う方向性であることがわかりますね。自然の中に深く分け入って自然の美しさと一体になるような、独特の美意識を感じさせます。1889 年にフランス・パリ万博で、初めてジャワガムランを聴いたドビュッシーやラヴェルは、不思議な美しさを持つ未知の音楽にさぞや驚いたことでしょう。

3 ラドラン形式のクンダンとイロモの移行

　指揮者無し、事前の打ち合わせ無しで、世界でもほかに例を見ない大胆な速度変化をする大編成のジャワガムラン。そのイロモ変化の鍵は、"司令塔クンダンのパターンを演奏者が理解していること"にあります。演奏家は皆クンダンの様々なパターンを聴き分けながら演奏しています。クンダンのパターンやルールを知ることによって、曲のテンポや奏法の変化に備えたり、クンダン奏者の意向を素早く察知したりして、魔法のようにスムーズな移行ができることは、第3章でも学んだ通りです。

１）形式が変わるとクンダンパターンも変わる！

　ここでは、ラドラン形式のクンダンパターンと合図を、「アスモロドノ」の流れで解説していきます。形式が変わるとゴン周期の拍数や節目楽器の位置が変わり、やはり太鼓のパターンも変わります。ここをおさえたら、合奏まであと一歩ですよ！

ラドラン形式曲のブコを演奏する楽器は？
　それでは前奏のパターンから順に解説していきます。p138 に「アスモロドノ」のバルンガン譜があります。まず前奏（ブコ Buka）の旋律を見てみ

ましょう。この曲のブコを演奏するのは、大ボナンあるいはルバブ奏者です。今回は練習のために、まずイロモ1でしばらく演奏する予定ですが、このような場合は、そもそもルバブはイロモ1で登場しないため、ブコはボナンが担当します（すぐにイロモ2に移行してしっとりと演奏するときはルバブが担当することが多いです。ブコを担当する楽器はTPOに応じて変わることがあるのです）。

　では大ボナンが担当する場合のブコの様子を図にしてみましょう。クンダンには1つ新しい音が登場しますよ。ボナンのゴン前の変奏は、伝承ルールにあたります。

図11 「アスモロドノ」のブコ

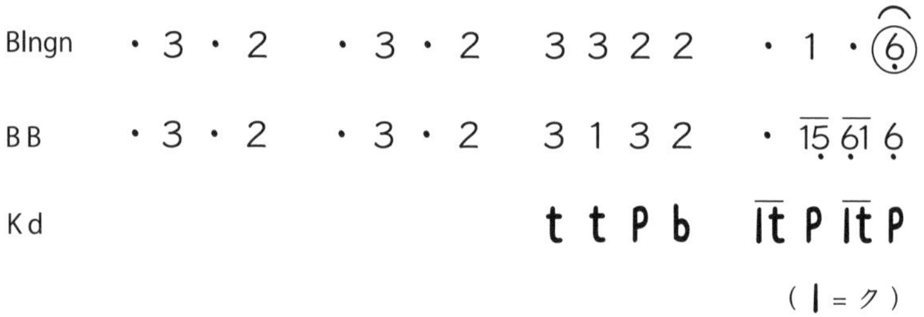

Blngn	・3・2	・3・2	3 3 2 2	・1・⑥
BB	・3・2	・3・2	3 1 3 2	・1̲5̲ 6̣̲ 6
Kd			t t P b	I̅t̅ P I̅t̅ P

（｜= ク）

　図11に新しい記号が出現しました。これは「｜」と書いて「ク」と読みます。音は、クティプンの左の皮に触れてミュートした状態で、右の皮の真ん中を、人差し指と中指で少し勢いを付け、「クッ」と短い音が出るように皮面に強く触れます。この後 t（タ）の音がありますので、右手は「ク」の後、指を皮に触れたままミュートしておき、左手で t の音を出せば OK です。〈動画9〉を参考にして「クタ」の練習をしてみてください。

　大ボナン奏者がブコを弾き始め、クンダンが入るまで、この曲では3・2・3・2の部分が独奏となります。この4つの音は、クンダン奏者が入りやすく、なおかつイロモの調整をしやすいようにはっきりと、少し速めのテンポで弾き始めましょう。その後に入るクンダンの最初の4拍「t t p b」は第3章「マニャルセウ」で学んだランチャラン形式のブコと同じですね。この4拍でクンダン奏者はイロモ1の速さに整え、その後ゴンまでの

4拍で仲間にテンポの提示をしますので、ボナン奏者はクンダンが入るタイミングからは注意深く速さを合わせて演奏するようにしましょう。ちなみに、ボナン奏者が演奏するブコの、ゴン前のメロディーは伝承されてきたもので、通常のバルンガン譜には書いてありません。今回は特別に書き出しましたが、〈動画9〉の演奏を見て真似て習得しましょう。

　ほかの演奏者はブコを聴いてテンポをつかみ、ゴンの拍から一斉に弾き始めます。特に、大・中サロン奏者は、イロモ1の時には、バルンガンのメロディーが曲の「最初の顔」となるので、バチを高めに上げ、背筋を伸ばして堂々と最初のゴン拍から演奏しましょう。

▶️〈動画9〉「アスモロドノ」のブコを演奏
　　　　（大ボナンとクンダン）

ラドラン形式　イロモ1のクンダンと合奏

　イロモ1でクンダンは、図12のパターンをくり返します。これは舞踊曲でよく使われる、ジョグジャカルタ様式由来のものです。動画を見ながら、まず音を読んでみましょう。合奏をイメージできるように、1行目のバルンガンを書いておきます。

図12　ラドラン形式のクンダン（イロモ1）

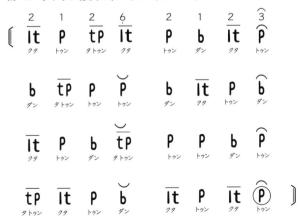

大中サロン奏者はイロモ１らしいしっかりした演奏を心がけて、もし大・小ボナンの細かい奏法や、サロンの“音止め”が大変なら、遅めのイロモ１で何度も練習してみてください。ガムランでは１拍の具体的な長さ（西洋音楽の ♩ ＝ 60 のようなこと）は特に決められていないので、クンダン奏者は練習の時など周囲の状況を見ながら速さを調節してみましょう。大変そうな人がいたら、その人に合わせてゆっくりしたテンポで始めたり…。ガムランは、その時々の状況に応じて、演奏仲間への思いやりや気配りが合奏に生かされる、人間臭いファジーな音楽でもあるのです。

▶ 〈動画 10〉「アスモロドノ」のクンダン（イロモ１）を演奏

２）徐々に、徐々に、安全に誘導…
　　イロモ１から２への移行

　それではいよいよ、クンダンがイロモ１からイロモ２に移行する時のパターンと手順を説明します。合奏中にテンポが倍に遅くなる音楽を、私はガムランのほかに知りません。その難しさを想像してみてください。進行があらかじめ決まっているわけでもなく、指揮者もいないのです。いったいどのように誘導すれば、全員でうまく移行できるのでしょうか。

ラドラン形式　イロモ２へ移行する時のクンダンと合奏イメージ
　ラドラン形式でも、イロモを変え始めるところはおおよそ決まっています。イロモ１で何周かしたら、少しずつテンポを落としていくのですが、今回の場合は、２行目のクノンの前あたりから徐々にテンポを落として、４行目のクンプル拍あたりでイロモ２の奏法に切り替わるイメージで移行します。図13をご覧ください。やはり奏法の切り替えのタイミングは、ゴンでなくそれよりも少し前で、ランチャラン形式のときと同じですね。
　クンダン奏者は、あくまでも少しずつ、そしてはっきりとわかりやすく、

テンポを変化させていくことが大切です。急な変化には、仲間がついてい
けません。注意深くまわりの楽器奏者の様子を見ましょう。イロモ2で奏
法の切り替えを行う楽器や、細かい刻みで演奏するグンデルなどの装飾楽
器が演奏しやすい速度まで、十分にテンポを落とせたでしょうか。まだ少
し速いと感じたら、ゴンのあたりまで微調整しても大丈夫。とにかく急な
ことをせず全員が無事に移行できるよう、安全運転を心がけてください。

図13　ラドラン形式　イロモ1から2へ移行する時のクンダン

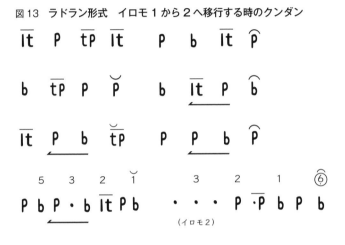

スムーズなイロモの移行には、合図を受ける側の演奏者達の協力も不可
欠です。テンポを変えるまで何回くり返すかは、その時の状況を見てクン
ダン奏者が判断します。ですので演奏者は毎周、2行目後半の分岐点に差
し掛かるたびに、クンダン奏者の"運転"に注意を向けながら進んでくだ
さい。演奏者達が"あらかじめ準備する"ことが、バラバラにならず全員
でスムーズにイロモを移行させるコツで、魔法のような演奏の鍵なのです。

テンポがゆっくりし始めたら、大・中サロンは音量を少しずつ落として
いきましょう。これで音量バランスが変わり、穏やかなイロモ2の雰囲気
に移行していきます（ボナンとサロンについてはp167〜168参照）。

▶〈動画11〉「アスモロドノ」のクンダン　イロモ1から2へ

しっとりと…イロモ2のクンダンと休みの拍の伝承ルール

　無事にテンポが落ち着き、イロモ2になりました。静かな音の装飾楽器群や女性独唱パートの"シンデン"も入り、合奏はしっとりとした雰囲気になっています。

　ラドラン形式のイロモ2のパターンは図14の通りです。何か所か、お休みの拍が続く所がありますが、長い間全く音を出さないでいると、クンダン奏者もほかの演奏者も不安ですよね。このような時クンダン奏者は、楽譜に書いてなくても、お休みの拍（•の部分）に「|」（ク）の音を小さめに鳴らして拍を示してあげましょう。これも伝承ルールの1つなのです。クンダンの音が小さくても聴こえると、演奏者達は安心して合奏を続けることができます。

図14　ラドラン形式　イロモ2のクンダン

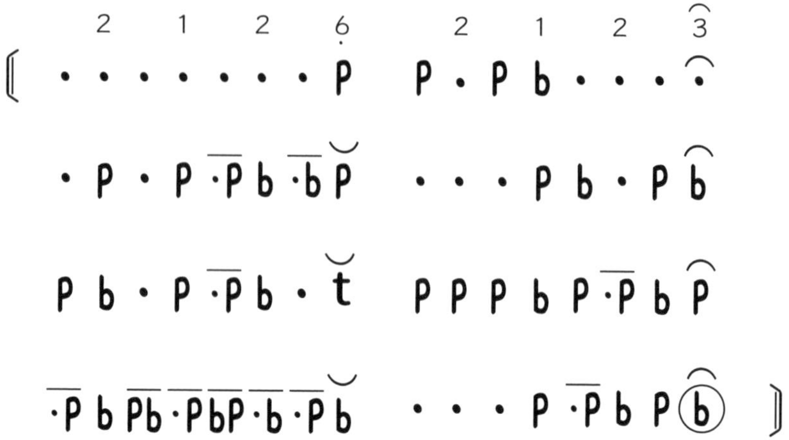

■▶〈動画12〉「アスモロドノ」の
　　　クンダン（イロモ2）を演奏

3）終わる前には速くなる！終止までのクンダンと合奏

　イロモ2を何周かくり返したら、曲の終わりに向かってみましょう。クンダン奏者は3行目のクンプル拍からテンポをイロモ2のまま少し速くします。終わる1周前のゴンに向かって、テンポが速くなるのが、"ラドラン形式がイロモ2で終わる時のお約束"で、これが終止の予告になります。

　加速しているクンダン奏者の心持ちを日本語にすると、「皆さん、あと1周で終わりにしますので、ご協力をどうぞよろしく！」となります。柔らかい音の装飾楽器群が主役のイロモ2では、テンポが速くなっても大・中サロンの音量は変えません。

　なおクンダン奏者は3行目のクンプル拍から同じ行のクノン拍あたりまでに "終わりに向かう速いイロモ2のテンポ" を定めます。そしてテンポを決めたら、それ以降は同じテンポで進めます。イメージとしては、バルンガン3216のところで、時速40キロから時速60キロになり、そのまま進んでいく、ということです。**演奏者達は毎周3行目のクンプル拍に差し掛かったらクンダンに耳を傾けて、クンダン奏者がテンポを変化したがっているのかどうか、しっかり聴き分けてください。**クンダン奏者の加速の合図を受け取ったら、一緒に速くしていきます。そしてクンダン奏者がイメージしている "終わりに向かう速いイロモ2のテンポ" を注意深くつかんで、煽らないよう、速度をキープすることに協力してください。

　こうして速めのテンポを維持しながらゴンを通過して、最後の1周を演奏していきます。最後2周のクンダンのパターンは、**図15**の通りです。速度を上げた後のゴン直前のパターンと、最終周2行目のクンプルの後が終止のパターンです。

図15 ラドラン形式　最後２周のクンダン

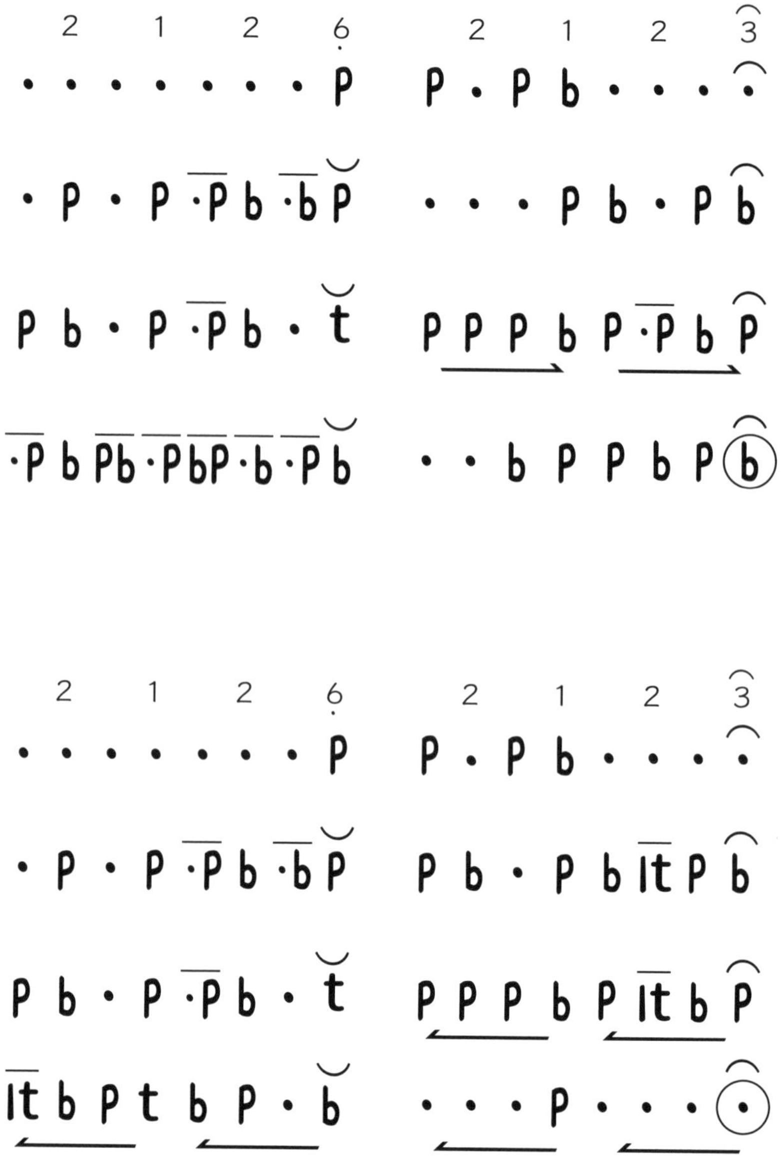

　終わる時の速度変化に関しては、先ほど速くなったところと同じく、3行目のクンプル拍から終わりに向かって、クンダン奏者は、今度は速度を落としていきます（図15下の←印にあたります）。すでに**全員が終わると知っています**から、**着陸準備は万端**です。クンダンと一緒に注意深く**滑らかに減速**していきましょう。最後のゴン拍までの距離を見据えて、ちょうど良い加減で遅くしていくのは難しいものです。**何度も練習して、全員でイメージを作っていきましょう。**図15を見ながら〈動画13〉でクンダン奏者のテンポを確認してみてください。

　曲の最後は前曲「マニャルセウ」と同様に、ゴン奏者が十分に気を溜めてから最後のゴンを打ち、それを聴いてクト、クンピャン、クンプルを除く全ての楽器が、最後の音6を打って終わります。大・小ボナンはオクターブで打ちましょう。サロンは低いほうの6、小サロンは最後のゴンの後1回だけ打ちます。

▶ 〈動画13〉「アスモロドノ」最後2周のクンダン（イロモ2）を演奏

　さあ、それではいよいよ、最初から通して合奏してみましょう。まだバルンガンを覚えられない人は楽譜をチラッと見ながらでOKです。

　東京音楽大学ではバルンガン譜を、ホワイトボードに書いたり、プリントで配布したりします。クンダンのパターンは覚えるのに時間がかかりますので、見えるところにクンダン譜を置いて、音を読みながら何度も練習して慣れていきましょう。イロモ2の穏やかで柔らかい雰囲気を味わえるようになると、ガムランの世界はまた大きく広がります。様々なパートが複雑に重なり合うさまは、大小のモチーフが美しく調和した、ジャワのバティック（ろうけつ染め）の繊細な文様のようにも思えます。

4 沸き立つリズム！舞踊伴奏風アレンジ

１）ケバル Kebar
──チブロンのリズムに乗って盛り上がろう！

「アスモロドノ」も様々なアレンジで演奏されます。たとえば、イロモ１で演奏している途中、クンダン奏者が"**チブロン Ciblon**"という華やかなリズムの中太鼓に持ち替えて、大・小ボナンがそれに応じてインバル、スカラン奏に切り替えて盛り上げる、というアレンジがあります。この**チブ**ロンで賑やかに盛り上がるアレンジのことを"**ケバル Kebar**"といい、手拍子や、チブロンのリズムパターンに呼応した男声の掛け声も加わり、沸き立つような高揚した雰囲気になります。

チブロンがジャワガムランの編成に加わった歴史は新しく、150 年ほど前に、民衆に大人気だった芸能が、当時の王の目に留まり、そこからガムラン編成に加わったそうで、特別な経歴を持つ新顔の楽器です。ジャワの人達はチブロンが大好きで、音やリズムパターンを洗練させて王宮様式の古典曲に馴染ませていきました。また、リズムパターンにぴたりと合う動きの舞踊作品もたくさん作られ、今日に至っています。
　「アスモロドノ」をこのアレンジで演奏すると、「メナ・コンチャル Menak Koncar（**p230 参照**）」という凛々しい武将の名の男性舞踊演目を彷彿とさせます。この舞踊を踊れる人なら、チブロンを聴きながら自然に体が動いてしまうかもしれません。あるいは、マンクヌガラン王宮様式の舞踊の練習会に参加している人なら、「ゴレ・モントロ Golek Montro」という女性舞踊演目でも同じようなチブロンのパターンが使われますので、そちらをイメージするかもしれません。**ガムランと舞踊はとても深い繋がりがあり、両方を知ることで楽しみが倍増**します。

　チブロンは、音の種類が多くリズムも複雑で、個人レッスンを必要とする楽器なので、本書では奏法についての説明は省略します（東京音楽大学の初級授業では、主に講師が担当しています）。チブロンが入ってケバルというアレンジになると、大小ボナンの奏法がインバル、スカラン奏に変わります。このボナンの奏法は、今後様々に応用できる重要な奏法ですので、具体的にご紹介しましょう。

大・小ボナンのインバル、スカラン奏 （ケバル、イロモ 1）

　前章の「マニャルセウ」でもインバルとスカランの奏法を説明していますが、形式や音階、調（旋法）、それにイロモが違うと、曲調はどのように変わるのでしょうか。まず、形式やイロモが変わると、インバルとスカランそれぞれの拍数や配置が違ってきます。今後ほかのラドラン形式曲でも応用できるように、ラドラン形式のイロモ 1 にどのようにインバルとスカランを配していくのかを、図にしてみます。また、スカランは前曲で紹介した倍の長さのスカラン（これが通常サイズ）が使われることが多いです。

図16　ラドラン形式　インバル、スカラン奏の配置 （イロモ 1）

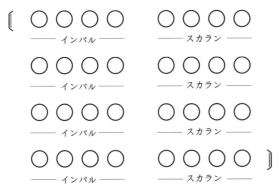

　前章の曲は、周期の規模が小さくイロモの段階も 1/2 で速いため、短いスカランを使うと適切で釣り合いました。このように、曲のイロモや規模に見合ったスカランを使用することも大切です。

それでは具体的な音を当てはめていきます。"スレンドロ音階・マニュロ調"の「アスモロドノ」の、基本のインバルは以下のパターンになります。

バルンガンも書いておきますので、参考にしてイメージしてみてください。

◆スレンドロ音階　マニュロ調　基本のインバル

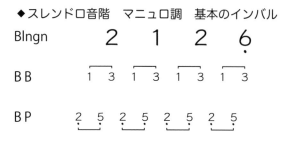

曲の途中で高い音域に差し掛かるところや、6が基調になるところなどでは、インバルを次のように変えてみると、より多彩になります。上記のインバルに慣れたら3行目の6321のところで下のバリエーションを使ってみましょう。

◆スレンドロ音階　マニュロ調　インバルのバリエーション

Blngn　　6　3　2　1

BB　　3 6　3 6　3 6　3 6

BP　　5 1　5 1　5 1　5 1

次にボナンのスカランを紹介します。ボナンのスカランとは、曲中の大事な拍の音に向かって奏でる華やかな装飾フレーズで、メロディーパターンと言っても良いと思います。ラドラン形式のイロモ1では、スカランをクノン拍の音に向かって演奏します。「アスモロドノ」のクノン拍の音は

上段から順に3、1、6、6ですので、3と1と6（音の高低は考えずに、まず
は1種類ずつで大丈夫です）、それぞれの音に向かうメロディーパターン（ス
カラン）を演奏できるようにしましょう。通常サイズのスカランの長さは、
イロモ1のバルンガンの4拍分にあたります。

◆ 3に向かう通常サイズのスカランの例

BB	1/3	5	1/3	・	1/3	5̄1̄	6̄5̄	3
BP	2̄1̄	6̄1̄	6̄1̄	2̄2̄	2̄1̄	6̄1̄	6̄5̄	3

◆ 1に向かう通常サイズのスカランの例

このスカランは大小ボナンの掛け合いで1つの旋律を奏でています。

BB	1̇/1	1̇/1	1̇/1	・	1̇/1	1̇/1	1̇/1	・
BP	2/2	2/2	2/2	2/2	2/2	2/2	2/2	2/2

◆ 6に向かう通常サイズのスカランの例

BB	3̄5̄	6	1	2	3	2̄1̄	5̄1̄	6
BP	3̄5̄	6̄1̄	6̄1̄	2̄2̄	2̄3̄	2̄1̄	5̄1̄	6

　それでは、基本旋律バルンガンの拍や旋律を感じながら演奏してみま
しょう。また**図17**に、イロモ1でチブロンを使った賑やかなアレンジ、
つまり**ケバルの時のクンプルのアレンジ**も書き入れておきました。実践の
参考にしてください。

図17　大・小ボナンによる、「アスモロドノ」のケバル演奏例

```
Blngn        2        1        2        6        2        1        2        3⌢
BB      1 3      1 3      1 3      1 3     ⅓ 5 ⅓  ·  ⅓  5̄1̄ 6̄5̄ 3
BP     2̣ 5̣    2̣ 5̣    2̣ 5̣    2̣ 5    2̄1̄ 6̄1̄ 6̄1̄ 2̄2̄ 2̄1̄ 6̄1̄ 6̄5̄ 3
              インバル                            スカラン

             5        3        2        1⌣        3⌢      2        3        1⌢
        1 3      1 3      1 3      1 3    i̇/1 i̇/1 i̇/1  ·  i̇/1 i̇/1 i̇/1  ·
       2̣ 5̣    2̣ 5̣    2̣ 5̣    2̣ 5    ²/2 ²/2 ²/2 ²/2 ²/2 ²/2 ²/2 ²/2
              インバル                            スカラン

             6        3        2        1⌣        3⌣      2        1        6⌢
        3 6      3 6      3 6      3 6    3̣5̣ 6̣ 6̣ 1 2 3 2̄1̄ 5̄1̄ 6̇
       5̣ 1̣    5̣ 1̣    5̣ 1̣    5̣ 1    3̣5̣ 6̄1̄ 6̄1̄ 2̄2̄ 2̄3̄ 2̄1̄ 5̄1̄ 6̇
              インバル                            スカラン

             5        3        2        1⌣        3⌣      2        1⌣       ⑥
        1 3      1 3      1 3      1 3    3̣5̣ 6̣ 6̣ 1 2 3 2̄1̄ 5̄1̄ 6̇
       2̣ 5̣    2̣ 5̣    2̣ 5̣    2̣ 5    3̣5̣ 6̄1̄ 6̄1̄ 2̄2̄ 2̄3̄ 2̄1̄ 5̄1̄ 6̇
              インバル                            スカラン
```

▶〈動画14〉「アスモロドノ」ケバルの大・小ボナンの演奏
　　　　（ゴン拍から演奏）

2）さりげなく大仕事！太鼓の合図で奏法を切り替える

　ケバルの大・小ボナンの演奏は華やかで、練習も楽しく進みます。通して演奏できるようになったら、前奏ブコから合奏してみましょう。ブコのボナン奏はp154の**図11**を参照して練習してみてください。ゴン直後からはイロモ1のミピル奏をします。実際にどのようにつながるかは、〈**動画15**〉が参考になると思います。

　奏法の切り替え箇所は、実は案外大変です。スムーズにつなげて演奏できるようになるまで、まず何度も練習をして、合奏でさりげなく切り替えられるようにします。特に切り替え部分の奏法が難しいところは、東京音楽大学では、全員でボナンや小サロンを数字で歌ったり、クンダンを音で唱えたりして、イロモの変化や切り替えのイメージをつかんでから合奏します。

ボナン奏法の切り替え　イロモ1→ケバルへ

　イロモ1からケバルへ移行する合図は、やはりクンダン奏者が示します。イロモ1で何周か演奏した後、クンダン奏者は3行目最後のクノン拍から中太鼓の**チブロン**を演奏し始め、ここからガラリと音が変わります。

　クンダンの音だけでなく雰囲気も変わりますので、合図としてわかりやすいです。ボナン奏者は、4行目前半ではまだミピル奏（535・212・）を続け、クンプル拍の直後から6のゴン拍に向かってスカランを演奏し、インバル、スカラン奏へ切り替えます。〈動画15〉でイメージをつかんでいただくと良いと思います。

ボナン奏法の切り替え　ケバル→イロモ2へ

　ケバルで何周か演奏したら（通常は3周くらい）2行目の後半でクンダンのテンポが落ち始めます。これが"ケバルをこの周で終わらせて、イロモをゆったりしたステージ（イロモ2あるいは3）に移行させる誘導"の合図です。

　3行目でクンダン奏者はさらに減速していき、クノン拍のところで中太鼓チブロンから元の大・小クンダンに移行します（このクノン拍は、実はイロモ3という段階に進む分岐点でもあり、その場合はチブロンのまま進むのですが、今回はイロモ2に向かいます）。4行目でさらに速度を落として、クンプル拍あたりでイロモ2になるようにするのですが、この時ボナン奏者は、まずクンダンがチブロンから切り替わった直後、4行目の前半をミピル・ロンボ（ゆっくりですが、まだイロモの段階としては1なのです）に切り替えて、クンプル拍まで演奏したら今度はミピル・ランカプに切り替えるので

す。ここは速度変化に加えて何段階も奏法の切り替えがあるので、慣れる
まで何度も練習が必要かと思います。

〈動画15〉「アスモロドノ」
　　　　ブコ→イロモ1→ケバル→イロモ2の移行
　　　（クンダン、大・小ボナンの参考に）

サロン奏法の切り替え　イロモと音量

　また、大・中サロンの音量は、イロモ1＞ケバル＞イロモ2となりま
す。ケバルでは、チブロンや大・小ボナンの華やかさを引き立てるよう
に、サロン類は少しだけ音量を控えて**ノリ良く演奏しましょう**。そしてイ
ロモ2への移行とともに、さらに音量を落とします。

　小サロンの場合、音量は変えないのですが、イロモ1から2への移行に
ともない、奏法が変わります。今回のアレンジでは、ゴン直前のクンプル
拍からイロモ2の奏法に切り替えるので、その方法を説明しましょう。4
行目の前半は、かなりテンポが落ちてきていますが、イロモ1の奏法の
まま、553322と演奏します。そして次の音、クンプル拍の「1」を、**そ
れまでの速さの倍速で2回打ちます**。この後からイロモ2の奏法すなわち
33223322…と演奏していくのです（小サロンの奏法については、p150も参照
してください）。

　上記のアレンジを含めて、最初から、イロモ1→ケバル→イロモ2まで
合奏すると、8分くらいかかると思います。第3章の課題曲と比べ、同じ8
分でもかなり難易度が上がりました。ボナンは奏法が増えて複雑になりまし
たし、クンダンもイロモ1や2の大・小クンダンパターンや移行のパターン
など、全体的に情報量が増えていますので、まずは興味を持ったパートか
ら体験してみてください。どれも習得に時間がかかりますが、楽しみながら
気長にあきらめず、「いつか、スムーズに演奏できるようになるといいなあ」
くらいの気持ちでやっていきましょう。東京音楽大学の社会人クラスでは、
「アスモロドノ」のボナンやクンダン、小サロンに馴染むのに2年以上のカ
リキュラムを組んで、無理なく習得できるようにしています。

まとめ　本場、ジャワの先生方の演奏を聴いてみましょう２

　それでは最後に、またインドネシア国立大学スラカルタ校の、先生方の素晴らしい演奏を聴いて、味わいましょう。

　ブコ（前奏）はボナン奏者が担当しています。イロモ１で始まって、長老のクンダン奏者がすぐにケバルに移行。スラカルタの女性舞踊ガンビョン Gambyong を思わせる中太鼓チブロンの軽やかなリズム、賑やかな手拍子や掛け声、美しい歌声とボナンの華やかなインバル、スカランが聴こえてきます。男女斉唱のアレンジを挟んでから、徐々にテンポが遅くなっていきます。イロモ２では、３種類の歌のアレンジを交互に使って演奏されています。中には、スレンドロ音階の構成音以外の音を使ったメロディー"バラン・ミリン（p46　脚注27参照）"で歌う斉唱も含まれています。

　本来この曲はさらにバルンガンのテンポが遅くなり、イロモ３、４などで長い時間演奏されるもので、コース料理でいえば、イロモ１、２はメインの前までの前菜とも言えます。実は今回この本のために、ジャワの先生方には「イロモ１と２で演奏してください」とだけお伝えして、それ以外はお任せしたのですが、結果は前菜どころでなく、何ともアレンジ満載！

　このように豊かなイロモ１、２の演奏は、現地でもなかなか聴くことはできません。インドネシア、ジャワの伝統音楽ガムランを日本で学ぶ人達への、温かい愛情にあふれた、サービス満点の演奏をご堪能ください。

▶ 〈特別動画〉「アスモロドノ」の合奏　参考演奏

実践編のおわりに ——ガムランを人生の宝物に

　いかがでしたか。ガムランの習得は、音楽と言っても楽器の奏法のほか、ルールや様々な合図のパターンを覚えなければいけないため、途中で大変に感じることがあるかもしれません。でも、できるようになるかしら…と心配したり、なかなかできないなあ…とがっかりしないでください。習得したルールや演奏のパターンは、今後ほかの曲でもくり返し使いますので、必ず慣れていきます。いつか、始めたころよりも自然に合奏できることに気が付いて驚くことでしょう。**ガムランは習得したものをずっと使い続ける音楽で、何も無駄にならないのです。**

　またガムランの演奏は不思議なもので、配役が変わると、同じメンバーで同じアレンジの演奏であっても、雰囲気がかなり変わります。大事なことは、「**互いに聴き合い、全員がまとまって気持ちよく演奏する**」こと。それが叶った演奏は全て「良い演奏」で、優劣付けがたいものです。技術レベルの高い、巧みな演奏でなくとも、この「**まとまった良い演奏**」は場の空気を良いものにして、**演奏する人の心も、聴く人の心も、気持ちよくほぐして癒してくれます。**

　究極に "和" を重んじる音楽、ジャワガムランを演奏することは、青銅の心地よい響きに癒され、色々な楽器に触れて合奏を楽しみながら、大切な仲間と絆を深め有意義な時間を過ごす…そんな、**人生の宝物**になります。だから世界中に愛好家がたくさんいるのだと思います。

　実際の演奏を見てみたい方は、講座の見学ができますので民族音楽研究所にご連絡ください。大歓迎です。また毎年2月最終の土曜日午後に開催しているガムラン社会人講座発表会や、学生の芸術祭も一般公開していますので、ぜひ足をお運びください。生演奏の響きは本当に格別です！内容に関する質問につきましても、どうぞ研究所までお問い合わせください。

　第3、4章を監修してくださったスラジ先生に謝意を表しまして、合奏の実践編を終わります。ありがとうございました。

コラム　楽器が無くてもガムラン演奏!?

　この本を読まれて、「ガムランの演奏、やってみたいけれど楽器が無いからなあ」なんてため息をついている方、いらっしゃいますよね？でも、方法が無いわけではありません。実は、現地インドネシアでは、楽器が無くても"ガムラン的な"演奏をする音楽や芸能が昔からあるのです。たとえば、竹製の大小の木琴を並べて、ガムランの楽器に見立てて合奏する音楽や、さらに驚くことには楽器が全然無くても、口真似だけで演奏してしまう芸能さえあるのです。皆、どうにか工夫してガムランを演奏をしたいのですね。そこで、それらの芸能を参考にしつつ、本物の楽器が無くても"ガムラン的な"演奏をする方法をいくつか簡単にご紹介しましょう。よろしかったら、第3章でご紹介した「マニャルセウ」という曲で試してみてくださいね。

身近な楽器でガムラン●──────

　まずは身近にある楽器で演奏してみましょう。たとえば、音楽の授業で皆がリコーダーや鍵盤ハーモニカを持っているのなら、それを使ってみましょう。

　ここでちょっと困るのが、音階が違うということですよね。でも、あまり気にしなくても大丈夫です。「マニャルセウ」のペログ音階バラン調は沖縄の音階にとても近いので、以下のように数字をドレミに置き換えてみれば、それらしく聞こえます。

3＝ド、5＝ミ、6＝ファ、7＝ソ、2＝シ

　たとえば「マニャルセウ」の1行目の基本の旋律「・5・3　・5・3　・5・3　・6・5」なら、「・ミ・ド　・ミ・ド　・ミ・ド　・ファ・ミ」となります。

　このようにして、まずは全員で「基本の旋律」を演奏してみましょう。メロディーを覚えたら、次は役割分担を決めます。大事な節目を鳴らす楽器ゴンやクノン、クンプル、クトは、ガムラン合奏には欠かせないパートです。まずはゴンのパートを加え、それができたらクノン…、と少しずつ増やしていくと、合奏がどんどん豊かに広がっていきます。ゴンは最も低い音を鳴らしてみましょう。

　そして、テンポを決める重要な楽器クンダン（太鼓）のパートは、太鼓があれば良いですが、もし無かったら手拍子や机を叩いて、速くしたり遅くしたり、テンポを作ってみてください。皆の気持ちが揃ってうまく合奏できたら大成功です。

音楽教室にある色々な楽器でガムラン●————

音楽教室にはたくさんの楽器がありますよね。それらを使って、どのパートにはどの楽器がふさわしいかな？と考えながら、適切な楽器を選んでみましょう。

たとえば、ゴンは銅鑼や大太鼓のような音の目立つ楽器が良いでしょう。クノン、クンプル、クトのような節目の楽器は、どのタイミングで鳴らすかというリズム楽器としての要素が強いので、音程の無いものでも代用できるでしょう。トライアングル、カウベル、ウッドブロック、タンバリンあたりで試してみても良いですね。基本旋律を奏でる楽器は、木琴やリコーダー、オルガンなどでOK。そして、クンダンはやはり小太鼓かコンガ、ボンゴあたりでいきましょうか。楽器の選び方によって合奏全体の音色も変わりますよね。ぜひ工夫してみてください。そのほか、吹奏楽の楽器を使うと、もっと音色の幅が広がって面白い合奏になるかもしれません。ガムランの各パートの音域に近い楽器を選んでチャレンジしてみてください。

口真似ガムラン●————

最後は、究極の口真似ガムランです。楽器を全く使わずに、声だけで演奏してみましょう。ガムランの楽器名は、第2章でもご紹介したように音の響きから名付けられたものが多いので、たとえばゴンは「ゴーン」、クノンは「ノーン」、クンプルは「プル」、クトは「ト」と言ってみましょう。「基本の旋律」は、数字で「5353…」と歌ってみても良いし、「ラララ」でも良いです。インドネシアでは「ネンノンネンノン…」とよく歌うので、そんな風に歌ってみても良いですね。何か歌詞を考えて付けてみるのも一興です。そして、太鼓もぜひ口唱歌で、「タタトゥンダン、トゥン、トゥン…」と唱えてみてください。全員で声を出すと、何やら不思議な合唱ができあがるはずです。

いかがでしょうか？このほかにも、最近は教育用に考案された新しい楽器もあります。色々と試してみてくださいね[1]。

▶ 音源：口真似ガムラン

1　そして、「やはり本物のガムランが欲しい」と思われた方、現地インドネシアではネットで海外からの注文を受け付けている工房もあります。あるいは、とりあえずこちらにご相談ください。NPO法人日本ガムラン音楽振興会（URL: https://www.j-gamelan.com）

第 5 章

ジャワ舞踊って何だろう

ジャワ舞踊の現在・過去・未来

「ジャワ舞踊」と聞いて、本書を開いている皆さんは何を思い浮かべるでしょうか。左右に首を動かす動作、衣裳が派手、などと漠然としたイメージを持たれたり、また、地理に詳しい方やアジア圏の文化に興味がある方、音楽を学んでいる方などは、ジャワ島か〜バリ島は知っているけど…と思ったり、ジャワガムランについて知りたくてこの本を買ったので、踊りは別に…なんて思う方もいるかもしれません。しかし、前章までガムランについて読んでこられると、実はガムランは踊りと関係が深いことに気付かれたのではないでしょうか？

　私は東京音楽大学の民族音楽研究所で、主に社会人講座向けのジャワ舞踊講座を持ち、2023 年で 23 年目を迎えました。

　研究所に所属する前は、インドネシアのジャワ島中部スラカルタ市にある芸術大学[1]で 2 年半踊りを学んだのですが、留学以前は、東京藝術大学の美術学部に在籍し、運動には全く興味が無く（運動会で活躍したことなんて当然無い）、ダンスなんて全然やったことがなかったのです。

　私が通っていた大学は、道を挟んで音楽学部と美術学部に分かれていて、音楽学部では当時、ジャワガムランの講義がありました。それを熱心に受講していた学生がガムランと踊りのクラブ（「タリ・ジャワクラブ」）を運営していて、ある日、学内のイベントで、ガムランの伴奏に合わせて踊るクラブ員の姿を偶然、目にしたのです。明るい日差しの下、地面を裸足で踏みしめてゆっくりと舞う姿は今でもありありと思い出せますが、正直に言いますと、その時は感動したとか、衝撃を受けたという感じではなかったです。

　しばらくして、たまたまクラブ員の 1 人と話す機会があり、踊りの話が出て（「庭で踊っていたのを見ました」「そお？クラブ員募集してるよ」ぐらいの軽い感じでした）、踊りを見た時のゆったりした空気が脳裏に浮かんで、体に良いかな？運動不足解消になるかもしれないと、恐る恐る入部したのが私にとってのジャワ舞踊修行の幕開けでした。

　当時、ジャワガムランの授業を担当されていた田村史子先生[2]のご指導

1　STSI = Sekolah Tinggi Seni Indonesia、現 ISI=Institute Seni Indonesia スラカルタ校。
2　前筑紫女学園大学アジア文化学科教授。

のもと踊りを学ぶうち、音楽がわからないと踊りもなかなか進歩しない→楽器もかじってみる→ジャワに連れて行っていただいて現地の踊り手の踊りと生のガムランに触れてみた→世界が広がって、もっと勉強してみたくなり、現地に留学（1997 ～ 2000）…ということになったのです。

　ジャワ舞踊に出会ったことで人生が様々な方向に広がって動き出し、今も動いている不思議。そんなジャワ舞踊ですが、実際にはどんなものなのか、私は研究者では無いのですが、今まで実際に学んできたこと、研究所で多くの生徒さんに教えてきたことの中からお伝えしたいと思います。

みんな踊るって本当？

　私が知っているインドネシアの人達は、子どもからお年寄りまで本当に踊ることが大好きで、パーティなどのお祝いの席から町のお祭り、結婚式や大事な儀式まで様々な踊りを、留学中、現地で多く目にしてきました。

　およそ人口 2.8 億（2023 年）、イスラム教徒が 9 割とされるインドネシア。イスラム教では歌舞音曲は好ましくないとされる中で、みんな踊るの？と思われるでしょうが、プロの舞踊家だけでなく町の人達誰もが、恥ずかしがらずに楽しく達者に踊っていたと、確信を持って言えます。

　インドネシアは p19 でご紹介したように、東西に長く、端から端まで約 5,000km（日本は約 3,000km）、多くの島と民族からなっていて、あまたの踊りがあると言われています。古くから踊り継がれてきた踊りがあり、新しい踊りも生まれていく。皆さんがご存知のバリ島に至っては、村の数だけ踊りがある、とも聞きました。

　大まかな踊りの種類をいくつか挙げてみますと、

- 日本の「盆踊り」のように、数人の楽器奏者が奏でる音楽に合わせてそれぞれが思い思い、自由に楽しく踊るもの
- 「舞楽」のように、長い踊りを多くの時間をかけて緻密に練習を重

ね、多人数の楽士の伴奏と共に神様への捧げものとするもの
・「歌舞伎」のように、古典の話をベースにセリフを交えた、多人数
　の歌舞劇。またはそこから派生した、単独の舞踊

などがあり、多くの人達を惹きつけてやまない魅力を持っています。

　私が留学していた頃（1997 ～ 2000）と比べて、今は便利な時代になり、インターネットで「インドネシア」「踊り」（タリ・ジャワ Tari Jawa ＝ジャワ舞踊、タリ・ヌサンタラ・インドネシア Tari Nusantara Indonesia ＝インドネシア舞踊）、と入力検索するだけで、あっという間に膨大な数の映像や画像を見ることができます。さらに新型コロナウイルスの影響を経てデジタル化が急速に進んで以来、様々な舞踊の催しを、遠く離れたここ日本でも気軽に、それもリアルタイムで見ることが可能となってきました。

２つの王宮舞踊

　そんな多彩な舞踊の中で、本書では、前章までに紹介されてきたジャワ島中部のガムランの伴奏によって踊られる、ジャワ島中部スラカルタ地方に伝承されている舞踊を扱うことにいたします。

　スラカルタ様式の舞踊はガヤ・ソロ（gaya Solo）と呼ばれます。「ガヤ」はスタイル、様式のことで、ソロはスラカルタの略称です。一般的には、宮廷舞踊の動きを基本とした伝統舞踊のことを指しますが、これは、長い年月をかけて吟味された複雑な振りから成り立つ踊りです。

　この踊りは儀式の際に奉納されるなど、現地の人々にとって重要な意味を持っており、踊り手には長い時間をかけた修練と、自身が踊る物語の内容や歴史への理解が必要になります。日本で言えば舞楽や能、歌舞伎にあたるようなものでしょうか。

　昔は門外不出で、王侯貴族など限られた人のみがならい、観賞できるものでした。本章ではそのような舞踊が、一般の人に加えて私のような外国

人までがならえるようになっていくまでの歴史や、どんな踊りがあって、どこで見られるのか？などについてお話ししていきたいと思います。

図1　スラカルタ王家

図2　マンクヌガラン王家

　スラカルタ地方の中心都市、スラカルタ市は、地方都市とはいえ、かつての王都。今でも王宮がその伝統文化を伝える街で、スラカルタ王家（図1）とマンクヌガラン王家（図2）の2つの宮殿を中心に街が広がっています。

　同じく王宮が文化の中心だったお隣のジョグジャカルタ市とはよく比べられましたが、人口が多く、商業も盛んな大都市ジョクジャカルタと比べると、スラカルタはどことなくひなびてゆったりした雰囲気で、"古都"という感じの街並です。日本の京都（＝ジョグジャカルタ）と奈良（＝スラカルタ）みたい、などとよく言われています。

　そんなスラカルタの街を歩いていると、王宮や学校から、ガムランの曲がふいに流れてきます。そこでは踊りの練習をしていたり、賑やかな人だかりを覗くと結婚式の最中だったりで、華やかな衣装の踊り子達がいる場面に容易に出会えます（図3）。パーティや大きなイベントには必ず踊りがつきものですし、大勢の踊り手が繰り広げるミュージカルやオペラのような劇を見られる常設劇場もあちこちにあり、街に踊りがあふれている印象があります。

　今でも踊りが生活の中に息づいているスラカルタ地方ですが、これほど街に踊りがあふれるようになるまでにはどのような道をたどってきたのでしょうか？

図3　結婚式での舞踊

1 スラカルタ様式の舞踊の歴史

1）2つの王宮における舞踊の発展
（17世紀〜第二次世界大戦前）

　インドネシア、ジャワ島中部スラカルタ市にある王宮で、私が宮廷舞踊を見せていただいたのは、最初にインドネシアを訪れた1990年のことでした。当時動画サイトはもちろん存在せず、参考ビデオなども見たことがなかったので、自分が練習している踊りは、本当はどんなものなのだろうと思いながら王宮の門をくぐりました。王宮は、バイクがひしめき人のあふれる街の中心部にありながら、1歩入ると喧噪が遠のき、急に真空になったかのような静けさです。目の前に広がる広い庭に敷かれた白い砂を裸足で踏みながら、練習場所へと向かいました。

図4　スラカルタ王家のプンドポ

　王宮での踊りの練習場所であるプンドポ[3]（Pendapa）は、日本の神社にある神楽殿、または能舞台を大きくしたような吹き抜けの造りで（図4）、大理石の床・四隅の柱が美しく壮大で、天井から下がる大きなガラスのシャンデリアには鳥がとまり囀（さえず）っています。

　先生を真似て舞台の奥に手を合わせた後、舞台より1段下がった場所に座って待っていると、大勢の踊り子達が奥からゆっくり出てきて途中から膝行（しっこう）[4]し、やはり奥に手を合わせてから、舞台に上がりました。四方の柱

3　ジャワ島中部で見られる建築様式の1つ。居室に入る手前に設置される、大きな屋根を乗せ、柱を四隅に構えた吹き抜けの建造物。王宮のプンドポは、居住区域の南に設けられます。

4　しゃがんで踵を浮かせすり足で進む歩き方。プンドポは、王または王族のみが立つことを許される神聖な場所であるため、踊る時以外はこの歩き方となります。

のそばには、同じく膝行して出てきた年配の女性達が控えています。

　ガムラン奏者達は1段低いところに座っています。奏者の横に並んだ女性が、前に置いた木の箱を叩いて合図をすると、裾を長く引いた踊り手達がゆっくりと水の中を泳ぐように舞い始めました。時に緩やかに走って位置を変え、踊り終わって座り、また膝行して奥に消えて行く…全てが白昼夢を見ているようでした。

　踊り手1人1人の印象は全く同じで区別がつかず、全体にうねるような統一感のある流れがありましたが、隙もなくぴったりと揃っていたわけでもなく、とても不思議な踊りでした。そして、常に王宮の方角（舞台の奥）に向かって踊っているのです。私達が座っていた、普通の感覚だと観客席と考えられる方向には全く注意が向けられていないのも驚きでした。まさに王、または神に捧げる供物としての踊りであるからなのでしょう。

マタラム王国の分裂〜スラカルタでの2王家の繁栄と舞踊

　この時私が観た舞踊は、16〜18世紀にジャワ島中部、ジョグジャカルタ地方のあたりを中心に勢力を広げた、イスラム教のマタラム王国の創生神話を描いたものでした。踊りを大事に守り続けてきた王家は、その末裔です。

　マタラム王国は、一時は栄華を誇りました。しかし王位継承を争って内紛をくり返し、17世紀前半からジャワ島を支配し始めたオランダが入り込んで助力をするうち、じりじりと領土を奪われていきます（図5）。

図5　オランダの助けを借りて反乱を制圧するマタラム王国の王（1680年　レイデン大学デジタルコレクションより）。

1755 年には王家がジョグジャカルタ王侯領とスラカルタ王侯領の 2 つの自治領に分割されたことでマタラム王国は消滅、その後またそれぞれが分かれて 4 つの王侯家となり、スラカルタ市にはスラカルタ王家（Keraton[5] Surakarta Hadiningrat）とマンクヌガラン王家（Puro Mangkunegaran）、ジョグジャカルタ市にはジョグジャカルタ王家（Keraton Yogyakarta Hadiningrat　図 6）、パクアラマン王家（Puro Pakualaman　図 7）が誕生して、現在に至ります（**p29　表 4 参照**）。

　なお、この 2 つの王家ですが、第 1 章で触れたように、厳密に言えばスラカルタ王家が本家、そこで起きた内紛から、サラティガ条約（1757 年）を経て、マンクヌガラン侯家が分家しています。そのため本来ならば本家のスラカルタ王家と、分家のマンクヌガラン侯家と区別して表記すべきですが、一般的にはどちらも王家 / 王宮と呼びならわされており、煩雑さを避けるため、本書の訳語ではどちらも王家または王宮と統一記述いたします。また、スラカルタ王家は「クラトン」、マンクヌガラン王家は「マンクヌガラン」が通称となっており、本章内でもそれにならうことにいたします。

　スラカルタ市ではこの、2 つの王家がガムランと舞踊の発展に大きく寄与していくのですが、その歴史をそれぞれ見ていきましょう。

図 6　ジョグジャカルタ王家

図 7　パクアラマン王家

5　王家では Karaton が正式ですが、インドネシア全域での王室の通称が Keraton であるため本書では Keraton とさせていただきます。

　4つに分かれ、掌握する地域も政治・軍事力も小さくなった王家ですが、1830年にはさらに領地のほぼ全てをオランダの手に委ねることとなります。しかし、オランダはしばしば厳しい統制を行ったものの、文化面にはあまり手を出さない宥和策をとり、皮肉にも平和な長い時代が訪れます。

　王家の財政や人事をオランダに掌握されて、それまでのヒエラルキーや称号の崩壊や変化が起こった各王家では、自身の権威を失わないた

図8　ブドヨ・クタワン
（スラカルタ王家）

めにも、人心を掌握する、王家を盛り立てるものを探し、結果的にガムランや舞踊を含む芸術を熱心に後援、王家の子女が心身の鍛錬のために踊ることを義務とするようにもなりました。おかげで18〜19世紀にそれぞれの王宮で芸術が華開くこととなります。

　この章の冒頭にお話しした、私がインドネシアを訪れて初めて見た踊りは、4王家のうちのスラカルタ王家（以下クラトン）に、王朝分裂の際に移譲された「ブドヨ・クタワン」(Bedhaya Ketawang[6]) という舞踊でした（図8）。

　伝説では、マタラム王国の三代目の王スルタン・アグン（1613〜1645在位）が聖人の力を借りて作ったと言われていますが、この作品はマタラム王国創生の際の、王と南の海の女神との恋愛と別れ、王家の安泰の約束を描いた、王家にとって重要な意味を持つ踊りです。

　王家では、踊りは宝物（プソコ　Pusaka）、財産として見なされ、王家のシンボルであり、力を見せるための役割をも担うものとなっています。

6　南の海に住む女神カンジェン・ラトゥ・キドゥル（Kanjeng Ratu Kidul）は、マタラム王国初代の王パヌンバハン・セノパティ（Panembahan Senopati）と王宮（領土）を末代まで守る約束を交わし（婚姻）、王宮は領土の安泰を得た、という言い伝えが古くからあります。それにちなみ、代々の王の即位日と毎年の戴冠記念日に、およそ1時間半に及ぶ長い舞踊「ブドヨ・クタワン（Bedhaya Ketawang）」を9人の踊り手達によって捧げるようになりました。それはイスラム暦とジャワ暦の交わる35日に一度しか練習ができない、踊り手は身を清めてから踊るなど、おいそれとは踊れないほど、神聖な宝物として扱われます。女神に捧げる踊りであるため、長い間、王族とアブディ・ダレム（Abdi Dalem＝王宮に忠誠を誓った、貴族も含む臣下）しか目にすることはできませんでした。ジョグジャカルタのクラトンにも同様の、「ブドヨ・スマン」がありましたが、近年復元されるまで廃絶していました。

図9　スラカルタ王家のブドヨ（1910-30年代撮影）

クラトンでは、領土分割の際に委譲されたこのブドヨ・クタワンのほかに、18世紀初頭から19世紀初めまでの間に13曲の「ブドヨ」が作られました[7]。

「ブドヨ」の踊り手は、クラトンが支配する地域から幼いうちに集められて、王室お抱えとなり、練習を重ね、王宮内に住み込んで上演に携わりました。この踊り手達のことも、興味深いことに「ブドヨ」と呼びます（図9）。

王宮舞踊の代表的な作品にはもう1つ、「スリンピ（Srimpi）」という女性4人の群舞で、パクブウォノⅤ世の時代（1820〜1823在位）から作り始められたものがあります（図10）。こちらは王女や、クプトレン（Keputren＝後宮）に住んでいる貴族や家臣の子女が踊る、心身の鍛錬を主な目的とするものです。

図10　スラカルタ王家のスリンピ（1900年撮影）

王家の芸術への貢献は、長く安定した治世下のパクブウォノⅩ世（1893〜1939在位）時代が最もめざましく、「ブドヨ」や「スリンピ」はオランダの高官や重要な客人をもてなすために、盛んに上演されました。王宮お抱えの踊り手「ブドヨ」は、この時代およそ100人に達していたと言われ、踊り手としての教育を受けるとともに、王宮内のほかの仕事にも携わり、

7　ブドヨ・ドロダセ（Bedhaya Duradasih）、ブドヨ・スコルハジョ（Bedhaya Sukaharja）、ブドヨ・パンクール（Bedhaya Pangkur）が、今でも踊り継がれています。

貴族の妻となる資格も持つようになりました。

　また、「ブドヨ」、「スリンピ」と並行して、庶民の間で人気だった女性舞踊「ガンビョン（Gambyong）」（図11）を王宮にふさわしい形にして取り入れたり、戦士を模した男性の勇壮な踊り「ウィレン（Wireng）」（図12）も王侯貴族が好んで鑑賞する演目となっていました。

図11　庶民に人気の「ガンビョン」　　図12　戦士の男性舞踊「ウィレン」

　一方、スラカルタ市内のもう1つの王家、マンクヌガラン王家（以下マンクヌガラン）では、前述したように、分裂の際の力関係でクラトンに「ブドヨ」を委譲し、いくつか共通の舞踊はあるものの、王家の力をアピールするようなプソコ（宝）を持たずにいました。しかしマンクヌゴロⅣ世（1853～1881在位）時代に生み出された、女性だけの歌舞劇「ラングンドリヤン（Langendriyan）」（図13）がマンクヌゴロⅤ世（1881～1896在位）の時代に花開き、盛んに上演されるようになります。ここで、女性が男性の踊りを凛々しく踊る伝統がマンクヌガランに根付き、現代に脈々と続いていくこととなります。

図13　ラングンドリヤン

続いて 20 世紀初頭には、お隣のジョグジャカルタのスルタン（王）の娘[8]がマンクヌゴロⅦ世（1916 ～ 1944 在位）にお嫁入りし、ここがマンクヌガランの舞踊の大きな転換点となります。

王家同士が親交を深める中で、マンクヌゴロⅦ世の尽力[9]により、ジョグジャカルタ様式の踊りを取り入れ、それまでのスラカルタ様式と混じり合った、独自のマンクヌガラン様式を確立させていきます。前述した女性だけの歌舞劇「ラングンドリヤン」も最盛期を迎え、庶民の踊りとして人気だった「ガンビョン」も、クラトンと同様に王宮風にアレンジされて王侯貴族の間で人気を博します。

また、マンクヌガランでは、踊りの教育は王侯貴族から位の低い家臣まで及んだともいわれ、王族は 3 ～ 4 年をかけ、基本の動きの 1 つ 1 つまで深く理解することが求められ、舞踊の所作が普段の生活の規範になるほど重要視されていました。クラトンには専属の踊り手「ブドヨ」達がいたのに対して、マンクヌガランにはラングンプロジョ（Langenpraja）という芸術に携わる専門組織が 1867 年に設けられ、踊り手はここに属して称号を与えられ、家臣として宮廷舞踊の発展に貢献します。

このように、王宮が芸術や舞踊に興味を持って熱心に後援し、踊り手を育て、自らも踊ってきたことによって、たくさんの踊りが消えることなく伝承され、あらたな踊りも作り出されてきました。この流れは、第二次大戦が終結してインドネシアが独立するまで続きます。

宮廷舞踊と庶民の舞踊

ここまで、宮廷舞踊の発展を見てきましたが、そもそも宮廷舞踊は、クラトンでは王侯貴族やオランダの高官や賓客が目にするだけ。マンクヌガランでも「ラングンドリヤン」が一般の人々の目に触れていたとはいえ、庶民が観賞したり踊ったりするものではありませんでした。それでは、冒頭でお話ししたような、踊りが大好きな一般の人々は、どのように踊りに

8　Gusti Ratu Timur. ジョグジャカルタのスルタン、ハメンクブウォノⅦ世の娘。
9　ジョグジャカルタへ踊り手を勉強に送り出したり、ジョグジャカルタから踊りの先生を招いて教授を頼んだこともあったといいます。

触れ、楽しんでいたのでしょうか？

　宮廷舞踊に取り入れられた「ガンビョン」という女性舞踊（**p211〜219
参照**）ですが、これはもともと、17世紀頃から文献に現れる、放浪の旅芸
人達の踊りでした。家々を巡り門付けをして喜捨を求めたり、賑やかな市
の一角で踊って投げ銭をもらったりする、色っぽい女性の踊りですが、こ
れが大変人気となり、お祝い事などの席で客と一緒に踊るようになってい
きます。この人気に王侯貴族も注目、王宮にふさわしく上品な形にアレン
ジして宮廷舞踊に取り入れられたのも、前述のとおりです。

　その他、物語（「マハーバーラタ」、「ラーマーヤナ」、「パンジ物語」）を題材に
した影絵芝居や人形芝居が古くから人々の間で人気[10]でしたが、それを実写
版で演じる歌舞劇「ワヤン・オラン」（図14）が生まれます。その流れから、
19世紀半ばにはスラカルタ近郊の村で、ワヤンのラコン（筋書）を演じる仮
面舞踊が評判となり、1920年代には盛んに上演が行われていたようです。

図14　ジョグジャカルタの「ワヤン・オラン」（1890年撮影）

> ほかにも、日本では民俗芸能に分類されるような、地域独特の踊り、「タリ・ラキ
> ヤット（Tari Rakyat＝庶民の踊り）」が多くあり、スラカルタ近郊の村々には今でも
> 残っているものがありますが、その詳細な歴史については未だ調査中であるため、
> 本書では取り上げません。

10　影絵芝居（ワヤン）については p93 コラム「夜のしじまのワヤン」参照。

2）戦後の「古典舞踊」の確立と変化

　戦後、インドネシアが国として独立すると、王室はそれまでの王侯とし
ての役割、人々の尊崇の的という役割をとどめたままではありましたが、
経済的な後ろ盾を失い、危機的な状況に陥ります。

　日本でも明治維新の際に、能楽師達が一斉に仕事を失ったように、王室
お抱えの楽師、舞踊教師達も金銭的に厳しい状態に直面し、王宮の外に出
て一般の人に教えるようになりました。こうして庶民が王宮の踊りを見た
り、ならったりすることができる時代がやってきたのです。

教育機関の設立と新しい気運の高まり

　1950 年に、コンセルヴァトリー（Konservatori[11]）、スラカルタ文化協会
（ハーベーエス HBS[12]）という、舞踊や音楽を一般の人達が学ぶことのできる
私的な文化機関がスラカルタ市に設立されました。

　ここでは 2 つの王宮の有名な舞踊家達がそれぞれ、または双方で教鞭を
とり、カリキュラムはよりシステマティックに、現在の形に近いほどに整
備されて、宮廷舞踊が「古典舞踊」として広く認識されるようになってい
きます。

　そして、そこで教える舞踊家や生徒の中から、20 世紀後半に多くの素晴
らしい作品を生み出す人々が現れます。ここでは覚えておきたい、代表的
な 3 人の名前と彼らが振り付けた作品を挙げておきましょう。

①クスモケソウォ（K.R.T. Kusumokesowo 1909 ～ 1972）

　クラトンの舞踊教師として高名なクスモケソウォは、コンセルヴァト
リーで教鞭をとり、宮廷舞踊をどのように一般の人に教えるか試行錯誤を
重ね、基礎を学べる舞踊をいくつか作りました。その中でも、文化協会の
指導者達とともに基礎の振りをまとめた「ラントヨ（Rantaya）」は今もな
お、芸術高校・大学で踊りを学ぶ学生の必修科目となっています。また彼

11　Konservatori Karawitan Indonesia。1950 年に設立された芸術学校。後の SMKI（Sekolah
　　　Menengah Karawitan Indonesia インドネシア音楽高校）、現在 SMKN8 Surakarta
12　Himpunan Budaya Surakarta スラカルタ文化協会。

は、国の大型観光プロジェクトとして企画された、ジョグジャカルタ近郊のプランバナン寺院での「ラーマーヤナ・バレエ」(1961年初演、現在も上演が続けられている。図15)という歌舞劇の振り付けの総監督を行ったことでも有名です。彼の元からは多くの有名な踊り手が育っています。

図15　プランバナン寺院でのラーマーヤナ・バレエ

主な作品：ラントヨ（Rantaya）、ゴレ・スコルノ（Golek Sukarena）、レトノ・パムディヨ（Retna Pamudya）

②ガリマン

（S.Ngaliman Condropangrawit 1919 〜 1999）

コンセルヴァトリー第1期の卒業生、かつ教師。クラトンの踊り手、クプラ[13]奏者として活躍、ガムランに深い理解を持ち、振付家として多くの作品を手がけています。若い頃はスラカルタ青年芸術（舞踊・音楽）連盟（AMSTKS = Angkatan Muda Seni Tari Karawitan Surakarta）のメンバーで、③のマリディ、のちにアスキ（ASKI インドネシア芸術アカデミー）で舞踊を教えたタスマンらとともに新しいガムラン・舞踊作品の創作に励みました。

主な作品：パムンカス（Pamungkas）、レトノ・ティナンディン（Retna Tinandhing）、ガンビョン・パレアノム（Gambyong Pareanom）、タリ・バティック（Tari Batik）

③マリディ

（S.Maridi Tondokusumo 1932 〜 2005）

マリディも同じくクラトンに属し、たおやかな女性の舞踊から男性荒形まで何でも踊れる舞踊家でした。彼が振り付けた作品も女性の舞踊からカップルの愛の舞踊、創作舞踊まで幅広く、今でも人気です。

主な作品：メナ・コンチャル(Menak Koncar)、カロンセ(Karonsih)

13　クプラ（Keprak）＝上部が開いた、または中をくりぬいた四角／台形の木箱。それを木槌で叩いて音を出し、舞踊に合図を出します（p90 図23、p201 図26 参照）。

このような芸名人を輩出する基礎が作られたのち、コンセルヴァトリーの次の段階として 1964 年に芸術アカデミー、アスキ（ASKI[14]）という高等教育機関が設立されました。

　コンセルヴァトリーが芸術高校とすれば、アスキは芸術大学的な存在。しかし当初はコンセルヴァトリーの先生が同時にアスキでも教えるという状況で、コンセルヴァトリーを卒業してアスキに入学した者は結果的に同じ先生のもとで継続的に踊りをならうことになりました。それが舞踊の様式の確立をさらに強固にしたともいえます。

ゲンドン・フマルダニ〜ジャワ舞踊の改革者

　この、アスキには、1975 年から没するまで学長を務めたゲンドン・フマルダニ（Gendhon Humardani 1923 〜 1983）がおり、その後のジャワ舞踊の発展に大きな影響力を与えました。フマルダニは若い頃からガムランや舞踊を含む舞台芸術に非常に関心が高く、演奏や公演に加えて、創作や批評を活発に行い、著書も多く、それまでの舞踊家や振付家に無い新しいタイプの「文化人」といえます。

　戦前も文化グループで活動していたフマルダニですが、戦後、1951 年にジョグジャカルタのガジャマダ大学（Universitas Gajah Mada）に入学、同大学の学生を組織して学生文化協会（ハーエスベー　Himpunan Siswa Budaya）を立ち上げ、1951 〜 60 年まで代表を務めます。協会での彼の目的・理想は、ジャワの文化に新風を吹かせたいということで、それは全く新しいものを、というのではなく、伝統を認めた上で、さらにより良くしようという考え方によるものでした。

　彼はその頃盛んになっていった海外との交流の流れに乗り、1960 〜 63 年にイギリスとアメリカに留学する機会を得ます。そこでバレエなどの舞台芸術を鑑賞、舞台裏ではダンサーや音楽家達の自分を律する姿勢、芸術学校の規律の厳しさに感銘を受けます。

　帰国したフマルダニは、西洋の舞台芸術の素晴らしいところをジャワの舞台芸術にも取り入れようという理想に燃え、設立されたばかりのアス

14　Akademi Seni Karawitan Indonesia Surakarta　インドネシア芸術アカデミー　スラカルタ校。

キで教鞭をとり、中部ジャワ芸術開花プロジェクト（ペーカージェーテー PKJT　Proyek Pengembangan Kesenian Jawa Tengah）でも旗振り役として奮闘しました。ペーカージェーテーは、当時のスカルノ大統領が推進した、国の芸術改革プロジェクトで、ここでフマルダニは伝統芸能の革新を試みます。舞踊においては既存の作品の掘り起こし、振り付けや曲の再構成を敢行。いくつかの作品は誰もが手に取れるカセットテープとなって店に並び、人気を博します。

　同時に、設立されたばかりの芸術アカデミー、アスキでもフマルダニは大きな改革を行いました。戦後放置されていた王宮の建物サソノムルヨ（Sasonomulya）をアスキの校舎として借り上げ、学生と一緒に自分もそこに住み、ほぼ1日中、厳しいカリキュラムを与えて鍛錬を行なったのです。

　早朝に起床、きちんと栄養をとって校庭を走るなどの準備運動、厳しい基礎練習を課すなど、それまでのジャワ舞踊とは異なる考え方での指導法は当時、物議を醸したようですが、70年代から80年代に彼に教えを受けた生徒達は「ゲンドン・ジュニア（Gendhon-Gendhon muda)」と呼ばれ、その後のアスキやジャワ舞踊界を牽引し、2021年現在ではフマルダニの孫弟子達が大学などで教鞭をとっています。

　私自身は、コンセルヴァトリーで教えた、または学んだ、という年配の先生、そして現在芸術大学や高校で教えている「ゲンドン・ジュニア」世代の先生に教わってきているのですが、

　フマルダニの指導では、

　　①群舞の振りはぴったり揃えてずれが無いように
　　②レッスンの時間や授業、集合時間の厳守 [15]。踊りを教える時は数（拍）
　　　を数えながら。振りは分解して1つ1つ細かく教える

がモットーでした。とりわけアスキ出身の先生方は、学校で厳しく鍛えられたと言い、フマルダニ学長のかけ声のもと、体作りのため牛乳を飲ん

15　ジャワでは Jam karet（ゴム時間）という言い方がありますが、伸び縮みするゴムのようにのんびりしていて、時間を厳密に守ることに重きを置かない感覚が一般にはあったようです。その点をフマルダニは変えていこうと努力しました。

だり、ランニングや体操をしたり、生活もきっちりと指導されて大変だった、しかし素晴らしい人だった、と話してくれました。

　戦後誕生した「学校」という新しいスタイルの機関では、大勢の生徒に短期間に次々と課題を学ばせるため、振りを細かく分けたり、カウントを取るなどわかりやすい教え方が確かに向いています。評価を付けるための基準、ポイントも明らかにしなくてはならず、フマルダニの、“一糸乱れぬ動きが良い”という評価方法は学生にも教える側にとっても非常に明確なものでした。

　こうして、フマルダニの指導スタイルのもと、それまで宮廷舞踊に非常に重要だった味わいや雰囲気（ラサ Rasa　後述 p196）は消え、新しいスタイルのジャワ舞踊が生まれたといっても過言ではないでしょう。

　古くから、宮廷舞踊の指導は、1つの踊りを最初から最後まで通して踊らせ、何度もくり返すことで全体を覚えさせ、流れを飲み込ませるスタイルを取っていました。私の経験では、わかりにくい振りの部分を質問すると、先生は一部を取り出して考えることに慣れていないようで、結局最初から最後までまた通す、ということになりました。クラトンの「ブドヨ」や「スリンピ」の練習、マンクヌガランでの練習も同じで、長い曲を“通し”で練習します。

　あくまで私見ですが、踊り全体の持つ雰囲気や全体の流れをのみ込み、群舞のシンクロ感を体得するにはこちらの方がふさわしく思います。しかし覚えるのに長い時間がかかるため、少数精鋭の踊り手を丁寧に養成するための、王宮向きのシステムだと感じるのも事実です。

3）現代　～21世紀のジャワ舞踊の姿

　アスキは、1988 年にはエスティーエスイー STSI[16]、2006 年にはイシ ISI[17] と改称し、新しい学科が増え、大学院も設置されています（2019 年に

16　Sekolah Tinggi Seni Indonesia インドネシア芸術大学。
17　Institut Seni Indonesia インスティテュート・スニ・インドネシア　インドネシア芸術大学。

は東京音楽大学との提携も始まっ
たのは前述のとおりです）。

　徐々に増えていく卒業生達
は、サンガール（Sanggar ＝舞踊
教室）や小中学校などでも教え
始め、全国に散らばっていき、
中部ジャワ舞踊がインドネシ
ア中に知られるようになるま
で、それほど時間はかかりま

図16　インドネシア芸術大学（ISI）　スラカルタ校

せんでした。また、海外からの招聘やインドネシア政府の派遣などで海
外で踊りを教える人達が1970年代から徐々に増えていったことによって、
インドネシア国外でも、たとえば私のように、踊りに惹かれて留学を考え
る人も多く見られるようになりました。

　実際、コンセルヴァトリーからイシに到るまでの数十年で、教育を受け
た踊り手は驚くほど増え、踊り手の裾野が広がりました。踊り手が多いと
いうことは競争も激しく、学校を出て、そのまま踊りをやめてしまう者も
当然ながら多くいます。しかし、秀でた踊り手達が学校の踊りに飽き足ら
ず、古典の学び直しを行ったり、学校でドクメンタシ（Dokumentasi ＝記録）
として、王宮の舞踊の演目の掘り起こしと記録に取り組むなど、自分達の
踊りのルーツを知ろうという動きも見られるようになりました。

21世紀のジャワ舞踊の姿

　そんな状況下で、スラカルタ市では以下のような場所で踊りが脈々と息
づいています。

①王宮

　2つの王宮（クラトン、マンクヌガラン）では、主に神への捧げ物として
の儀礼的な舞踊、または王侯貴族が心身を鍛錬するための古典舞踊が今も
教えられています。また、かつての庶民の踊りを宮廷風に変えた舞踊や、
ストーリーのある舞踊も、長年の間に洗練を加えて宮廷で学べるようにな

図17　マンクヌガラン王家のサンガール
　　　（スルヨ・スミラット）

りました。

　王宮付属の舞踊教室（サンガール Sanggar　図17）を持ち、多くは幼い頃からここで学んで王宮の踊り手に育っていきますが、芸術高校・芸術大学から王宮に入ってくる場合も多くあります。

　国内外からの観光客や王宮を訪問する要人など、ゲスト（タム Tamu）のために踊りが上演されたりもします。特にマンクヌガランでは、決まった曜日にガムランの生演奏での舞踊練習が公開され、また内外からの観光客のためにランチやディナーショーの機会を設け、一般人も気軽にガムランと舞踊をたっぷりと楽しむことができます。ありがたいことに、地元の人や学生は王宮の大きなプンドポの脇でそれを自由に鑑賞することが許されているため、私も留学中、「今日タムだって！」と教えてもらっては駆けつけ、たくさんの演目を見せていただきました（図18）。しかも楽屋で衣装の着付けを拝見できたり、後見をつとめる往年の踊り手の話を伺えたりと、留学生にまで広く門戸を開き、惜しみなく舞踊やガムランの素晴らしさを分け与えてくださった、その温かい気持ちが今も忘れられません。

図18　マンクヌガラン王家でのゲスト向け公演

②ワヤン・オラン（Wayang Orang ＝影絵芝居の人形の代わりに、人間が物語のキャラクターを演じる歌舞劇）が演じられている劇場

　「マハーバーラタ」や「ラーマーヤナ」などのインド古典文学、または「パンジ物語」などインドネシアローカルな古典文学をもとにした、歌舞伎やオペラのような歌舞劇を上演。演者は多くが劇場付の公務員で、日々踊りや歌、楽器の

図19　ワヤン・オランの劇場風景

練習に励んでいます。テレビやネットに押されて一時期観客が減りましたが、現在は芸術大学で勉強をしてきた若い人達が参加して舞台を華やかに盛り上げるようになりました。また、伝統文化を学ぼうという気運が高まり、学生のための貸し切り公演も増え、人気も復活しています。生演奏のガムランに合わせた絢爛な舞台は一見の価値があります（図19）。

③学校・公的機関。芸術高校、芸術大学、タマン・ブダヤ（Taman Budaya）と呼ばれている公的な芸術劇場など

　宮廷舞踊をベースとした舞踊、戦後それをもとに新しく作られた舞踊などが教えられ、新作もここで盛んに上演されています。

　進級試験や卒業試験は公開され、校内にある劇場やイベントスペースに地域の人々が詰めかけるほどの人気ぶりです（図20）。活

図20　インドネシア芸術大学（ISI）での実技試験の様子

動も最も活発で、ここで学ぶ若い踊り手達が①、②を支えてもいます。ま

た、戦前から街中で楽しまれていた民衆の舞踊をもとに、王宮で振り付けし直したものも、課題（マテリ Materi）としてカリキュラムに取り入れられています。公立の小中高校では、放課後の課外授業（エクストラ Extra）として実技を行ったり、地域の文化（ブダヤ・ダエラ Budaya Daerah）、文化芸術（スニ・ブダヤ Seni Budaya）というような授業で舞踊や音楽について学ばせたりしています。

④民間のサンガール

　私達がバレエ教室や日本舞踊教室などに子どもを通わせるように、幼児のうちから地元の踊りを学ぶことができる教室が、市内外にはたくさんあります。ジャワ舞踊には子ども向けの作品も多く、動物（ウサギ、鹿、孔雀など）や普段の生活の一場面を取り入れた創作舞踊も人気です。発表会や進級試験が定期的に行われて公開されるため、生徒の親をはじめ、大勢の観客が詰めかけて、子ども達や友達を応援します。その時にはまわりに屋台が並び、お祭りのような雰囲気になり、観客はご飯やスナックを食べながら踊りを楽しむことができます（図21）。

図21　サンガールでの、賑やかな公開試験の様子

　上記以外にも、戦後育った多くの舞踊家達が、古典に限らず新しい創作の場として個人でスタジオを運営、国内外からのダンサーやアーティストを迎えて活動しており、この勢いが今後どうなっていくのか非常に楽しみなところです。

2 踊りの特徴・タイプについて （女性舞踊・男性舞踊）

　ここまで、舞踊の歴史について見てきましたが、ここからは踊りのタイプについてご説明します。先ほど、女性の舞踊、男性の舞踊、女性が踊ってもいい男性舞踊がある、とお話ししましたが、その全ての踊りの特徴としては

- 常に腰を低く落とし、水が流れるような動き
- 柔らかい首や腕、手先の動き
- ガムランの刻む拍と踊りの微妙なずれが生む、動きのゆるやかさ

が男女に共通して挙げられます。速い踊りもありますが、基本、ゆっくりとしているため、見たところ、簡単にできるのでは…と思ってしまいます（私も最初そう思いました）。しかし腰を下げた姿勢で長時間踊り続けたり、細かな首や手の動きを習得するまでに、実は長い時間をかけた鍛錬が必要で、王侯貴族の心身鍛錬のために踊られていたものが多いのも納得です。

　前章までで触れたように、規則的な構造を持つガムランの楽曲に合わせるため、アドリブ的な動き・即興的な動きはあまりなく、主に太鼓のリズムに先導されて、8拍を基準とした振り付けをパズルのように組み合わせて踊ります。曲が長くゆったりしていくと踊りもゆったりと、太鼓が軽やかなリズムを刻めばそれに合わせて軽快に、というようにガムランと深い関わりを持つため、音楽への理解を深めることが踊りの質を高めることにもつながります。

踊りの大事な3つの要素

　具体的な舞踊曲の種類については、のちほど詳しく見ていこうと思いますが、儀式のための踊り、物語のある踊り、お祝いなどで踊られる楽しいエンターテインメントな踊り…、どれも動きや振りの基礎はほぼ同じで、

宮廷舞踊にルーツを持ちます。

　宮廷舞踊は、男女とも、王侯貴族の鍛錬、あるいは儀式用であったりするため、長い修練を必要とするような型や、音楽（ガムラン）と合わせた時の拍の感じなど、決まりごとが多くあります。王宮で発展していく中で、型の決まり以外に、踊りのタイプ（静か、荒々しいなど）や、踊り手が守らなければならない幾分哲学的な「教え」を書き残した書物も多く残っています[18]。

　踊りがどうあるべきか、何を守って踊るべきか、については諸説あるのですが、留学して、舞踊の実技以外の「舞踊と音楽」という講義を受けた時、踊りの大事な3つの要素について教えられました。それは中学校や高校で学ぶ、インドネシア・地域の芸能の教科書にも載せられていて、ジャワ舞踊を学ぶ中で一般的に大事だとされているものです（それぞれの単語の頭につく"wi"は接頭辞）。

> ①技術（ウィロゴ Wiraga）　ロゴ Raga は体を指し、足の動きから頭の動かし方まで、踊り（種類、キャラクター）に合った動きをすること、技術を言います
> ②気持ち（ウィロソ Wirasa）　ラサ（ロソ）Rasa は心持ち・気持ち・感情を指します。踊りの内容について感じること、また踊りのキャラクターが持つ感情を、動きや表情で表現することを言います
> ③テンポ（ウィロモ Wirama）　イロモ Irama は、テンポ、拍感を指し、動きと音楽（ガムラン）がいかに合っているか、合わせ方が適しているか、を言います

　以上の説明は、授業中椅子に座って聞いていると、具体的にはどういうことなのか私もわかりませんでしたが、②③については、実技の授業中や、王宮での練習、個人レッスンなどで実際に踊っている時、頻繁に「イロモがわかっているのか？」「イロモが変だ」「ラサが無い、ラサを感じな

18　"Serat Wedhatama" マンクヌゴロ Ⅳ 世（1853 ～ 1881 在位）による芸術の書。"Serat Kridhawayangga ～ Pakem Beksa" クラトンの踊り手サストラカルティカによる踊りの書など。

さい」などと指摘され、具体的な体の動きを指す①よりも重要な要素なのではないかと感じるようになりました。

　この「ラサ」は静か、優しい、荒々しいなどを単に振りで表すだけでなく、感じる・味わう（ラサ）、そして何が正しいのかを鍛錬を積んで感じる（ラサ）ものです。「イロモ」は曲のテンポに合わせるという意味もありますが、どんなテンポがどの踊りに合うのか、知っていなくてはならないという意味も持ちます。

　この「ラサ」と「イロモ」は、踊りの種類や、物語のある踊りの場合はキャラクターの性格に直結していて、優美、静か（ハルス Halus）なキャラクターと、粗野、荒々しい（カサール Kasar）キャラクターに大きく分けられ、その間をさらに分けると以下のようになります。

表1　舞踊のキャラクター分類法

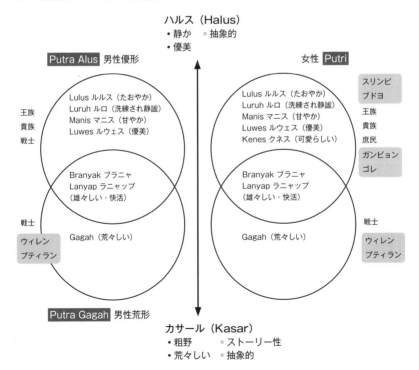

踊りにおける男女の違い・類似点

　先の分類を頭に置きながら舞踊を見ていくと、踊りの種類は以下のように大まかに3つに分けられます。※ Putri はジャワ語で女性（子ども、娘）、Putra は男性（子ども、息子）を指します。

①女性（プトリ Putri）

　静かな群舞、物語のある舞踊、祝いの席での軽快な舞踊までジャンルは幅広く、優雅なハルスから荒々しいカサールまでバリエーションも豊か。ハルスの代表格は宮廷舞踊（群舞）。物語のある踊りの中には、雄々しい女性戦士が踊るカサール／ガガなタイプもある。踊るとき、手は胸より高く上げないことが多い。

図22　女性（プトリ）の舞踊
庶民の舞踊（左）と宮廷舞踊（右）

②男性（プトラ Putra）
◆優形（アルス Alus）

　物語の中の王子／貴族（善）や正義の戦士。上品で優雅。ハルスに分類されるものが多いが、動きを荒形よりもやや抑えた、カサール寄りの雄々しい踊りもある。女性が踊る場合もしばしば見られる。踊るとき胸よりも高く手を上げない。

図23　男性優形（アルス）の舞踊

◆荒形（ガガ Gagah）

戦いを模した群舞に見られる物語の中の王／家臣（悪）役。胸よりも高く手を上げて踊り、足は体側から直角に横に突き出す。全ての動作が大きく荒々しい（カサール）。おどろおどろしい隈取り、付けひげや牙、長くもつれた髪を模した付け毛を着用するなどして、さらに荒々しさを際立たせている。

図24　男性荒形（ガガ）の舞踊

　ジャワ舞踊の中でも、とりわけ物語性のある舞踊では、キャラクターが精神的に常に落ち着いていて（何事にも動じない）、優美であることが好まれ、重視される傾向があります。そのため、踊りも抑制された、柔らかく静かな動きが最も位が高いものとなっていて、カサール（荒々しい）よりもハルス（優美）な踊りが格上とされています。

　ハルスな踊りでは、男女とも常に伏せ目がち、優美で精神的な強さを感じさせなくてはなりません。

　物語を題材にした戦いの踊りでは、ハルスなキャラクターとカサールなキャラクターが戦うことがよくあります。その場合、ハルスなキャラクターは最終的に勝ちをおさめ、独りよがりで熱い思いを抱くカサールなキャラクターは、統制が効かず自滅し、戦いに負けるパターンが多く見られます。

　女性の踊りには、ハルス、カサールという特徴に加えて、女性特有の甘く（マニス Manis）、蠱惑的な（クネス Kenes）要素が加わり、それを前面に押し出した舞踊も大変好まれます。

　衣装や飾り物、化粧もそのキャラクターを強調する大事な要素で、ストーリーのある踊りは多くワヤン（影絵芝居）からその筋書きがとられているため、ワヤンの人形に似せた衣装や被り物を着用しています。

3 踊りの種類

　それでは次に、この中で培われてきた踊りの種類について具体的に見て
いきましょう。

表2　踊りの種類（ジャンル）の分類表

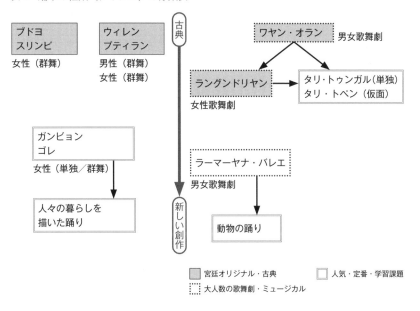

1）宮廷舞踊

女性舞踊 タリ・プトリ（Tari Putri）

　スラカルタの2つの王家にはそれぞれ、長年大事に踊り継がれている女
性の群舞があります。それは、「ブドヨ」と「スリンピ」です。

①ブドヨ　Bedhaya

図25　ブドヨ

　スラカルタ王宮（以下クラトン）は9人、マンクヌガラン王宮（マンクヌガラン）は7人で踊る群舞（図25）。

　30分以上の長大な踊りで、日本の舞楽にも似た抽象的な振り付け、ゆるやかに変わるフォーメーションが特徴です。17世紀半ばには成立したとされる「ブドヨ・クタワン」（クラトン **p181 図8参照**）を筆頭に、18世紀以降多くのブドヨ作品が作られました。

　前述のように、戦前クラトンでは、専属の踊り手達が小さい頃から王宮で養成され[19]、「ブドヨ」と呼ばれていました（**p182 図9参照**）。本来、それは「ブドヨ・クタワン」を踊るために養成される踊り手達ですが、聖なる踊りであることにより、練習できる日が暦の上で厳密に決められています[20]。その日数が非常に少ないこともあり、練習に向けて体を鍛錬するため、またほかの儀礼でも踊るようにと「ブドヨ・クタワン」以外にもブドヨが作られたのです。

　この踊りのもう1つの特徴としては、踊り手以外に、熟練した舞踊教師がクプラ（Keprak＝上部が開いた、または中をくりぬいた四角／台形の木箱。これを木槌で叩いて音を出す。図26、27）を前にして座り、踊り手に振りの合図をすることが挙げられます。舞踊教師と言ってもクプラを叩けるのはひと握り。踊

図26　クプラ

りを知り、ガムランにも造詣（ぞうけい）が深い者が選ばれて伴奏に参加しました。「昔は生演奏以外は音源がなかったので、楽器の無い場所ではクプラだけで練習したのよ」と現地の先生から教えていただいたことがあります。

19　お抱えの舞踊教師が村を回って才能のある小さな子ども達を集め、宮廷内に住まわせて踊りを教えました。毎週水・土曜日にあった練習には王も参加し、いずれ「ブドヨ・クタワン」に出る踊り手を王自らが選んだと言います。

20　ジャワ暦(wuku暦)5曜と7曜の組み合わせの、35日ごとに巡ってくるSelasa Kliwon（スラサ・クリウォン）の日、及び、儀式より10日前からの毎晩しか練習ができず、録画録音などは長年禁じられていました。

クプラは、日本の歌舞伎のツケ打ち[21]、また能楽や長唄で使われる拍子盤[22]に似た役割を担います。初めてクプラを叩いているのを見た時はその類似に驚きましたが、知るほどにますます重要性が感じられるようになりました（このクプラは、後でお話しする舞踊劇や、物語を題材とした踊りでは、さらに金属の板を叩く音まで加わります。まさに歌舞伎のツケ打ちと同じ、お話を盛り上げる役割をも担うのです）。

図27　クプラを叩く舞踊教師

　ブドヨでは、9人、あるいは7人の踊り手のポジションにはそれぞれ役割があり、（図28）エンデル・アジェッ（Endhel ajeg ＝心臓、心の求めるもの）、バタッ（Batak ＝頭：最も重要な役割。経験を積んだトップの踊り手が担う）、グル（Gulu ＝首）、ドド（Dhadha ＝胸）、アピット・ンガジェン（Apit ngajeng/ngarep ＝右手）、アピット・ウィンキン（Apit wingking/mburi ＝左手）、エンデル・ウェトン（Endhel weton ＝右足）アピット・ムネン（Apit meneng ＝左足）、ボンチット（Buncit ＝尻尾、または臀部、性器：最も若手、または経験の少ない踊り手が担う）と名前が与えられ[23]、いくつかの決められたラキット（Rakit＝陣形）、たとえば飛行機（モントル・マブール Montor Mabur）、あるいは3×3（ティガティガ Tiga-tiga）（図29）、のような形を組んで美しいフォーメーションの変化を見せます。

21　舞台袖でツケ板をツケ木で打って演者の動きに華を添えます。
22　同じく稽古で、大鼓などの代わりに張扇で木の台を打って拍子をとります。
23　7人の場合は足の2人を省略。

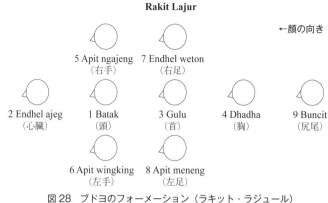

Rakit Lajur

←顔の向き

5 Apit ngajeng　7 Endhel weton
（右手）　　　　（右足）

2 Endhel ajeg　　1 Batak　　3 Gulu　　4 Dhadha　　9 Buncit
（心臓）　　　　（頭）　　（首）　　（胸）　　　（尻尾）

6 Apit wingking　8 Apit meneng
（左手）　　　　（左足）

図 28　ブドヨのフォーメーション（ラキット・ラジュール）

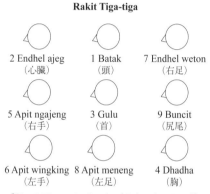

Rakit Tiga-tiga

2 Endhel ajeg　　1 Batak　　7 Endhel weton
（心臓）　　　　（頭）　　（右足）

5 Apit ngajeng　　3 Gulu　　9 Buncit
（右手）　　　　（首）　　（尻尾）

6 Apit wingking　8 Apit meneng　4 Dhadha
（左手）　　　　（左足）　　　（胸）

図 29　ブドヨのフォーメーション（ラキット・ティガ・ティガ）

　マンクヌガランのブドヨ
は７人で踊られ、中でも
ジョグジャカルタ王宮のブ
ドヨと同名の「ブドヨ・ブ
ダ・マディウン（Bedhaya
Bedha Madiun）[24]」（図 30）が有
名です。

図 30　ブドヨ・ブダ・マディウン

24　パヌンバハン・セノパティ伝説を下敷きにしたブドヨ。

先ほどの、9つ、または7つの名前の由来については、諸説があります。たとえば、与えられた名前そのままに、人体を意味するのだという説、また、人間の感情（愛・笑い・悲しみ・怒り・驚き・恐怖・頑張り・静謐さ・侮蔑）、9つの方角、あるい

図31　ドドット・アグンをまとった踊り手

は生きとし生けるものと宇宙（動物・月・太陽・惑星・地球・空気・火・風・生きとし生けるもの）を表すのだ、という意見もあるようです[25]。そのように様々な見解が出てくるのも、緩やかに位置を変えながら長い時間をかけて踊る踊り手の美しさと静謐さに、多くの人が魅入られるからではないでしょうか。

　ブドヨの衣装ですが、下半身には裾を長く引いたカイン・サンパラン（Kain Samparan）を巻き、上半身にはジャワの伝統的な花嫁衣装、ドドット・アグン（Dodot Ageng　図31）を巻きます。または冠を着けてビロードのバジュ（ベスト）をまといます。

②スリンピ　Srimpi

　小さい頃から専門に養成された踊り子達が担った「ブドヨ」と異なり、本来王宮の子女が心身の鍛錬のために学ぶものだった「スリンピ」。4人で踊るのが基本です。こちらも、踊り手のポジションそれぞれに、「バタッ」・「グル」・「ドド」・「ボンチット」（**ブドヨの項参照**）と名前が付けられ、緩やかにフォーメーションを変えながら踊っていきます。代表的なフォーメーションの名称はガワン・パジュパット（図32）、ガワン・ラキット（図33）です。

25　Nora Kustantina Dewi　1994

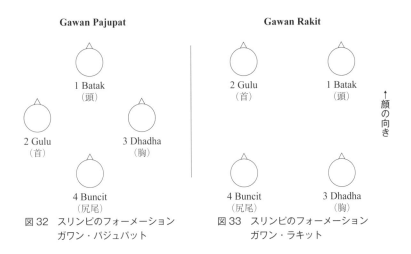

Gawan Pajupat

1 Batak
（頭）

2 Gulu
（首）

3 Dhadha
（胸）

4 Buncit
（尻尾）

図32　スリンピのフォーメーション
　　　ガワン・パジュパット

Gawan Rakit

2 Gulu
（首）

1 Batak
（頭）

4 Buncit
（尻尾）

3 Dhadha
（胸）

↑
顔
の
向
き

図33　スリンピのフォーメーション
　　　ガワン・ラキット

クラトンでは、わかっているだけでも9つの「スリンピ」が作られ、戦後の混乱期をくぐり抜けて「スリンピ・ゴンドクスモ Srimpi Gandakusuma」「スリンピ・サンゴパティ Srimpi Sangupati」「スリンピ・ラグドゥンプル Srimpi Lagudempel」「スリンピ・ガンビルサウィット Srimpi

図34　スリンピ（スラカルタ王家）

Gambirsawit」「スリンピ・ロボン Srimpi Lobong」「スリンピ・アングリルムンドゥン [26] Srimpi Anglir Mendung」（図34）が踊り継がれています（踊りの名前は伴奏曲の曲名から取られています）。

　一方マンクヌガランのスリンピは、同王家に伝わる「ブドヨ」と同様にジョグジャカルタ様式の影響が色濃く、クラトンの「スリンピ」とは一線を画すものとなっています。ジョグジャカルタ王宮の「スリンピ」と同名、

26　マンクヌガランでは「ブドヨ・アングリルムンドゥン」として伝わっています。

図35　スリンピ・パンデロリ　　　　図36　モンドロリニ

　構成も非常に似ている「スリンピ・パンデロリ Srimpi Pandhelori」（図35）、
「スリンピ・モンチャル Srimpi Muncar」が伝わっているのに加えて、独自
の演目としては「モンドロリニ Mondrorini」（図36）があります。

　クラトンの演目も、マンクヌガランの演目も、4人で基本同じ振りを踊
るのですが、2人ずつ組になるパートがあります。

　クラトンの演目ではその場面は、2人が立って踊り、ほかの2人は座り、
立っている2人と手だけ同じ振りを踊ります。その部分はシルップ（Sirep）
と言い、急に伴奏のテンポが落ちて、大きな音を出す楽器（サロン類、ボ
ナンなど）は演奏を止め、静謐な雰囲気をたたえた場面となります。

　対してマンクヌガランの「スリンピ」では、2人ずつ組になって追いか
け合い、勇ましく戦う場面として描かれます。

　懐剣（チュンドリ Cendrik）、矢（パナ Panah）や
弓（グンデウォ Gendewo 以上図37）を携えて戦い
を繰り広げますが、ワヤン（影絵芝居）を思わ
せる、ガムランの演奏に合わせた戦いのシーン
が長く続きます。間断なく強く叩かれる太鼓に
合わせて追いかけ合う様子は、終始ゆったりと
静かな印象が強いクラトンの「スリンピ」とは
だいぶ印象が違います。また、クラトンの「ス
リンピ」は4人が必ずセットですが、マンクヌ
ガランの「モンドロリニ」は4人はもちろん、2
人でも演じることができるのです。

図37　女性舞踊の武具一式
左から弓、矢と矢筒、懐剣

衣装は、ビロードのバジュ（ベスト）やム
カ（胸当て）、ブドヨと同じく長く裾を引く腰
巻布カイン・サンパラン、金色の冠に長い羽
根飾りなどがよく用いられます（図38）。

図38　スリンピ衣装

◆ブドヨ、スリンピの精神性

　ここまで出てきた2種類の舞踊ですが、振
りは抽象的で、舞台で"演じながら観客に見
せる"という趣のものでもありません。神や
王に捧げる踊り（ブドヨ）、心身の鍛錬のため
の踊り（スリンピ）なのです。

　クラトンのスリンピ、ブドヨを現地で私がならっていた際、「常に目は
伏せ気味」、「見ている人（がいるとすれば）とは目を合わせないで」と言
われました。理由を先生に尋ねると、「〈自分という人ではなく、空っぽの
入れ物になって〉踊りなさい、自分だけ目立とうとしてはならない。全体
の動きと1つになって動かされていくのです」と教えられました。踊りの
用語ではルルッ（Lulut）、これは自意識を持たず（消して）、何も考えずに
踊ることを言います。

　また、捧げ物としての踊りの性格上、生理中の者や、既婚者は舞台には
上がれない、つまり清浄とみなされる者しか踊れないということになって
いました[27]。最も重要な踊りであるクラトンの「ブドヨ・クタワン」では、
儀式の10日前から毎晩練習、前日は身
を清めて祈りを捧げます。

　ブドヨ、スリンピの衣装の中でも大変
目を引く「カイン・サンパラン」の裾に
は、必ずバラなどの花びらをたっぷり巻
き込みます（香油、香草を刻み入れる場合
もある　図39）。

図39　サンパランに花びらを仕込む

27　2023年現在、この決まりはだいぶゆるやかになっており、練習への参加は既婚者でも認め
　　られ、王宮のプンドポ以外であれば上演への参加もできるようになっています。

これは、踊り手も場も浄める役割を担うことを意味し、踊り始めると、裾を蹴り払うたびに、香りとともに花びらがプンドポに華やかに舞い散ります。

◆現代のブドヨ・スリンピ
　戦前は宮廷の宝物として門外不出であった「ブドヨ」や「スリンピ」ですが、オランダ占領時代は、オランダの高官のために上演されることがあったり、逆にオランダ占領に対し隠れた反抗を示すのに「スリンピ・サンゴパティ Srimpi Sangupati[28]」（図40）が用いられたと言われています。

図40　スリンピ・サンゴパティ

　この、「ブドヨ」や「スリンピ」は、本来長大な作品ですが、戦後は学校の課題として取り上げられるようにもなりました。80年代には、王宮のものと踊りの名前は同じでも、15分程度に短く再構成した作品がアスキで作られ、学習課題として、王宮よりもむしろ盛んに練習・上演が行われるようにもなっていきます。本来は儀式のため、または神への捧げ物であった舞踊を、観客がいる劇場で上演することで、踊りの持つ意味が変わってしまったともいえます。とはいえ、厳粛さといった意味は薄れても、"心身の鍛錬"という役割、ゆっくりとした動きの持つ美しさは、今も学ぶ者を捉えて離さないものがあります。
　また、ぜひ注目したいのは、前述のように、クラトンの舞踊教師であり

28　クラトンに伝わる「スリンピ」の1つ。本式にはピストルを携え、グラスとボトルを持ち、乾杯する振りを含む。オランダ占領時代に、オランダに対する覚悟を暗に示すために名前を 'Sangapati（王の婚約者）' から 'Sangupati（死への覚悟）' に変えたと言われています。

コンセルヴァトリーでも教えていたクスモケソウォが、1950 年代に作った基礎舞踊（「ラントヨ Rantaya」　**p269 第 6 章特別動画参照**）です。これは王宮での長大な舞踊をそのまま学校教育に持ち込むわけにはいかなかったため、王宮の女性（プトリ）、男性優形・荒形（プトラ）の踊りの中に必ず含まれる"必須の振り"をいくつか取り出して 1 つにまとめ、学校教育用にコンパクトにしたものです。私も学校でならいましたが、短い中に様々な振りが収まっていて、さらに大声で 1、2、3、と号令をかけるように数を唱えながら（8 拍が 1 区切り）指導するスタイルは、それまで「水が流れるように」と言われてきた宮廷舞踊とは全く違いました。非常に驚きましたが、振り 1 つ 1 つの長さや名前を知ることができるなど、教える側にとってもわかりやすいシステムを作りだしたのだな、と思います。

男性舞踊タリ・プトラ（Tari Putra）

アルス / ガガ（Alus/Gagah ＝男性舞踊優形 / 荒形　図 41）

「ブドヨ」「スリンピ」に加えて、王宮では男性の舞踊も発展を遂げてきました。戦士の踊り、物語を題材にした踊り（仮面舞踊を含む）などがあります。その代表的なジャンルを紹介しましょう。

＊物語のある踊りについては後述（**p227「古典文学を題材にした舞踊」を参照**）。

図 41　アルス（左）とガガ（右）

①「ウィレン（Wireng）」：ガガ

「スリンピ」や「ブドヨ」のように、対に（2 人、4 人、8 人など）になって踊る、勇壮な男性宮廷舞踊の総称です。

槍（トンカット Tongkat）、剣（クリス／プダン Keris ／ Pedang）、盾（タメン＝Tameng）、棍棒（トンバッ Tombak）などの武具（図42）を携え、揃いの衣装を身につけ、フォーメーションを変えながら全員が同じ動きをくり返します。あくまでも戦い（兵士）を模した踊りで、勝敗はありません。踊り手による大きな掛け声とともに武器を合わせて打ち鳴らすなど勇壮な雰囲気で、雄々しい男性の姿を描き出します。王に仕える戦士の姿（プラウィロ prawira ＝英雄）を描いたものとも言われ、17世紀には既にその原型が作られ、戦前は王宮で盛んに踊られていたそうです。この、ウィレンのジャンルでは、ボンドボヨ（Bondoboyo 図43）、ラウォン（Lawung）などの作品が有名です。一般的には男性舞踊を指しますが、このウィレンの伴奏曲と同じタイプの曲が使われる、女性の戦いの舞踊「モンドロリニ（前述）」なども含まれます。

図42　男性舞踊の武具一式 左から槍、剣（プダン・クリス）、棍棒

②「プティラン（Pethilan）」
：アルス／ガガ

こちらはワヤン（影絵芝居）の筋書きなど古典の物語を下敷きにした、やはり踊り手が対になった踊りです。「ウィレ

図43　ボンドボヨ

ン」と異なるのは、物語の登場人物に合わせた衣装がそれぞれあり、勝敗がつく形式になっている点です。後述の「ワヤン・オラン」ほどセリフや歌が重要視されず、踊りがメインで、大枠では、男性のみならず男性と女性の戦いや、女性同士の戦いの踊りも含みます[29]。

---

29 男性舞踊では、ハンドゴ・ブギス（クディリの王ハンドゴと、敵対するバンタルアンギン王朝の兵士ブギスとの戦い）、女性舞踊では、スリカンディ・ムストコウェニ（魔王ネウォトカウォチョの娘ムストコウェニと敵対するパンダワ国の王子アルジュノの妻スリカンディの戦い）など。

２）庶民の舞踊

　今まで挙げてきたのは、王家の子女の鍛錬のため、あるいは王宮の儀式のための踊りで、鑑賞を楽しむタイプの踊りではありませんでした。それに対して次にご紹介するのは、もともとは庶民の踊りを宮廷に上げられるように整えたもので、前者に比べると親しみやすい雰囲気が特徴です。

　女性の踊りでは、物語性はあまり無いのですが、女性らしさが強調され、“化粧をする”、“身なりを整える”など具体的な動作を含むことが多いです。

　ここではスラカルタを代表する庶民の舞踊を、いくつか紹介していきます。

ガンビョン（Gambyong）

　「ガンビョン」（図44）は、「ブドヨ」や「スリンピ」と異なり王宮で生まれた踊りではありません。その発祥には諸説あり、ガンビョンという名前の踊り手がいた、またガンビョンという名前の呪い師（ドゥクン Dukung）がいて、踊りを治療に用いていた、などと言われています。長いサンプール（Sampur ＝細長い踊り用の布）を肩から掛け、賑やかなガムランの伴奏、とりわけ軽やかな太鼓のリズムに合わせて小刻みに走ったり、腰を落として柔らかく左右に揺れたり、歩きながら華やかに布を払ったり、女性らしい美しさを全面に押し出した振り付けですが、決して下品ではなく、日本舞踊を思わせるしっとりとした踊りです。

図44　ガンビョン

◆ガンビョンのルーツ

　16 ～ 17 世紀にまずタレデッ（Taledhek
レデツ Ledhek とも称される）、やロンゲン
（Ronggeng）とよばれる、日本での門付け
（踊りや万歳などを見せながら家々をまわる
旅芸人）的な、村をまわる踊り手達がいた
と言われます[30]。トーマス・ラッフルズ[31] の
"The History of Jawa"（1817）には、腰にサ
ンプールを巻き、踊るロンゲンの姿が描か
れています（図 45）。このタレデッ / レデツ
やロンゲンは 20 世紀後半まで各地を巡っ
ていたようで[32]、ガンビョンのルーツとなっ
た踊り手といえます。

図 45　ロンゲン
（"The History of Java"1817 より）

　「ガンビョン」は、このように 16 世紀くらいから前身である形が少しず
つ現れ、19 世紀に人気が高まるにつれ王宮でも踊られるようになり、さ
らに 1970 年代以降のカセットテープの普及で教育機関にも採用されて、
人々の間に爆発的に広まっていきます。

　私が 90 年代前半に踊りの先生（当時 70 代）に伺った時には、「覚えて
いる限りでは、70 年代頃まではチョケアン（Cokean ＝歌手の女性とガムラ
ン奏者達の少人数の流し。屋台やお店を回ってお金を稼ぐ）のように踊り子が
家を訪れていた」と言い、「グンデル（Gender）とゴン・ティウップ（Gong
Tiup ＝ゴンがわりに丈の長い筒を吹き鳴らす）、シトゥル（Siter ＝箱型の木の
胴に金属弦を張った楽器　p82 参照）、太鼓のメンバーで、門の前で踊って喜
捨を受けていた」とおっしゃっていました。

　この、タレデッやロンゲンは踊りの名前ではなく「踊り手」のことを指
しますが、タレデッの踊りはいつしか「タユブ（Tayub）」と称され、2023
年現在もジャワ中部ブローラ（Blora）などの地域で踊り継がれています。

30　"Serat Sastramiruda" Kusumadilaga
31　イギリスの植民地行政官で、一時（1811 ～ 1816）ジャワ島の副総督を務める。
32　ジョグジャカルタでは男性のタレデッも存在していました。

　民衆の舞踊である「タユブ」は、「ガンビョン」の動き、衣装、音楽と大変よく似ています。違いは、踊り手がマイクを握って歌いながら踊るところ、観客にサンプールを掛けて舞台に誘い、一緒に踊るところなどが挙げられます（図46）。

図46　マイクを持って歌い踊るタユブ

　私はこの「タユブ」を90年代に、スラカルタ近郊の村の道の開通式で見ました。村に呼ばれた国や郡からの貴賓の男性達がまず舞台に上げられ、踊れなくとも見よう見真似で参加。その後は村の踊り自慢な男性達が続々と舞台に上がって何時間も踊り続けるというようなもので、主に男性が楽しむ芸能なのだと感じました。そのためか、私が当時「ガンビョン」をならった年配のマンクヌガランの先生などは、王宮以外の舞踊は、下品とは言わないまでも「若いお嬢さんが踊るものではない」と遠慮がちにおっしゃっていました。

　とはいえ、マンクヌゴロⅣ世（1853 〜 1881 在位）の息子の結婚式でタユブが踊られるなど、王侯貴族の間でも人気のある踊りではあったようです。この流れは、パクブウォノ（Paku Buwono）Ⅸ世（1861 〜 1893 在位）の時代にはクラトンの家臣であったレクサディニングラッ[33]が「ガンビョン」を生み出す土壌につながり、宮廷ではガムランの歌い手シンデン（女性）が踊り手となったといいます。

　その名残か、私が留学していた90年代後半のマンクヌガランでも、年配のシンデン達は王宮での楽器練習の際、踊り手が足りないと楽器の席から呼ばれて、時には歌を歌いながら踊りを披露したものです。その、達者な踊りと振りのバリエーションの多さには大変驚かされました。

　マンクヌガランでは1889年に、マンクヌゴロ V 世（1881 〜 1896 在位）がアムステルダムに舞踊団を送りましたが、その中に「ガンビョン」を踊

---

[33]　K.R.M.T. Wreksadiningrat　庶民の間で人気のあった「ガンビョン」を王宮にふさわしい形に練り直したとされる。

れる踊り手も入っていたとされ、その人気ぶりがうかがわれます。

◆ガンビョンの構造

ロンゲン、そしてタレデッが踊る「タユブ」が元となって成立してきた
とされるこの「ガンビョン」、振りの進行こそなんとなく決まってはいた
ものの、伴奏するガムランの曲自体は長さを自在に変えられ、振りも太鼓
のリズムに合っていれば、踊り手の自由なアレンジが効いたようです。

ちなみに、年配の先生方のお話によると、1970年代以前の「ガンビョン」
の基本の進行はおよそ以下の通りだったようです。

①メロン（Merong　太鼓が賑やかに入る曲の、前半の静かな部分）の演奏
　に合わせて、ひとところに留まって踊る幕開け
②バタンガン（Batangan＝歩きながら手を左右に回し、振る）→ピルサ
　ン（Pilesan＝同じ場所でぐるぐる回りながら、手を上下に回す）→ラク
　トゥル（Laku Telu＝前後にステップを踏む）という流れから、後は自
　由なスカラン（Sekaran＝振りのひと括り）で進んでいく。太鼓に合
　わせて長くも短くもできる中盤の部分
③曲が速く、さらに賑やかな感じに変わり、メントカン（Menthokan）[34]
　と称される部分に入って踊りが一層盛り上がる
④ウェディ・ケンセル（Wedhi Kengser＝体を上下させる）で締めくくり

これは舞踊が無い場合のガムラン演奏の、一般的な進行とほぼ同じで、
②の部分はスカランを増やして自在に伸ばすことができるため、延々と
踊っていることもできたそうです。

話を伺った先生からは「拍に合えばどんな振りでも良かった」「結婚式
では長く踊って盛り上げたことがある」などと、昔は尺を決めず、ある程
度自由に踊れたことがわかります。

34　アヒル（メントッ）の歩きを模したようなスカランが語源。そのような振りを含み、ガンビョ
　ンの最後のあたりに出てくる、歩きながら行う振りのひとかたまりを指します。

◆宮廷のガンビョン vs. 庶民のガンビョン

　各所で爆発的な人気を博した「ガンビョン」は、庶民から王宮でまで幅広く踊られるようになります。90年代半ば、スラカルタ地方の農村で生演奏付きのガンビョンを見ましたが、学校で踊りをならっていない一般の女性達によるものでした。群舞であるにもかかわらず、拍には合っていても振りは揃っておらず、それぞれが思い思いに太鼓に合わせて楽しく踊れば良い、という雰囲気でした。

　今でこそ踊り手は録音した音源を流して気軽に練習できますが、カセットの無い昔は音源は生演奏のみ。1〜4章で言及されたように、楽器のセットが異なれば音も違い、踊りの振り付けもある程度自由で思い思いでした。上記の農村で見た「ガンビョン」は、まさにそんな往時の雰囲気を偲ばせるものと言えます。

　これと対照的なのは、マンクヌガランに踊り継がれたいくつかの「ガンビョン」です（図47）。大事なゲストが来た際や、観光客のためにしばしば上演が行われますが、農村の「ガンビョン」とは全く趣を異にします。踊り手は冠をつけ、ビロードの衣装は非常

図47 ガンビョン（マンクヌガラン王家）

に上品な雰囲気で宮廷舞踊にふさわしく、本曲に加えて、踊りの前後にプンドポに出入りするための曲“マジュ・ブクサン（Maju Beksan＝入場の踊り）”、“ムンドゥル・ブクサン（Mundur Beksan＝退場の踊り）”が付けられていて、クプラが入るのも特徴です。

　その「ガンビョン」のレパートリーの中には、1950年に当時のマンクヌガランの舞踊教師であったミントララス（Nyai Bei Mintolaras）が振り付け構成したもの[35]があり、それが進行や振りの固定、曲の長さがフィックスされた始まりだと言われています。

35　ガンビョン・パレアノム（Gambyong Pareanom）。

◆現代のガンビョン

　芸術アカデミー、アスキでも 1954 年に、現在もよく結婚式で踊られる
「ガンビョン・パンクル（Gambyong Pangkur）」が作られ、それを皮切りに、
長さや振り付け、曲があらかじめ決められた「ガンビョン」が作られ、学
校のカリキュラムに加えられます。こうして学校で教えられるようになっ
て格も上がり、若い女性による華やかな舞踊として、大事なお祝いの場な
どでも盛んに見られるようになっていきます。

　また、男性舞踊の中にも、〈ガンビョンガン（Gambyongan）〉、と称される、
「ガンビョン」の振りを男性の踊りに多少アレンジして取り入れたものが
多くあり[36]、その人気の高さがうかがえます。

図 48　市販のカセットテープ

　「ガンビョン」が一般に浸透した 1970 年代
は、カセットテープが普及し始める時期と重
なっていました。スラカルタ市では主にロカナン
タ（LOKANANTA[37]）というレーベルから、振
付家ガリマン（p187 参照）監修のもの[38] が 1973
年に発売され、そこから次々にガムランの古典
曲や舞踊曲のカセットテープが売られ始めます
（図 48）。先述のようにテープには、様々なガン
ビョン曲も多く収録され、練習でもよく使われ
たり、結婚式でも流されたりするうちに、いつ
の間にか人々の定番の曲となっていきました。

　この録音については、テープの長さの制約なのか、当時の雰囲気に合わ
せたのか、新しい録音になるほど、同じ曲でもなぜか短くなっています。
たとえば①のメロンの部分は割愛、登場してすぐケバル（Kebar ＝賑やかな、
手や腰を振り動かす部分）に入るというようなアレンジだったりするのです。

36　「グヌンサリ（Gunungsari）」「メナ・コンチャル（Menak Koncar）」など。
37　90 年代初頭に現地に通い始めた私は、レッスンの際に先生が「カセット持ってきてね、無かっ
　　たら買って持ってきて」と言われてお店に走った覚えがあるくらい、皆が録音された曲で練
　　習するのが当たり前になっていました。ロカナンタが当時の大手レーベルで、それ以外にイ
　　ラ（Ira）、クスモ（Kusuma）などのレーベルが、ガムラン曲や舞踊曲の録音・販売を行って
　　いました。
38　マンクヌガランのものと似た進行で、クプラが入らないバージョン。

　出始めの頃、カセットに収録された「ガ
ンビョン」が30分ほどだったのが後年15
分、10分、8分と、より派手に忙しく短い
スパンで様々な振りが詰まったものに変化
していきました。それはのどかな世相か
ら、忙しい時代へ変化していった中での、
当然の変化だったのかもしれません。

　カセットテープに収録された舞踊曲は、
先に挙げたような、人気の振付家が監修
したものや、学校監修のもの（アスキ版）、
ペーカージェーテー（PKJT）[39]版などがあ

図49　結婚式で踊られるガンビョン

ります。多くは1970年代に録音されていますが、収録にあたっては、主
に当時人気のあった舞踊をピックアップしており、振り付けを整理・再構
成、新しい踊りのための曲を作るなど、多様な試みがなされました。「ガ
ンビョン」においても同様で、振りの順番や長さを決めたことで、学校の
カリキュラムに取り入れやすくなり、元来自由度が高かった踊りが定番化
されるのに拍車をかけたのだと思われます。

　この「ガンビョン」、1人で踊ってもよし、多人数でもよし、衣装もバリ
エーションが様々、非常におおらかで華やかな踊りです。90年代初め私が
インドネシアに通い始めた頃、そして留学中は毎週のように結婚式に招待
されては「ガンビョン」を見ました（図49）。

　椅子がずらっと並んだ会場に長い花道が設けられ、巨大なスピーカーか
ら爆音でガムランが流れると、踊り手が走って登場。にこやかに微笑みな
がらサンプールを柔らかくひらめかせて踊ります。会場を自由に歩き回る
お客様や、椅子の間を料理の乗った大きなトレイを運んで給仕するボーイ
達が、踊り手の前を右往左往するのは驚きで（当時私は舞台で観客が静かに
鑑賞するのを普通と思っていたので）、最初は踊りが大事にされていないよ
うに感じました。ところが、誰も真剣に見ていないようで実はそうではな

39　Proyek Pengembangan Kesenian Jawa Tengah（中部ジャワ芸術開花プロジェクト）。スカルノ大
　　統領が推進した開発計画に基づいて行われた国の芸術改革プロジェクト。アスキの校長を務
　　めたゲンドン・フマルダニが指導。

図50　大人数のガンビョン

く、舞踊は場を寿ぎ華やかにする大切なものなのだと、しばらく現地で暮らすうちに徐々に理解できるようになりました。

　2019年頃には、インドネシアの経済状況が上向いて大きなイベントが多くなったため、50人、100人という多人数の「ガンビョン」が踊られることもありました。（図50）インカムをつけて高い台の上から指示を出す踊りの先生達の姿もたびたびSNS上にあげられて、伝統舞踊と言いつつどんどん進化する、そのパワーを羨ましく思いました。

◆ボンダン〜ガンビョンの変り種

　「ガンビョン」という名前が付けられていませんが、「ガンビョン」に分類される「ボンダン（Bondhan）」（図51）という踊りがあります。ボンダンはカウィ語（ジャワ語の古語）で"踊り"を指します。踊りの振りや進行は「ガンビョン」とほぼ同じ、違うのは傘をさして片手に人形を抱え、片手に素焼きの水壺クンディー（Kendhi）を持つところです。19世紀初頭には既に文書[40]にその名が見える、まさに古典舞踊と言えます。

図51　壺と傘を持って踊るボンダン

　可愛い我が子、あるいは幼い弟妹を抱いて、母親または少女が川辺に洗濯に来る、というシチュエーションの踊りですが、途中、地面に置いた壺にさっと乗ってクルクル廻ったり、赤ん坊をあやしながら歌ったり（図

40　"Serat Centhini"（1814年刊行）。師を探し求める精神修養の旅の中で、主人公が音楽、舞台芸術、宗教に関する深い知を得るという内容で、ジャワの古い文化を網羅した辞書として有名。

52)、楽しい見どころ満載です。90年
代後半にはあまり一般には（結婚式な
どで）見られない踊りでしたが、家の
地鎮祭やお祝い事の席で見た時、踊り
の最後に壺を地面に打ちつけて粉々に
割るのに非常に驚かされました。当時
50代の踊りの先生にその終わり方に
ついて伺うと、「魔を打ち払うといい

図52　ボンダン

う意味があると言う人もいる」とのお答えでした。ほかのご年配の先生方
からも「昔はお祝いの席で踊られていた」、「王宮（マンクヌガラン）でも
見た」などと答えが返ってきました。厄払いや魔除けの意味合いをも持っ
た、「ガンビョン」の中でも特殊な趣を持つ踊りと言えるでしょう。

ゴレ（Golek）

　「ゴレ」（図53）は「人形」という意味で、木彫
りの人形を操る人形芝居〈ゴレ〉が語源と言われ
ています。もともとはジョグジャカルタ地方の踊
りで、人形の振りに似た、直線的で、上下に重く、
やや硬い動きが特徴です。若く美しい女性の姿を、
化粧をする、身支度を整えるというような振りで
描き出します。

　マンクヌガランにはやはりジョグジャカルタ王
宮の「ゴレ・ランバンサリ（Golek Lambangsari）」（図
54）と同名の「ゴレ」などが伝わっており[41]、重く
直線的で、時折動きがピタッと止まる「決め」が

図53　ゴレの衣装

多用されているあたりに、ジョグジャカルタの影響が如実に感じられま
す。

　王宮だけでなく、街なかのサンガールや学校でもいくつかの「ゴレ」が教

41　「ゴレ・モントロ Golek Montro」「ゴレ・チュルンタン Golek Cluntang」「ゴレ・スルンダユン
　　Golek Sul(r)ungdayung」など。

図54　ゴレ・ランバンサリ

図55　ゴレ・スリルジュキ
（サンガールの試験にて）

えられていますが[42]、街の「ゴレ」はどちらかと
いうと踊りを始めたばかり、または幼稚園から
中高生くらいまでの少女のもので（図55）、ジョ
グジャカルタの「ゴレ」の手の動きや振りの進
行がわずかに入っているものの、7～8分程度
の、短いガンビョン風な雰囲気が特徴です。

　これはジョグジャカルタの踊り手に言わせ
ると「全然『ゴレ』じゃない！」のだそうです。

　たとえばクラトンの振付家クスモケソウォ
が1960年代に、宮廷舞踊の初歩の練習用に振

図56　スリンピ風なゴレの衣装

り付けた「ゴレ・スコルノ（Golek Sukarena　裾を長く引いた「スリンピ」風
な「ゴレ」)」は、最初と最後に「スリンピ」や「ブドヨ」に使われる基本
の動きが入っています。衣装も「スリンピ」風で（図56）、その雰囲気を
多少取り入れてはいますが、ジョグジャカルタの「ゴレ」とは似て非なる、
スラカルタスタイルの舞踊であると言えるでしょう。

　宮廷舞踊の雰囲気を残しながらも、短くて覚えやすく楽しい「ゴレ」は、
「ガンビョン」同様に、市販のカセットテープに曲が収録されたものが学
校やサンガールでの練習に用いられ、定番の踊りとなっていきました。

42　「ゴレ・ムギラハユ Golek Mugirahayu」「ゴレ・マニス Golek Manis」「ゴレ・スリルジュキ
Golek Srirejeki」など。

　以上が宮廷にも上がった庶民の踊りについてでした。次にストーリーの
ある舞踊曲について説明に移りましょう。

3）芝居、舞踊劇

ワヤン・オラン / ウォン（Wayang Orang/Wong）

　インドネシアには古典の物語をお芝居として楽しむ伝統が古くからあり
ます。中でも影絵芝居ワヤン（**コラム p93 参照**）は絶大な人気を誇り、私
達が歌舞伎や文楽などを楽しむ以上に、芝居を見ながら皆で一喜一憂しま
す。それを舞台化したのが〈ワヤン・オラン〉（**図57**）です。オランはイ
ンドネシア語で「人」（ジャワ語ではウォン、同じく「人」）。影絵芝居の人形
の役割を、そのまま人間が演じる歌舞劇です。

　テーマはその物語（ラーマーヤナ、マハーバーラタ、パンジ物語）に描か
れる戦いや、愛別離苦が主（メイン）です。日本の狂言のような役割を果たす、道化
（プノカワン Punokawan ＝ 4 人の道化。4 人それぞれ特有の身振りを持ち、時に
歌い踊る　図58）が数人出て来て笑いを取る場面も大事な要素の 1 つ。4
人の道化それぞれ独特の身振りやガムランに合わせた踊りもあります。

図57　劇場でのワヤン

図58　プノカワン（4 人の道化）

◆ワヤンの人形との類似点

　影絵芝居ワヤンの人形は水牛の革で作られた、立体ではなく平面の人形
です。体は腕や足が関節ごとに動くようになっていて、水牛の角でできた

図59 ワヤンの色々なキャラクター

図60 ジョグジャカルタのワヤン・トペン
（1885年頃）

操り棒を使って、まるで生きているかのように動かされます（口絵11〜13）。登場するキャラクターの衣装や飾り物、顔つきなどは、厳密に決められ、登場するとそれが誰なのか、ワヤン好きの観客にはすぐわかるようになっています。

　たとえば、お姫様の人形は小さくほっそりとして、顔や手の色は白く、長い黒髪、サンパラン（p281「カイン」参照）を後ろに長く引いています。二枚目優形の王様、王子様、重臣はやはり細く色白、細面で俯き加減の顔、細い目。対して悪役である敵国の王や重臣、魔物は人形も大きく、赤ら顔、大きな丸い目、手足が荒々しくごつごつとして、逆立って渦巻く黒々とした髪の毛が顔を取り巻いています（いずれも被り物や衣装で細かいキャラクターの違いを出しています　図59）。

　ワヤン・オランでは、こうしたワヤン人形そっくりの衣装を身につけ、キャラクターに似た体つきの踊り手が演じます。ワヤンの人形と同じ身振りをしながらセリフを言う演者達が舞台を動き回り、時に歌い踊るのです。人形の動きに似せているためか、捻るような立体的な動きは少なく、決めのポーズや、ピタッと止まるような振りの部分では、ワヤンとの類似点が一層強調されるのが面白いところです。

　今でこそワヤンの人形に似た化粧、衣装で上演されますが、ジョグジャカルタの王宮で非常に人気であった19世紀半ば頃は仮面（トペン Topeng）をつけて演じられ（図60）、より本来のワヤンにそっくりだったと思われます。この伝統に加え、スラカルタ市の近郊クラテン（Klaten）でも、仮

面劇（ワヤン・オラン・トペン Wayang Orang Topeng）が盛んに行われ、単独の仮面舞踊が生まれる素地を作りました（図61）。

図61　ワヤン・トペン（クラテン市）

◆ワヤン・オランの人気復活

90年代初頭に私がワヤン・オランを観た時は、あまり人気もなくて観客も少なく、町から少し離れた劇場はさびれて夜は治安が悪かったので「絶対1人で行かないで！」と釘を刺されて、先生に連れて行ってもらった覚えがあります。薄暗い劇場にスナックの袋が散らばり、観ているのは夜更かししている若者やおじさん、お爺さん達ばかり。演者も年配の方が多く、うら若き姫をでっぷり貫禄のある年配の女性が演じていました。それでも、姫が、貫禄のある体のどこから出てくるんだろうというような、細く甘い声で王様に切々と訴える様子や、ドスドスと繰り広げられる戦いを、ヤジを飛ばしたり、掛け声を掛けたりしながら、埃が舞う劇場で皆、楽しそうに観ている様子は、寄席や大衆演劇の雰囲気に似て、話の筋を若い人もよく知っているのだなと感じました。セリフの多いシーンが終わって演者が踊り出すと、私がならい始めていた踊りと同じ振りがたくさん出てきて、ぐっと親近感を持って舞台を拝見できました。

およそ30年後の2020年代では、イシ（**p190参照**）の舞踊科を卒業した優秀な踊り手が多く劇場のメンバーに加わり、ワヤンの人形かと見まがうほど素晴らしい舞台を見ることができます。劇場ではインスタグラムで上演予定を発信し、チケットはネット予約ができるようになったり、昔のさびれた雰囲気が嘘のようです。

古典文学に題材を取るワヤン・オランは歌舞伎に似て、演者がじっと動かずセリフを話す場面が多く、踊りや歌がその中に散りばめられている長い歌舞劇です。第二次世界大戦前は王宮でたびたび上演されていたようですが、踊りはあくまで物語の一部でした（マンクヌガラン王宮では、女性だけで演じるミュージカル的舞踊劇ラングンドリヤン〈**p224で解説**〉が人気）。

そこから物語の一部を抜き出して、純粋に踊りとして振り付けされたも
のも生まれ、「ブクサン・ワヤン（Beksan Wayang ＝ワヤン舞踊）」と名付け
られて王宮で演じられるようになります。戦後はその流れがより盛んにな
り、多くの振付家が「マハーバーラタ」や「パンジ物語」などをベースに
した舞踊を作り出しています。

舞踊劇＝ドラマタリ（Dramatari）、スンドラタリ（Sendratari）

　ワヤン・オランのほかに、より舞踊の要素が強い「舞踊劇」がありま
す。「ドラマタリ（Dramatari ＝物語・歌・舞踊を含む劇））、「スンドラタリ
（Sendratari ＝「スニ＝ Seni　芸術」「ドラマ＝ Drama　劇」「タリ＝ Tari　舞踊」
からの造語。舞踊劇）」と呼ばれますが、ワヤン・オランのセリフ部分が歌
に変わり、全体を通して曲が途切れないオペラやミュージカルのようなも
のと言えます。この、「ドラマタリ」と「スンドラタリ」の区別は曖昧で、
様々な解釈がありますが、以下のような理解で良いと思います。

- 「ドラマタリ」の中に「スンドラタリ」も含まれる
- 「スンドラタリ」＝クレアシ・バルー（kreasi baru ＝創作・新作）を
  含む、戦後に作られた新しい作品

　以下、代表的な 2 つをご紹介します。

①ラングンドリヤン

（Langendriyan）

　マンクヌガランには、「ラングン
ドリヤン [43]（Langendriyan ＝ラングン
は楽しみ、ドリヤは心。心を楽しませ
るもの、というような意味）」（図 62）
と呼ばれる、女性だけで演じられ
る「ドラマタリ」があります。

図 62　ラングンドリヤンの一場面

---

[43]　ジョグジャカルタ王家がルーツの歌舞劇（Langen Mandra Wanara）。キングレコード「中部ジャ
　　ワ／マンクヌガラン王宮のガムラン」（2008 年）に音源が収録されています（p292）。

　日本における宝塚歌劇のように、女性が物語の中の男女に扮して歌い踊る、ミュージカル風の劇で、ジャワ島に古くから伝わるダマルウラン（Damarwulan）物語を演じます。

　内容はモジョパイト（マジャパヒト）王国とブランバンガン国との争いがテーマで、モジョパイト王国の家臣ダマルウランとブランバンガン国王メナジンゴとの戦い、ダマルウランと美しい姫アンジャスモロとの愛も描いており、マンクヌゴロⅤ世の時代に（1881〜1896在位）当時の家臣トンドクスモが形を整えたとされています。

　私が留学した90年代後半には、ほぼ見られないほど上演が下火になっていましたが、近年、芸術大学などでドクメンタシ（Dokumentasi＝古い曲や踊りを調査、記録・復元も行うようなプログラム）が盛んになり、王宮でも上演が行われるようになりました。

　この劇は、演者が踊りながらトゥンバン（Tembang＝ジャワの古典詩型、を用いて作られた歌）を歌うという、まさにミュージカルのような特徴を持っています。踊りも歌も上手にこなすというのはなかなかに難しいもので、私がならった定番の踊りの中でも歌を伴う演目はありましたが、踊りの中のごく一部分を歌うだけです。

　私がならった先生のうち、1970年代に学校教育を受けた先生方は、口を揃えて「ガムラン、ワヤン、踊りの全てをひととおり勉強することになっていたから大変だった」と話されていました。先生方は皆、踊りもガムランもよく知っていて、授業の厳しさに耐えてどちらもマスターした世代ですが、その中でも、歌声と踊りのどちらもすぐれているというのは、やはり当時でもごくひと握りであったようです。

　時が流れて、90年代後半、大学の学科ではきっちりと舞踊科、ガムラン科、ワヤン科と分かれており、カセットで踊ることはできても生のガムランで踊ると拍が取れない、ガムランに触ったことが無いような舞踊科の学生もたまに見受けられるようになりました。そのためか、私の留学時には、歌は主にシンデン（ガムランの歌い手）がカバーして、歌声が素晴らしい踊り手（ラングンドリヤンでは男役が当たり役）のみが、わずかに歌を歌っていました。しかし盛んに古典の掘り起こしが行われるようになった

近年、若い優秀な踊り手が古い曲に興味を持つようになったり、歌が必須の新しい舞踊劇が創作されるなどの動きもあり、歌って踊れる踊り手の育成があらたに進み、伝統は消えずに脈々と続いていきそうです。

②ラーマーヤナ・バレエ　（Ramayana Ballet）

第二次大戦後、インドネシアという国が発展するとともに、国の方針や政策によって、スラカルタ地方の舞踊にも新しい動きが出てきたのをここまで見てきました。

独立によって、オランダやイギリスに代わってインドネシアという国が各地を統治するようになり、芸術面でも国の方針で様々な施策があらたに進められるようになりました。国は1961年に、観光資源として、ジョグジャカルタ特別州内にあるヒンドゥー教の遺跡、プランバナン寺院（Candi Prambanan）に舞台を建て、ラーマーヤナ・バレエ（図63）の上演をスタートします。

図63　ラーマーヤナ・バレエの一場面

バレエと銘打ってはいますが、インド古典の物語「ラーマーヤナ」を題材にした伝統舞踊の大掛かりなショーで、初演には700人を超す踊り手が参加したそうです。ワヤン・オランに似ていますがセリフが無く、歌と踊りで物語を綴るこの舞踊劇は、クラトン付きの舞踊教師クスモケソウォの総監督によるもので、それまでの、長い年月の厳しい鍛錬を経て生み出される宮廷舞踊とは異なる、観光客向けという新しい趣向で作られました。

動員されたのは大勢のコンセルヴァトリーの若い踊り手達で、「ラーマーヤナ」に登場する様々なキャラクターを手探りで初演しました。当初は、初めて見るタイプの踊りに戸惑い、短期間に振り付けを覚えたり、自分で踊りを工夫したりという状況から、技術の拙さを酷評されたこともあったようです。しかし、その新しさや、大勢の観客を動員したことが話題となり、全国各地でラーマーヤナフェスティバルが開かれ、新しい趣向「スン

ドラタリ」と称される、セリフの無い歌と踊りの舞踊劇の代表格となっていきました。

　私も 90 年代と 2000 年代に、友達が出るから、あるいは先生に誘われて、観に行ったことがあります。

　広い舞台に明るい照明の下を自在に跳ね回る踊り手、マイクを通して朗々と響く歌、スモークが焚かれて登場人物が現れる…など、豪華な趣向にとても驚いたのを覚えています。王宮の踊りとは違って大変派手で、観た当時はそれまでならっていた踊りとのギャップに違和感がかなりありましたが、観光客には受けが良く、回を重ねるうちにスターとなる踊り手も現れ、今や踊り手の収入源としても重要な舞台となっています。

4）古典文学を題材にした舞踊

　「ワヤン・オラン」や「スンドラタリ」で見てきたような大勢の舞踊劇からその 1 部を切り取った、1 人またはごく少ない人数で踊れる踊りもあります。私や皆さんがいざ踊りをならおうとした場合、女性舞踊「ガンビョン」や「ゴレ」に加えてこのタイプの踊りが最もならいやすい演目になります。理由としては、

- 1 人でも踊れる
- 定番となっていて音源・映像が手に入りやすい

ということがあります。

　もちろんそれだけではありませんが、実際、学校やサンガールでは、決まった講義の時間内に大勢で同じものをならうため、上のような要素を持つ踊りが課題には適しているのです。また、1 つ 1 つ練習していく中で、登場人物の持つそれぞれの踊りの特徴を覚えることができれば、「スンドラタリ」に出演する時などに応用することもできます。

　「ガンビョン」や「ゴレ」が女性の美しさや可愛らしさを表現し、それ

を観賞する踊りとすれば、物語のある舞踊は、能や歌舞伎のように登場人物のキャラクターに扮して踊るため、観る者は踊り手を通して物語自体も楽しむことができ、舞踊だけでは味わえない二重の面白さが感じられるものだと言えます。中には仮面をつけた舞踊もあり、一種独特な仮面の効果で一層登場人物の雰囲気が増し、物語の世界にひき込まれたりもします。

　王宮では、古くからワヤン・オランのような芝居や、舞踊を鑑賞する伝統があり、そこから抜き出された踊りが単独で踊られるようになりました。最初は王侯貴族だけのものであったのが、今では観光客も気軽に楽しめる伝統芸能となり、いずれも長い年月の間に磨き上げられた素晴らしい踊りばかりです。

　こうした、王宮が伝えてきた踊り以外にも、その影響を受けながら、振付家や舞踊家が創作して学校の課題となった踊り、同じく講義の課題とするために学校で新しく作られた踊りもいくつかあります。王宮・学校いずれもその多くが、見せ場のある「戦い」「愛」がテーマになっています。

　これを形式で大まかに分類してみると、以下のような感じになります。

①単独の踊り　タリ・トゥンガル（Tari Tunggal）

　テーマ ：戦い、愛（ガンドロン Gandrung ＝男性の熱狂的な愛）

　ハルスからガガまで男女ともに様々な作品があります。

　とりわけ男性の踊りでは、ガンドロンと称されるタイプが特徴的です。愛する女性への狂おしいまでの気持ちをキプラハン（Kiprahan）というガムランの特別な伴奏（曲の特定の一部分、くり返される短い賑やかで激しいフレーズ）に乗せて表現していて、その荒々しく激しい振りは、まさに男性舞踊の代表格といえます（図64）。このタイプの単独の踊りの中では、弓矢や刀、盾などを

図64　男性荒形の舞踊
　　　（クロノ・トペン）

用いてさらに戦いの臨場感を盛り上げるものも多くあります。

②群舞

テーマ：戦い

　荒形と優形の男性2人、また女性同士の戦いや、男女取り交ぜた踊りもあります（図65）。

図65　群舞・戦い（ガトコチョ・オントセノ）

③カップルの踊り　タリ・パサンガン（Tari Pasangan）

テーマ：愛

　カップルの踊りは、そのまま2人の愛を描くもので、踊りを見れば一目瞭然（別れた男女の間に愛が再燃する、女性を男性が追って行き最後は結ばれる、など）で、「ガンビョン」とともに結婚式でよく踊られる演目となっています。古典の物語を題材にしたものはキャラクターに沿った衣裳、それ以外はジャワの伝統的な婚礼の衣裳を身に付けて踊られます（図66）。

図66　愛の舞踊（ランバンセ）

◆物語を踊るということ

　個人的な話ですが、私は小柄なので、背が高くて見栄えのする男性・女性向けの雄々しい役どころの舞踊（男性荒形、優形でもやや動きの激しいもの）には向いていません。もちろん、150cm 程度と小柄でも、荒形のクロノ（図 64）が十八番、女性の踊りも達者で素晴らしかった舞踊家マリディのように、なんでも踊れるスーパーな踊り手も存在しますが、私のようなタイプに向いているのは、静かな女性舞踊や、男性優形でも白い仮面を着け、女性舞踊「ガンビョン」の要素の強い「グヌン・サリ」（下段①参照 図 67）、自分の内面との戦いを表す「パムンカス」（図 68）[44]「メナ・コンチャル」（図 69）[45] など、やや「ハルス（静か、優美）」な、二枚目の優形（アルス）か、女性でもあまり雄々しくない踊りです。

図 67　グヌン・サリ　　図 68　パムンカス　　図 69　メナ・コンチャル

　ここから、p228、229 の分類に沿った作品を見ていきます。

①の例：グヌンサリ（Gunungsari）

　グヌンサリは「パンジ物語」という、東ジャワの王国を舞台にした物語の登場人物の恋心を描いた男性舞踊です。ジュンゴロ王国のラギル・クニ

44　ガリマン振付の宮廷舞踊ベースの男性優形舞踊。人の内面の葛藤を、戦いの舞踊として表現。1971 年作。

45　マンクヌゴロⅦ世に仕えた舞踊家ミントラララス作をベースに、舞踊家マリディが振り付けたものが有名。ダマルウラン物語に題材をとり、モジョパイト王国の家臣メナ・コンチャルが命令により、恋人のことを思いながら隣国への戦いへ出征して行く様子を描きます。

ン姫に、グヌンサリ（クディリ王国の王女デウィ・ス
カルタジの弟）が恋心を抱き、相手のことを思い浮
かべながら身支度をし、その面影を追う様子が描か
れています。優形らしく柔らかく抑制された動きの
端々から、きりりとした王子の様子がうかがえる作
品となっています。

図70　神聖とされる、
仮面（トペン）

　中部ジャワでは、影絵芝居ワヤンに準ずるかのよ
うな、仮面（トペン Topeng）を着けた舞踊劇が盛ん
に演じられた時代がありました。その中から純粋な舞踊のみの作品も誕生
し、本作品もガリマン（Ngaliman）による男性の優形の舞踊として作られ
（スナルノによる同名作品あり）、二枚目の男性らしく、白いトペン（図70）
を着けて踊られます。トペンを着ける舞踊は、視界が狭くなり、普段の動
きを行うのが非常に難しく修練を要します。またトペン自体が力を持つ神
聖な物として考えられており、踊る前に花や水を供え祈りを捧げるなど、
非常に大切に扱われます。ジャワではトペンは、人から物語の登場人物へ
と変身を遂げるための神聖なものとして捉えられています。

②の例：レトノ・ティナンディン（Retna Tinanding）

　インドルーツの古典文学
「マハーバーラタ」（インドネシ
アではワヤンの物語の題材）に
登場する、美男子かつ武勇に
すぐれたアルジュノ。彼をめ
ぐり第2夫人のスリカンディ
（Srikandi）と、妻妾のララサ
ティ（Larasati）が武芸比べを
繰り広げる女性舞踊です（図

図71　　レトノ・ティナンディン（東京音楽大学付
属民族音楽研究所 ガムラン社会人講座発表会にて）

71）。スリカンディは武芸にすぐれ雄々しく勝気な女性（ガガ寄りの役柄）、
対してララサティは たおやかながら武芸ではスリカンディに引けをとら
ない、毅然とした佇まいの女性（ハルスな役柄）。武芸に秀でた女性2人が、

まずは弓の引き競べ、そして剣を勇ましく交わして戦う様子を、美しく様式化された振りを用いて描き出しています。ララサティが勝利した後、うなだれるスリカンディにララサティは優しく慰めの言葉を掛けますが、強さに驕らない勝者の姿は、ジャワ人の理想とする人のあり方です。

③の例：カロンセ（Karonsih）

図72　王子と姫の愛を描いた、カロンセ

舞踊家マリディが、1970年にスハルト大統領夫人の親族の結婚式用に振り付けた作品。①の「グヌンサリ」と同様「パンジ物語」に題材がとられています。パンジ王子とスカルタジ姫との愛を描く踊りで、パンジ王子の帰りを待つ姫が、長い不在に悲しみ祈るうちに王子が帰郷、最初はためらうものの2人の間のわだかまりが解け、大団円に至る、というストーリーで、結婚式でよく踊られる演目です。ハルスな役柄の男女の踊りの代表格で、前半は静かで美しく、後半は「ガンビョン」や「ゴレ」の要素を取り入れて華やかに2人の愛を描きます。

　以上、これらの踊りは、男女の差はありますが、基礎の動きは共通で、振りの進行も似通っている場合が多く、習得を重ねるうちに次の振りの予測がつくようになったり、だんだんと覚えるのが楽になっていきます。しかし、「スリンピ」や「ブドヨ」、「ガンビョン」や「ゴレ」のような抽象的なものと違うのは、"物語のキャラクターに扮する"というところです。

　外国人である私には、踊りのベースとなっている「ラーマーヤナ」「マハーバーラタ」「パンジ物語」などのお話に馴染みがなく、自分がならっている踊りのキャラクターが誰で、どのような性格なのか、どう踊れば良いのか1つ1つ手探りでした。振りだけを覚えて踊ることもできますが、物語を知ることはキャラクターに感情移入しやすく、踊りの質を上げてくれる大事な要素になります。

　踊りを始めた頃は振りの美しさばかりに気を取られていましたが、この
キャラクターの性格が好きだなあとか見どころが増えると、ますますならう
のが楽しくなっていきました。

　また、このタイプの踊りの伴奏曲は、「スリンピ」や「ブドヨ」のよう
に単調な太鼓が延々続くものと違って、話の場面ごとに曲が変わって雰囲
気が盛り上がる曲が多いのです。クプラ（木の箱を叩いて踊りに合図を出す）
が入ると臨場感がさらに増します。この伴奏によって自分が登場人物のよ
うな気持ちになれるのも、ジャワ舞踊の醍醐味の1つだと言えます。

表3　物語のある舞踊分類表（スラカルタ様式）

踊りの名前　日本語（ジャワ名）	女性／男性 （荒形／優形）	種類	物語	登場人物	振付家	市販音源
クロノ・トペン（Klana Topeng）	男性単独（荒形）		パンジ物語	クロノ		Lokananta
パンジ・スプー（Panji Sepuh）			パンジ物語	パンジ	ティルトクスモ	なし
グヌンサリ（Gunung Sari）			パンジ物語	グヌンサリ	マリディ	Lokananta
グヌンサリ（Gunung Sari）	男性単独（優形）		パンジ物語	グヌンサリ	スナルノ	Lokananta
パムンカス（Pamungkas）				パムンカス	ガリマン	Lokananta
ガンビルアノム（Gambiranom）			マハーバーラタ	ガンビルアノム（イラワン）		Lokananta
メナ・コンチャル（Menak Koncar）	＊女性も踊ることができる	戦い	パンジ物語	メナ・コンチャル	マリディ	Lokananta
タンディンガン・アルス（Tandhingan Alus）					ガリマン	Lokananta
サンチョヨ・クスモウィチトロ（Sancaya Kusumawicitra）	男性群舞（2人）		ワヤン・マディヨ	サンチョヨ、クスモウィチトロ		Lokananta
パンジ・スカルタジ（Panji Sekartaji）	男女（男優形1、男荒形1、女1）		パンジ物語	パンジ、スカルタジ、メナジンゴ		なし
レトノ・パムディヨ（Retna Pamudya）	女性単独		マハーバーラタ	スリカンディ	クスモケソウォ	Lokananta
レトノ・ティナンディン（Retna Tinandhing）	女性群舞（2人）		マハーバーラタ	スリカンディ、ララサティ	ガリマン	Lokananta
レトノ・ガユド（Retna Ngayuda）	女性単独		マハーバーラタ		ガリマン	Kusuma
スリカンディ・ムストコウェニ（Srikandhi Mustakaweni）	女性群舞（2人）		マハーバーラタ	スリカンディ、ムストコウェニ		Lokananta
カロンセ（Karonsih）			パンジ物語	パンジ、スカルタジ	マリディ	Lokananta
エンガル・エンガル（Enggar-Enggar）	男女ペア	恋愛	ダマルウラン物語	アンジャスモロ、ダマルウラン	マリディ、ジョコ・スハルジョ	Lokananta
ランバンセ（Lambangsih）			マハーバーラタ	クマジャヤ、クマラティ	マリディ	Lokananta
ドリアスモロ（Driasmara）			パンジ物語	パンジ、スカルタジ	スナルノ、スバンガ	Lokananta

5）創作舞踊　クレアシ・バルー Kreasi Baru

　これまでもたびたび触れましたが、戦後のインドネシアには、様々な状況下で多くの新しい踊りが生まれました。その中には、社会主義国であったことから誕生した"労働の踊り"や、子どものための"動物の踊り"、スラカルタ以外の地方や、外国の踊りを模したユニークなものなどがあります。いずれも宮廷舞踊と比べると小品ですが、物語の背景や筋などを知らなくても楽しめるタイプが多く、クレアシ・バルー（Kreasi Baru＝新作・創作舞踊）と呼ばれています。それらを細かくご紹介します。

生活に根ざした踊り

　戦後、踊り手や振付家、王宮付きの舞踊教師などが王宮の外で教え始めた時、レパートリーは、長大で長年の鍛錬が必要な宮廷舞踊や、歌やセリフの求められるワヤン・オランしかなく、初心者向けの踊りというものはありませんでした。日本で私達がダンス、たとえばバレエや日舞を教室でならうというようには、一般に門戸が開かれてはいなかったのです。

　また、国の方針で新しい芸術振興策や政策がとられはじめ、踊り手達の意識も、それまでの"王宮お抱え"というところから、自分達で新しい芸術を創り出すという方向へ意識が変わっていきます。

　そのような気運が高まる中で新しい踊りが作られ始めました。

　まず筆頭に挙げられるのは、新生インドネシアが社会主義国家であった影響なのか、庶民の生活・労働をテーマにした踊りです。「ガンビョン」の項でお話しした「ボンダン」（子どもの世話をする母親／姉　前出　図51、52）や「ボンダン・タニ」(Bondhan Tani＝田植え)、バティックを製作する様子を描いた「タリ・バティック」(Tari Batik　図73) などです。

　たとえば、世界文化遺産となっているバティック（Batik=臈纈染め布）を製作する過程を描いた

図73　タリ・バティック

「タリ・バティック」は、1958年に振付家ガリマンがBATARI（スラカルタ　バティック協同組合）の要請で作った作品です。バティックにする生地を洗う、干す、そして蝋を温めたり、模様を描く様子が大変写実的でユニークな踊りです。

　彼は当時スラカルタ青年芸術（舞踊・音楽）連盟（AMSTKS = Angkatan Muda Seni Tari Karawitan Surakarta）に属していて、その中には同様に有名な舞踊家マリディ（S.Maridi）や、のちに芸術大学で舞踊を教えるタスマン（Agus Tasman）らがおり、ともに新しいガムランや舞踊作品の創作に励んでいました。ガリマンは彼らの手をも借りて踊りを仕上げ、BATARIのパーティーで披露されました。

　当初は4人で踊られたそうで、そのあたりは宮廷舞踊の雰囲気を残していますが、衣装はより簡素で、踊りの振りも簡単で覚えやすいのが特徴です。そのため、最初は若い女性が踊るために作られたと思われますが、その後サンガールで小さな子ども達の課題曲として人気となり、初心者向けの踊りとしても盛んに取り上げられるようになりました。

　幼稚園に通うような小さなお嬢さん達が熱心に踊る様子は愛らしく、また、大人が踊る場合はしっとりと落ち着いた雰囲気にと、幅広く楽しむことができます。

　これらの作品も半世紀以上経って、今やしっかりとジャワ舞踊の定番として根付いています。

動物を模した踊り

　p187、p226で、ラーマーヤナ・バレエのお話をいたしました。振付家達はバレエの中に身軽に転げ回る猿、跳ね回る鹿の踊り手、大きな怪鳥ガルーダ、鳥、ウサギなどに扮したダンサーを登場させて、舞台に彩りを添え、独特の振りの型を発展させました。それが、創作舞踊の気運に乗って、単独の舞踊作品になっていくのです。短くて、目を惹く動きが満載のこれらの踊りは、子ども達が参加する多くのサンガールで人気となり、ロンバ（Lomba =コンテスト）が盛んに開かれるほどたびたび踊られるようになります。

こうした、動物を模した踊りは、スラカルタだけでなくお隣ジョグジャカルタ、西ジャワ、バリ島など全国各地でも人気のテーマで、衣装や振り付けに趣向を凝らしたものがたくさん作られています。

　スラカルタでは、鹿の踊り（タリ・キジャン Tari Kijang/Kidang）、孔雀の踊り（タリ・ムラ[46] Tari Merak）、鳥の踊り（クキロ[47] Kukila）、ウサギの踊り（タリ・クリンチ Tari Kelinci）、蝶の踊り（タリ・クプクプ Tari Kupu-Kupu）などが有名ですが（図74）、バリ、ジョクジャカルタ、スンダ地方など違う地方の振りを取り入れて、従来のスラカルタ地方の伝統古典舞踊の枠にはまらない新しい踊りとなっていきます。

図74　子どもの踊り色々　左からキジャン（鹿）、クプクプ（蝶）、ムラ（孔雀）

　私もいくつかの作品をならいましたが、じっくりと練習してきたジャワ舞踊の基礎がここではほとんど使われておらず、短い作品なのに、覚えるのが意外に大変でした。

　振りは、子どもが踊るのにふさわしく、ぴょんぴょんと跳び跳ねたり、くるくる回ったり、急に座ったり飛び上がるなどの動きが主なのですが、手先や首、足先の動きなどは伝統舞踊の動きが多少取り入れられて、美しく細やか。またコケティッシュで可愛らしい動物の感じがよく出た楽しいものばかりです。先に述べたようにほかの地域の踊りを意識的に取り入

46　舞踊家マリディによる、スンダ地方の同名の踊りをアレンジしたもの。
47　同じく舞踊家マリディのアレンジによるが、元はラーマーヤナ・バレエにおいてクスモケソウォが創作。

れたり、またサンガール同士でコンテスト（ロンバ Lomba）を行う場合に、原作にアレンジを加えていく流れで踊りは変化していき、衣装もサンガールごとに違うなど、様々なバージョンが増えていきました。

その他の作品

　クレアシ・バルーの作品には、スラカルタ以外の地方の舞踊を参考に作られるなど、それまでの伝統舞踊と違う要素を取り入れているものがあります[48]。インドネシアが独立国となって、首都ジャカルタでも活躍する振付家が出たり、違う地方の踊りや外国の踊りに触れたりする機会も増え、創作の幅が広がったことによるものと言えるでしょう。

　まず、「マニプレン（Manipuren ＝マニプリ風）」（図 75）という、インドのマニプリ地方の踊りから題材を得たものがあります。私がならったマニプレンは、1967 年に舞踊家マリディの振り付けたもの[49]で、若い女性が水と戯れ、花を撒く、といった情景を描いています。ジャワ舞踊には無い"インド風"な動き、速い回転、素早い上下の動きなどが見どころで、やはり多くのサンガールの課題として選ばれてきた人気曲です。

　私は、マンクヌガラン王宮のサンガールの生徒が踊る「マニプレン」を友人の結婚式で見て（図 76）、衣装の可愛らしさ、上品さ、動きの可憐さ

図 75　マニプレン　　　　　　　　図 76　マニプレン（結婚式場にて）

48　Tari Kijang（ジョグジャカルタの著名な芸術家バゴン Bagong Kussudiarja の振り付け）、Tari Pangpung,Tari Rebana（レバナという太鼓を手にもって踊る、西ジャワの踊りが原形）などが子どもの踊りとして人気。

49　1950 年代にコンセルヴァトリーに滞在した、インド舞踊家のワークショップから生まれた踊りがもとなのか、アメリカ滞在の際に見たとされるマニプリをもとにしたのか、両方の意見があります。

に心惹かれてレッスンをお願いしました。「本当は子どもがやるのよ」と言いながら教えてもらった「マニプレン」でしたが、先生（当時40代）も私（当時20代後半）も息を切らせて大笑いのレッスンで、やはり伝統の振りとは違うなと実感したものです。

　今までお話してきたクレアシ・バルーの作品は、2023年現在も子どものための初歩の舞踊として、広くサンガールで学び続けられています。その多くが生み出された1950〜1970年代から、長い時を経て2020年代の今、ますます人気となり、大きな公的・私的な行事（国、行政区、企業など）や祝い事・フェスティバル（地元の料理、バティック、子どもの日など様々）の際に、インドネシアで華やかな踊りが見られないことはありません。新しい踊りも次々に作られ、大掛かりな企画に学生や各サンガールの踊り手が大勢動員されるなど、そのたびにSNSやメディアが大いに賑わっています。

　新型コロナウイルスの蔓延によって、イベント開催の勢いは一時衰えたように見受けられましたが、オンラインでのライブストリームがあっという間に盛んになり、日本に居ながらにして舞踊公演の舞台が観られたり、ジャワ舞踊のオンラインレッスンを始めるサンガール、踊り手も出てきて、ジャワ舞踊というものに手軽にアクセスできる時代がやってきたのだと実感する日々です。
　ただ、実際にならったり、生で舞踊を見る素晴らしさに目を見張った経験を持つ私からすると、オンラインでの視聴には物足りない部分もあり、本書を読んでいる皆さんには、本物にぜひ触れていただきたいと願っています。

コラム　百花繚乱！バティックの魅力

　「バティック（Batik）」をご存知ですか？ろうけつ染め[1]した布のこと、またはその技法を指しますが、インドネシアが誇る、世界無形文化遺産の1つ[2]です。主としてロウで手描きしたものを言いますが、伝統的な模様をプリントしたものもバティックと呼ばれています。

　地方によってそれぞれ特色がありますが、スラカルタ地方では茶色とそのグラデーションを基調として、藍染の紺、白抜きの部分の白を効かせてさまざまな模様が描かれます。男女とも、1枚のバティック（だいたい1m×3m）を下半身に巻き付けてスカートのように着たり、男性はハンカチのような大きさのもので頭をくるりと包んで帽子のように用いたりします。現在でもこのスタイルは、王宮での正装や、結婚式の伝統衣装、またガムランの演奏者や踊り手の衣装としても活躍しています。

　街の布市場に行くと、ずらりと並んだ店舗にはバティックがあふれていて、大勢の人でにぎわっています。ぎっしりとバティックを詰め込んだ棚を背に商談に忙しい人、たくさん広げてどれを買うか悩んでいる人、買って貰おうと声を掛けて誘う店員、店先に広がる華やかなバティックの色や柄がさらに気分を盛り上げます（**口絵16参照**）。

　伝統衣装以外でも、シルクに手描きの高級なシャツやドレス、木綿の普段着までバティックは幅広く人気で、中でも木綿や化繊のプリントのものは公務員や学校の制服に使われ、日替わりで洗濯も簡単、暑い地方の便利な普段着として重宝されています。

1　溶けたロウで模様を描き、ロウが固まった後、染液に浸してロウのついていない部分を染める技法。染めた後、生地を熱湯に浸してロウを取り去ると、ロウが防染していた部分が白抜きで残ります。
2　ほかにワヤン（影絵芝居）、ガムラン（2021年12月15日指定）、アンクルン（竹の楽器アンサンブル）などが認定されました。

第 6 章

踊ってみよう！ジャワ舞踊

　ここからは実践編、ジャワ舞踊を実際に踊ってみようと思います。

　日本の伝統芸能などは、全く練習したことがなくとも、テレビやネットなどで知らず知らずに目にしていて、何となくイメージが浮かんだりするものです。また、バレエ、ジャズダンス、フラメンコなどはならっている人口が非常に多く、身近で雰囲気がわかっていたりします。しかしジャワ舞踊は…本書を読んでくださっている皆さんはいかがでしょうか？

　ジャワ舞踊を生まれてから一度も見たことがない場合、1から始めるとなると、どんなに身体能力がすぐれている方でも、最初は戸惑うことが多く、難しいものです。実は私もその1人、試行錯誤しながら練習してきました。ですから心配しなくても大丈夫。1つ1つがゆったりとした踊りなので、焦らず、ゆっくりと練習すれば身についていきます。

　では、さっそく最も基本的なことについて解説していきましょう。まずは衣装についてお話しします。

衣装と踊り

　まずは体を軽くストレッチしたら（屈伸、体の側面を伸ばす、肩回しなど）、練習着に着替えて練習スタートです。

　練習の時は、上半身はTシャツなど、動きやすい服装で。足はなるべく裸足、寒ければレッグウォーマーなどで暖を取っていただいてもいいのですが、足の指は外に出ているようにしてください（踊る時に、足の指の上げ下げが重要になります）。男女とも、下半身にカイン（Kain バティックの巻き布）を巻き、さらに腰のあたりを、日本の伊達締めによく似た帯（シタゲン Setagen）で巻いて留めるのが正式ですが、マジックテープやホックで留められる広幅のゴムのコルセットを使うこともよくあります。男女とも、踊る時に手に持ったり、腕に掛けたり払ったりする、細長い布・サンプール（Sampur）を着けます（図1）。

図1　サンプールを持つ踊り手
（"Het Serimpi Boek" 1925
Tyra Kleen の挿絵より）

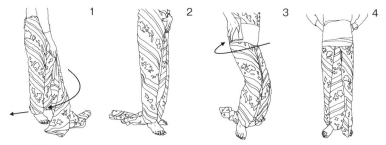

図2　練習着（カイン）の巻き方（サンパラン付き）

一般的に、女性は下半身を上下幅1m、長さ3〜4mほどの長さのバティック（**p239 コラム参照**）で筒状にぐるぐる包み込み、その上から帯を巻きます（**図2**）。通常売っている3mほどのバティックに、1m程度の別布を付けた長いものはスリンピやブドヨ用に。別布無しのものは、筒状に巻いて少し右側に垂らしたり、片方の端を3〜5cm程度に蛇腹に折って襞を作り、体の前面真ん中にその襞がくるように巻いたりします。

　男性はカインの幅を半分に折って巻き、折った布を右側だけ引き出して長く垂らし、腰にはやはり帯を巻きます（**図3 参照**）。

衣装と舞踊の深い関係について

　ジャワ舞踊は、その動きの美しさや凛々しさ、雄々しさはもちろんですが、それらが衣装によってさらに引き立てられています。古典の物語を題材としているため、時代がかった格好よさや凛々しさに衣装が一役かっているのです。

　ジャワ舞踊の衣装は、バレエやモダン・ダンスのような伸縮性のある素材ではありません。金モールやキラキラしたビーズの縫い取りが輝くビロードのベスト（バジュ Baju）、胸当て（ムカ Mekak）、下半身に巻くカインなどが主体となっています。それを身体にぴったりと着付けると、身体のラインが出て大変美しく、男性の場合は凛々しさも倍増です。

　図2の女性舞踊、下半身に着付けた長いバティック布（カイン Kain）を

ご覧ください。巻き終わりを 1m
ほど残し、それを足の間を通し
て、長い裾（サンパラン Samparan）
を尻尾のように後ろに引きます。
この時、腰から腿のあたりは、緩
みなく張り付けるように布で包む
ため、腰を下げた基本の姿勢をと
ると、巻いた布に体を預けること
ができて、少し楽に踊ることがで

図3　色々なカインの巻き方

きるのです。逆に、正しい姿勢をとらないと、カインがぶかぶかと体から
離れ美しくない姿になってしまいます。正しい姿勢を保つためにも、衣装
を正しく着て練習するのは大事なことなのです。

　男性舞踊に関してもそれは同じで、きっちりと締められた帯によって体
の余分な動きが抑制され、さらに帯やカインに身体を預けることができて
無駄な力を出さずにすむなど、衣装と踊りには深い関係が見られます。

　また男女ともに、仮面（トペン Topeng）が大きな役割を果たす踊りもあり
ます。この時、仮面は紐で結ぶのではなく、内
側に打ち付けられた小さな皮を口でくわえて固
定します（図4,5）。踊っている間、歯で革をぐっ
と噛み締め、目の部分だけ開いた細い穴から外
を見て踊るのですが、これは本当に至難の技で
す。しかし紐で止めていないぶん、一瞬にして
仮面を着け外しできるため、見ている方からす

図4　仮面（トペン）

れば踊り手が突然変身したかのような印象を与
え、仮面に魅入られるような気持ちになるので
す。これも衣装の大事な一部と言えるでしょう。

　前置きが長くなってしまいました。では次に
舞踊作品の構成についてのお話に移りたいと思
います。

図5　仮面の裏

作品の一般的な構成

　ジャワ舞踊の中の、宮廷舞踊やストーリー性のある舞踊作品は基本的に、

　　①入場の曲
　　②本曲〜座って合掌（スンバ
　　　Sembah　図6）で踊りが始ま
　　　り、座って合掌で終わる
　　③退場の曲

図6　合掌

というパターンで構成されていて、1曲がおおよそ10分から30分程度のものになります。
　①③は、王宮で舞台として使用されるプンドポ（図7）への入退場のため、②は踊りを鑑賞する王侯貴族、または祀られている神へ、最初と最後に座って拝礼したため、このような構成が定着したのだと考えられています。

図7　プンドポ
（マンクヌガラン王家）

　中でも、②の、必ず座って行うスンバには、踊りが捧げものであることからくる神への敬意、また、踊りを見る王侯貴族やお客様への敬意・ご挨拶の意図が込められており、座る動作も重要な振りの1つとなっています。
　上記以外のパターンで、座る動作のない踊りもあります。「ガンビョン」などの庶民発祥の踊りや、近年の創作舞踊で、ステージパフォーマンス的な作品（「スンドラタリ」などの歌舞劇）などです。歩いたり走ったりして登場、そのまま座らずに踊って退場しますが、座る動作以外の基礎となる姿勢や振りは、先に挙げたものとほぼ同じです。
　ジャワ舞踊のみならず、伝統的な舞踊には、必ずその踊りを印象づけ、土台を支える基礎の動きがあります。艶やかな衣装や細かな美しい手の動きに目を奪われてしまいがちですが、全ては「基礎」がしっかりとできてこそ。まず基本中の基本の振りを見ていきましょう。

1 女性舞踊

1）姿勢と足運び、拍感について

座る姿勢の基本：
あぐら（シロ Sila）から立膝（ジェンケン Jengkeng）

　踊りの多くは、この座る姿勢から始まります。

◆あぐら（図8、9）

　まずは、座る（ドゥドゥック Duduk）姿勢を見ましょう。

　座る姿勢には2種類あり、最初に覚えたいのはあぐら（シロ）です。まず左足を下にしてあぐらをかいて座ります。右手は中指と親指で輪を作るニティン（Ngithing 図9）で右腿の上に置き、左手は手のひらを上にしたニティンで、左足の膝の上から軽く下に垂らします。

〈前面〉　〈側面〉

図8　あぐら（シロ）

図9　ニティン

◆立膝（図10）

　シロを崩して座り直すと、立膝（ジェンケン）になります。ジェンケンは、左膝を立て、足首は曲げてなるべく腿の方に引きこみます。右足は折り曲げて足の裏にお尻を乗せるように座ります。

〈前面〉　〈側面〉

図10　立膝（ジェンケン）

体重は左右の足に均等にかけて、どちらかの足だ
けに負担がかかりすぎないようにします。左手は左
膝の上に、親指を手のひら側に曲げて残りの指は
まっすぐに立てるングラユン（Ngrayung　図11）の
形、右手はニティンで右腿の上に置きます。

図11　ングラユン

背は猫背にならないようまっすぐに伸ばし、目を
やや伏せますが、あごや頭が下がらないように気を
付け、後頭部から背中もまっすぐな線となるように
しましょう。

　この、あぐら（シロ）→立膝（ジェンケン）→立ち上がって踊る→踊り終
わり→立膝（ジェンケン）→あぐら（シロ）、というパターンがオーソドッ
クスな流れですが、男女ともシロを抜いてジェンケンからスタートする場
合もあります。

▶〈動画1〉　あぐら（シロ）から立膝（ジェンケン）

立ち姿の基本：タンジャ（Tanjak）

◆重心と足

　立っている時は膝をぐっと開き、腰を下げて重心を低
く保つのがとても重要です。この姿勢（タンジャ Tanjak
図12）をベースとして、手や首、足の動きが加えられて、
ジャワ舞踊の美しい動きが作り出されます。

　足は開いてハの字にします（図13）。

図12　タンジャ　　図13　タンジャの足元

246

◆**姿勢**

　横から見ると体はやや前傾した状態で、頭から背中まではまっすぐ伸ば
します（図14）。膝はひし形に開き、腕は軽く曲げて、へそをはさんで左
右に手を配置。この状態で腕を自然に垂らすと、姿勢が軽く前傾している
ため、お腹からこぶし1つ分くらい間が空きます。手のひらは、なるべく
腕と直角になるように、ぐっと反らします。この時、つま先が向く方向と
膝の方向を一致させ、膝がねじれて負担がかからないように気を付けてく
ださい。手は両手ニティン（図15）、または左手のみングラユン（図16）。
肘は開いて、脇を三角形に空けます。

　頭が下がらないように注意して、目線は軽く伏せ、遠くの床を見ます。
鏡が前にある場合は、鏡に映った自分と目線が合わないように、鏡の中
の、自分のお腹のあたりを見てみましょう。

　今までお話ししてきたように注意しなくてはならない点がたくさんあり
ますが、全体として肝心なのは、肩や背中に無理な力を入れず、力まずに
リラックスした状態で立つことです。まずはこれさえ押さえていればOK
です。

図14　タンジャの姿勢　側面

図15　両手ニティン

図16　右手ニティン、
　　　左手ングラユン

◆体はひねらない

　この姿勢のまま、メトロノームの針が揺れるようなイメージで、頭のてっぺんからつま先まで、体の軸を曲げないようにゆっくりと左右に揺れてみましょう〈動画2〉。

図17　足の指を持ち上げる

　左右に揺れる場合、体をひねらないようにすることがとても大事です。この時、重心が乗った方の足は、足底に均等に重さがかかるようにしてください。重心がかかっていない方の足は、足の指を全て上に持ち上げる（図17）ことで脛（すね）に力を入れます。膝は閉じないように注意してください。

▶〈動画2〉　左右に揺れる

◆ワヤンの人形〜平面的な動きをお手本に

　前章でジャワ舞踊の歴史についてお話ししました。踊りのもとになった影絵芝居ワヤンの人形は、革でできていて平らです。演者が支え棒をひねって動かすこともありますが、あくまで平面上での動きになります。踊りもこの人形と同じで、体の軸をひねる、曲げる、後ろに反るような動きはほぼありません。

歩きの基本：ルーマクソノ（Lumaksana）

　次に前項で説明した、基本の姿勢を念頭に置いて歩いてみましょう。舞踊では"歩く"振りをルーマクソノといいます。

　歩く時は、立っている時の基本の姿勢のまま水平にまっすぐ、滑らかに。体が上下しないよう気を付けて、前後、左右に動きます。重心は下げたまま、先ほどご説明したように、膝をひし形に開き足はハの字に開きます。手は腰骨に親指を掛けて歩いてみます。

◆ドゥブッ、グジョッ、マジュ

　かかとを床に付けたまま、右つま先を上げます。上げたつま先を勢いよ
く下ろして床をバチンと叩く、これをドゥブッ（Debeg　図18-1、2）と言
います。ドゥブッした足をゆっくり左足の後ろに回し（この時、後ろにサン
パランを引いているならば、それをけり上げ）、かかとの後方につま先をドン
と落とします。これがグジョッ（Gejuk　図19）。グジョッした右足を前に
出して左足のつま先前にかかとから下ろし、右足に体重を乗せていきます
（進む＝マジュ Maju）。

　前に出した右足裏全体に全部均等に体重が乗っていくにつれて、後ろ足
（左足）はかかとが上がり、つま先だけが床についている状態になります。
この時膝は、閉じずに開いたまま。今度は左足で同じ動作をします。

図18　ドゥブッ（つま先を上げて、落とす）　　　　　図19　グジョッ

　左右をくり返して、一直線を描くように前に進んでいきます。後ろに下
がっていく場合は、グジョッした足を、そのまま足裏をゆっくり下ろす、
あるいは少し後ろに下げます（ムンドゥル Mundur）。この時背中が後ろに反
り返らないように、体がぴょこぴょこと上下しないように滑らかに後ろに
下がってください。

▶ 〈動画3〉　歩きの基本　ルーマクソノ

　「ドゥブッ、グジョッ、マジュ」あるいは「ドゥブッ、グジョッ、ムン
ドゥル」というように進んでいくルーマクソノ（歩き）、実際には音楽に合
わせてどのように動いているのでしょうか？次からその、拍と動きの関係
をお話ししていきます。

◆踊りの拍感〜拍の重さ

　前章でお話ししたように、1950年代あたりまでの踊りの練習方法は、細かく分解せずに何度も通して踊り、全体を徐々に覚えていく、という練習方法が主流でした。対して、現代の学校やサンガールでは、踊りをよりわかりやすく、覚えやすくするために、8拍をひと括りとして数えながら指導することが多く見られます。本章でもそれにならい、拍を数えながら説明いたします。

　ただし、このカウントはたとえば日本のラジオ体操で「イチ、ニ、サン、シ」と数えて動きと音楽を合わせる拍感と幾分異なっているのです。

　まず、"8拍ひと括り"といっても、8拍はそれぞれが同じ重さ、同じ扱いではないのです。偶数拍の方が重く（1、<u>2</u>、3、<u>4</u>、5、<u>6</u>、7、<u>8</u>）、中でも8が最も重く、重要な拍となっています。

　この「重い」という感覚ですが、まさに1章p57（脚注）でも書かれた「セレ（Seleh）」にあたります。セレは舞踊でも重要で、全ての振りはセレに向かって動いていくのです。

◆踊りの拍感〜曲と踊りの「ずれ」

　〈動画2〉左右に揺れる（p248）をご覧ください。実はこの時、演者は以下のようなことに注意して揺れていました。

- 拍は体の中心でとる
- 動きはお腹（体の中心）からスタートして、波紋のように末端に伝わっていく〜端（手や足）に伝わった頃には数えた拍を越えて動きが延びていくイメージで

　拍内にぴったり収まらない、はみ出して次の拍につながっていく動き、この「ずれ」は、ジャワ舞踊の最も大きな特徴です。

　ジャワ舞踊は、ガムランで伴奏され、曲中では太鼓やクプラ（木槌で箱を叩く）で踊り手に合図が出されます（踊りを太鼓のリズムに合わせる、ク

プラの叩く音に合わせるということです）。

　太鼓やクプラの合図を聴いてから動くため、そこに微妙な「間」が生じ、曲が長大でゆっくりであるほどその「間」も延びて、振りが拍の後ろの方へとさらにずれていきます。私が初めてジャワ舞踊を見た時、水の中を動いているようだな、スローモーションを見ているみたい、とも感じたのは、おそらくその伸びが関係していたのでしょう。

　これが、「ゆるゆるいつまでも動いていて、拍がはっきりしない」「動きを曲のどこと合わせたら良いのかわからない」と、初めてジャワ舞踊を見た方や、練習を始めたばかりの方が感じられる点で、私もよく質問を受けることでもあります。

　ここを把握するには、ガムランの曲に慣れて拍感がわかる、ということが大事なのですが、曲が理解できた上でも、「ずれ」はどれくらいずれれば良いのか？と問われると、はっきり「1拍ずれます」というように具体的には答えられないのです。現地でも、学校など集団で教えるところでは、その「ずれ」をあらかじめ1拍としてしまう場合もあるようですが、それでは「ずれ」は振りの1つとなってしまい、本来の意味を失ってしまいます。

　この、「ずれ」（によって生み出されるゆったりとしたジャワ舞踊の美しさ）には、練習していくうちに自然と馴染み、拍感も徐々にわかってくると思います。またこのずれが、群舞において美しい流れを作り出しており、大勢で練習していくうちに、シンクロして少しだけずれる感覚を養い、どれくらいずれるのが良いのかということも次第に理解されていくことでしょう。本書でご覧になれる舞踊の映像で、そのずれる感じだけでも味わっていただければと思います。

　ではここからは、実際に拍を数えての説明に入りましょう。ジャワ語で数をカウントすることもありますが、ここでは一般的に使われているインドネシア語で1から8まで数を数えてみます。

サトゥ（Satu = 1）、ドゥア（Dua = 2）、ティガ（Tiga = 3）、ウンパッ（Empat = 4）、リマ（Lima = 5）、ウナム（Enam = 6）、トゥジュ（Tujuh = 7）、ドゥラパン（Delapan = 8）

＊速いカウントの時は「トゥ、ア、ガ、パッ、マ、ナム、ジュ、パン」と略し、1つの拍のうちでも、後ろの方を取ります。

表1　舞踊の拍

拍の名前	1 サトゥ（Satu）	2 ドゥア（Dua）	3 ティガ（Tiga）	4 ウンパッ（Empat）
短縮版	トゥ	ア	ガ	パッ

拍の名前	5 リマ（Lima）	6 ウナム（Enam）	7 トゥジュ（Tujuh）	8 ドゥラパン（Delapan）
短縮版	マ	ナム	ジュ	パン

では足運びに、カウントがどう当てはまるか説明します。

1拍目サトゥの「トゥ」でドゥブッ、2拍目ドゥアの「ア」でグジョッ、3・4拍目のティガ、ウンパッで前に体重を前足に乗せていき、4拍目を数え終わったところで静止します（〈**動画3**〉**参照**）。

1つの拍の後ろの方、拍が次の拍に移る直前に踊りの動作が入る、日本語にすると、たとえば「1と、2と」「3と、4と」と数える、「と」のところに動作がそれぞれ入る感じです（マジュは「3と、4と」の間ゆっくり動いて最後の「と」で動作が終わる）。

表2　足運びの基本

拍（インドネシア語）	サ	トゥ	ドゥ	ア	ティ	ガ	ウン	パッ
拍（日本語）	1	と	2	と	3	と	4	と
足の動き	ドゥブッ		グジョッ		マジュ			

先にお話ししたように、足運びでもやはり1拍の後半に動きが重くなっていき、次の拍に至ってもまだ前の振りが続いているのを感じ取っていただけたでしょうか？この拍感は男性舞踊でも同じです。

2）基本の振り・つなぎの振り

◆パズルのように組み合わされる振り

　踊りは、基本の姿勢と足運びに、様々な手の動き、首の動きなどのバリエーションが加わって完成されます。また、ガムランの曲が整然とした、決められた長さのメロディーのくり返しで構成されているのに沿って、踊りも、決まった長さの振り（4拍、8拍、12拍、16拍など）がパズルのように曲の中に散りばめられ、きっちりと収められています。

　その、"決まった長さの振り"はスカラン＝ Sekaran と呼ばれ、ガムランでは装飾奏法のこと、踊りでは一連の振りのかたまりのことを指します。それぞれのかたまりには名前が付けられていて、踊りは、このスカランと、それをつなぐ「つなぎの振り」（後述）で構成されているといえます。

◆振りは特定の意味を持たない？

　物語のある舞踊の場合には、振りで悲しみや喜びを表現する場合がありますが、それ以外の、歴史の中で長い時間をかけて作られてきた多くの美しいスカランは、振りに特別な意味を持たない場合がほとんどです（当初はあったのかもしれませんが、現在ではその意味は失われています）。

◆踊りの種類と振りの関係

　踊りの種類については前章で詳しくお伝えしましたが、それを振り付けの面から大きく分けて見てみますと、

A）　**踊り主体**：伴奏曲、歌詞が固定。物語を伴う場合が多い。

- 抽象的な、「スリンピ」「ブドヨ」の群舞タイプ、具体的なキャラクターを演じるタイプの踊りなど
- それぞれの曲にしかない、特別な振りを持つ場合がある

B) **曲の形式主体**：曲が同じスタイルと長さを持ち、太鼓が同じ進行で叩かれるのであれば[1]、歌詞や曲（メロディー）が違っていても同じ振り付けで踊ることができるもの。または拍に合わせた何種類かの振りを自由に選ぶこともできるもの。

- 「ガンビョン」など女性の賑やかなタイプの舞踊に多い
- 曲の進行が決まっている（太鼓の手の順番が決まっている）ため、振りの順番も太鼓に合わせて決まっていて、1曲覚えれば同様の曲に応用が可能となる

　双方とも、伴奏のガムランの曲の枠からはみ出すことはできませんので、その制約の中での違いになります。

　振りについて、ここまでを簡単にまとめると

- 踊りの作品は、一定の長さの振り（4拍、8拍、16拍）が、パズルのように組み合わされて構成されている
- 振りは意味を持たない場合がほとんど
- それぞれの曲にしかない特別な振りの作品と、太鼓に合わせれば曲・歌詞・振りを自由に変えられる作品がある

となります。
　パズルのように曲の中にはめ込まれるジャワ舞踊の振りですが、ここではそのうち基本の振りから1つを取り上げ、つなぎの振りについても具体的に見ていきましょう。

1　曲の長さ（何拍ごとにゴングが鳴るのか）が同じで、太鼓の叩くリズムパターンの進行が同じという意味。p51 〜 55 参照。

基本の振り：ルーマクソノ・ナユン Lumaksana Nayung

ナユン（Nayung）という振りの名前は、パユン（Payung＝傘）からきていて、その名の通り、傘を広げたり閉じたりするような手の動きを指しています。ルーマクソノ（歩き）の基本でお話しした足運び（**p249 参照**）に、この、傘を開閉するような手の動きを付けます。

■▶ 〈動画4〉　基本の振り　ルーマクソノ・ナユン

手を開く（4拍）→閉じる（4拍）のくり返しで、足運びとの関係は下の表のようになっています。

ここではわかりやすいように数を数えながら動きの構造を見てみましょう。拍を越えてゆったりと伸びる動きをご確認ください。

表3　ルーマクソノ・ナユン

拍	1	2	3	4	振りの名前
手の動き	——両手首をゆっくりと上下に合わせる——▶				ナユン
足の動き	右足ドゥブッ	左足の後ろにグジョッ	——右足ゆっくりとマジュ——▶（進む）		

拍	5	6	7	8	振りの名前
手の動き	——上下に合わせていた手首をはずし、ゆっくり開く——▶				ナユン
足の動き	左足ドゥブッ	右足の後ろにグジョッ	——左足ゆっくりとマジュ——▶（進む）		

つなぎの振り

曲の中にパズルのようにはめ込まれた振りは、「つなぎの振り」を挟みながら次々に続いていきます。ここでは、その「つなぎの振り」の中から、最もよく使われる2つをご紹介します。※つなぎの振りは、前後の振りの影響を受け、多少変化することがあります。

①シンデット（Sindhet）

　ガムランの演奏においては、ゴンなどの節目楽器が、ある一定の周期で小節を締めくくります。同じように踊りでは、ガムランの曲で節目の楽器が鳴る部分、すなわち曲の締めくくりの部分に「つなぎの振り」が入れられることが多くあります。中でも最もよく見られるものの1つが"シンデット"です。

　左手を外に返し、右手はお腹の前を通って右にサンプール（Sampur 房のついた長い布）を払います。足は右左交互にドゥブツ、グジョッをくり返します。手の動きに合わせて、首もゆっくり動かしてください。

▶〈動画5〉 つなぎの振り：シンデット

◆シンデットは左右が1組

　上の動画にあげたのは右のシンデットですが、その対称的な動きとして、左のシンデットもあります。「スリンピ」や「ブドヨ」のような、30分前後の長い作品では、必ず左右が1組になって使われます。短い作品の場合は右のシンデットのみを用います。

　これがどのように振りの最後に埋め込まれるか、先ほどご説明した基本の振り「ナユン」を例にとってみてみましょう。たとえば、16拍目にゴン（Gong）の鳴るクタワン（Ketawang）形式の曲では、12拍までは4拍をひとまとまりとするナユンのスカランが3つ入り、最後の4拍に締めくくりのシンデットが入ってゴンが鳴ります。

▶〈動画6〉 ナユンからシンデット

表4　ナユンからシンデット

拍	1	2	3	4	振りの名前
手の動き	←両手首をゆっくりと上下に合わせる→				ナユン
足の動き	右足ドゥブッ	左足の後ろにグジョッ	←右足ゆっくりとマジュ→		ナユン

拍	5	6	7	8	振りの名前
手の動き	←上下に手首を合わせた両手をゆっくりと開く→				ナユン
足の動き	左足ドゥブッ	グジョッ	←左足ゆっくりとマジュ→		ナユン

拍	1	2	3	4	振りの名前
手の動き	←両手首をゆっくりと上下に合わせる→				ナユン
足の動き	右足ドゥブッ	左足の後ろにグジョッ	←右足ゆっくりとマジュ→		ナユン

拍	5	6	7	8	振りの名前
手の動き	左手を外に返し、右手は内向きに回しサンプールを右に払う				シンデット
足の動き	右足ドゥブッ	左足の後ろにグジョッ	左足ドゥブッ	グジョッ	シンデット

②スリシック（Srisig）

　踊りの中で移動がある場合に不可欠なのが、"スリシック"です[2]。軽く膝を曲げた状態で爪先立ちになり（図20）、こぶし大くらいの幅で小刻みに走ります。この時体が上下に揺れないよう、滑らかに移動するのが重要です。スリシックには通常、右と左の2種類がありますが、ここでは右のスリシックを動画でお見せします。

▶〈動画7〉　スリシックからシンデット

2　トリシック trisig とも言います。

図20　右のスリシックの体勢

前後左右に移動、または円を描いて移動するための振りですが、右のスリシックは時計回り、左のスリシックは反時計回りに円を描いて移動します。スリシックで移動した後はシンデットで締められることが多く、次の振りへと続きます。

表5　スリシックからシンデット

拍	1	2	3	4	振りの名前
手の動き	——両手サンプールを持ちゆっくり開く——→				スリシック
足の動き	——やや右に傾き足を揃える→				

拍	5	6	7	8	振りの名前
手の動き	右手は外回しから左の耳横へ、左手は内側から左へサンプールを払う。				スリシック
足の動き	左足ドゥブッ	グジョッ	右足ドゥブッ	グジョッ	

拍	1	2	3	4	振りの名前
手の動き	右手は左の耳横、左手は左脇に伸ばす				スリシック
足の動き	爪先立って準備		爪先立ちで小刻みに走る（右回り）		

拍	5	6	7	8	振りの名前
手の動き	両手のサンプールを落とす		左手を外に返し、右手は内向きに回しサンプールを右に払う		シンデット
足の動き	立ち止まる	左足の後ろにグジョッ	左足ドゥブッ	グジョッ	

　ここまで、女性の舞踊の基礎の基礎について説明してきました。

　数ある振りの中のごくわずかな部分でしたが、ここに挙げた振りは踊りを支える上で非常に重要な部分です。

　続いて男性舞踊（優形）の基本をご紹介します。優形の男性舞踊は女性舞踊と共通する点も非常に多く、現地では女性も踊ることがよくあります。

2 男性舞踊（優形）

1）姿勢と足運び・拍感について

座る姿勢の基本：
あぐら（シロ Sila）から立膝（ジェンケン Jengkeng）

　踊りの多くは、この座る姿勢から始まります。

◆あぐら（図21、22）

　右足を下にしてあぐらをかき、両手は手を軽く組んで肘を開き、膝に乗せてやや前傾姿勢で軽くうつむく。

　曲が始まる、またはクプラの合図で手をほどき、組んでいた足をほどいて右足を前に出し、顔を起こして（図22）安座の姿勢になり、合掌。

〈正面〉　　　　　　　　　〈側面〉

図21　あぐら（シロ）うつむいた姿勢

〈正面〉　　　　　　　　　〈側面〉

図22　あぐら（シロ）体を起こした姿勢

◆ 立膝（図 23）

　左足は大きく開いて膝を立て、右足も開いて膝を地面につき、かかとにお尻を乗せる。右足のかかとに全体重を乗せないよう、左右にやや分散させ、かかとが痛くならないようにします。背中から頭までまっすぐに伸ばしながらやや前傾に。この時、同時に左肘を開きます。左手は親指を中に、ほかの指は伸ばした状態にして脛に沿わせます。右手は指を伸ばして右腿の上に

図 23　立膝（ジェンケン）

軽く置く。目は伏せますが頭が下がらないように注意します。

▶ 〈動画 8〉　あぐら（シロ）から立膝（ジェンケン）

立ち姿の基本：タンジャ（Tanjak）

◆ 重心と足

　膝を曲げて重心を下げ、片方の足を 45 度に開きます。その親指の延長線上に、もう片方の足を 90 度に開いて（体と並行に）置きます。両足は肩幅くらいの幅に開き、45 度に開いた方に主に体重をかけ、体と平行にした方の足は地面に付けたままつま先をもち上げて、脛に力が入るようにします。これが基本の形です（図 24、25）。

図 24　タンジャ・カナン

　右足が体に平行なものをタンジャ・カナン（Tanjak kanan ＝右のタンジャ）、左足が体に平行なものをタンジャ・キリ（Tanjak kiri ＝左のタンジャ）と言います。

▶ 〈動画 9〉　立ち姿の基本：タンジャ

図 25　タンジャの足元

　タンジャ・カナンの場合、左腕は軽く曲げ、右手は伸ばし、やや左に重心を置きます。タンジャが左に変わる（タンジャ・キリ）時は、前傾した姿勢を崩さないよう足をにじらせながら（ケンセル Kengser）重心を変えて移動します。腕もゆっくりと左に移動し、右腕は軽く曲げ、左手を伸ばします。

◆姿勢と手

　上半身：息を吸った時のように胸をやや張ります。横から見ると少し前傾し、頭から背中まではまっすぐに伸ばした状態になります（図26）。肘は女性舞踊よりやや大きく開き、必ず脇と肘との間が三角形になるようにします。手は、臍より上にいかないように注意しましょう。この姿勢は、歩いている時や振りの最中でもくずれないように心がけてください。

図26　タンジャ・カナン（側面）

　下半身：膝は開きます。手はこの状態で自然に垂らすと、上半身が軽く前傾しているため、お腹からこぶし1つ分くらい間が空きます。手は、女性のニティン（図27）より親指を中指の腹の方にずらしたニュンプリッ（Nyemprit　図28）、または左手のみングラユン（図29）。

図27　ニティン

図28　ニュンプリッ

図29　ングラユン

頭が下がらないように注意しながら、目線は軽く伏せ、遠くの床を見ます。肩や背中に無理な力を入れず、リラックスした状態で立ちましょう。

歩きの基本：ルーマクソノ（Lumaksana）

立つ姿勢の基本を念頭に置きながら、今度は歩いてみましょう（ルーマクソノ）。重心を低くし、前傾気味の姿勢を変えず、頭が上下しないよう気を付けて、滑らかに前後、左右に歩きます。男性の歩き方は、次の2種類があります。

①グジョッ Gejuk

右のタンジャの姿勢をとり、左足は膝を開いたまま、右足を左足親指の前に引き寄せ（セレッ Sered　図30）た後、膝を伸ばして前に踏み出します。右足にゆっくり体重を移動しながら、左足は床につま先をついたまま徐々にかかとを上げていき、右足に体重が完全に乗りきったところでかかとを床から持ち上げて、ドンとつま先を落とします（グジョッ Gejuk　図31）。

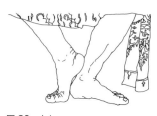

図30　セレッ

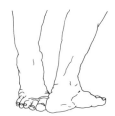

図31　グジョッ

グジョッした左足は、前にすべらせるようにして右足の前に膝を伸ばして出し、かかとから下ろしてマジュ（進む）、今度は右足をグジョッ。こうして交互に、マジュ、グジョッ、マジュ、グジョッと進んでいきます。

▶〈動画10〉　歩きの基本：グジョッ

表6　歩きの基本　ルーマクソノ（グジョッ）

拍	1	2	3	4
足の動き	タンジャで右に少し傾く	体重を戻し、右足セレッ	右足ゆっくりとマジュ（進む）	

拍	5	6	7	8
足の動き	止まる	左足グジョッ	左足ゆっくりとマジュ	

拍	1	2	3	4
足の動き	止まる	右足グジョッ	右足ゆっくりとマジュ	

拍	5	6	7	8
足の動き	止まる	左足グジョッ	左足ゆっくりとマジュ	

②キチャッ Kicat

　低い姿勢をキープしながら膝を開いたまま、右足を左足親指の前に引き寄せ（セレッ）、膝を伸ばしながら前に踏み出します。右足に体重が移っていくとともに、左足は床につま先をついたまま徐々にかかとを上げていきます。右足に体重が乗りきったところで左の脛と足先に力を入れ、床からパッと引きはがすように左足を上げます。これがキチャッです。この時、左足はふくらはぎに引き付けるようにしてください。

図32　キチャッ

　キチャッした左足は、前にすべらせるようにしながら右足の前に膝を伸ばして出します。かかとから下ろしてマジュ、今度は右足をキチャッ。これを交互に、マジュ、キチャッ、マジュ、キチャッと進んでいきます。

▶〈動画11〉　歩きの基本：キチャッ

表7　歩きの基本 ルーマクソノ（キチャッ）

拍	1	2	3	4
足の動き	タンジャで 右に少し傾く	体重を戻し、右足 セレッ	右足ゆっくりとマジュ	

拍	5	6	7	8
足の動き	止まる	左足キチャッ	左足ゆっくりとマジュ	

拍	1	2	3	4
足の動き	止まる	右足キチャッ	右足ゆっくりとマジュ	

拍	5	6	7	8
足の動き	止まる	左足キチャッ	左足ゆっくりとマジュ	

２）基本の振り・つなぎの振り

　女性舞踊でお話ししたのと同様に、男性舞踊でも、ある一定の長さの決まった振りが、パズルのように組み合わされて１曲の踊りが構成されています。

基本の振り：ルーマクソノ・ナユン（Lumaksana Nayung）

　女性舞踊の項で取り上げたナユン（Nayung）の男性版。ルーマクソノの基本で説明した足運び、足を後ろに落とすグジョッ、そして傘を開閉するような手の動きがつきます。

　左手は左胸の前に手首から直角に突き出し、右手は手のひらを上に、親指は下向きにし、右腰に手先を付けます。その後、両手を両脇に開く、胸と腰に引き付ける、をくり返します。

▶〈動画12〉　基本の振り：ルーマクソノ・ナユン

表8　ルーマクソノ・ナユン

拍	1	2	3	4	振りの名前
手の動き	両手を開く		左手は胸前に、右手は腰に持ってくる		ナユン
足の動き	タンジャで右に少し傾く	体重を戻し、右足セレッ	右足ゆっくりとマジュ		

拍	5	6	7	8	振りの名前
手の動き	左手は胸前に、右手は腰		両手を開く		ナユン
足の動き	止まる	左足グジョッ	左足ゆっくりとマジュ		

拍	1	2	3	4	振りの名前
手の動き	両手を開く		左手は胸前に、右手は腰に持ってくる		ナユン
足の動き	止まる	右足グジョッ	右足ゆっくりとマジュ		

拍	5	6	7	8	振りの名前
手の動き	左手は胸前に、右手は腰		両手を開く		ナユン
足の動き	止まる	左足グジョッ	左足ゆっくりとマジュ		

つなぎの振り

　男性舞踊でも、振りの間に「つなぎの振り」が入って次へとスムーズにつなげられます。ここでは、その中から2つの定番をご紹介します。※前後の振り、曲の速さなどによって多少振りが変化することがあります。

①ブスッ（Besut）

　ブスッは、女性舞踊のシンデットと同様の役割を持ちます。

　基本の姿勢は左に重心をかけたタンジャ・キリ。手は右手の上に左手を重ねるパングル（Panggul）という型（図33）、右手を左手の上に回し

図33　パングル

ながら左手はサンプールを左に払い、両手をゆっくりと戻します。足は同時ににじらせながら（ケンセル）、右のタンジャで締めくくります。

▶〈動画13〉 つなぎの振り ブスッ

②スリシック（Srisig）

　男性舞踊でも、踊りの中で移動がある場合に不可欠なのがスリシックです。膝を曲げた状態で爪先立ちになり、小刻みに走りますが、体は上下に揺らさず、滑らかに移動します。女性舞踊と同じく左右のスリシックがありますが、ここでは右のスリシックを例にとって説明します。

◆右のスリシック

　まずサンプールを両手に持ち、体の脇に手を上げて広げます。右手は外側へ回しながら、左耳の横へ上げてきて、手首を振ってサンプールを手に掛けます。この時、足は左足に寄せるセレッの形。左手は内回しして、左にサンプールを払ったら左腰の横に手を置きます。足はタンジャの形を取ってから右足を左足の前に揃えて伸び上がり（ジンジッ Jinjit　図34）、一瞬止まった後、小刻みに走り出します。

▶〈動画14〉 つなぎの振り
　　　　　　右のスリシックからブスッ

図34　ジンジッ

表9　右のスリシックからブスッ

拍	5	6	7	8	振りの名前
手の動き	サンプールを両手に取って両手を開く。右手は外回しから左の耳横でサンプールをかけ、左手は内側から左へサンプールを払う				スリシック
足の動き	左足セレッ		右足セレッ	右のタンジャ	

拍	1	2	3	4	振りの名前
手の動き	左手は腰に戻し、右手は左の耳横				スリシック
足の動き	つま先立ち（ジンジッ）		つま先立ちで小刻みに走って（右回り）止まる		

拍	5	6	7	8	振りの名前
手の動き	右手のサンプールを払い、右手を返し、左手は左にサンプールを払い、腰に戻す。右手は右に伸ばす				ブスッ
足の動き	右に体重を乗せながらセレッ		左に体重を乗せてセレッ	右のタンジャ	

◆両手のスリシック

　パングル（右手の上に左手を重ねる）から、右足に体重を乗せて左足セレッ、右手は外側へ回す。次に左足に体重を乗せかえて右足セレッ、左手はサンプールを払う（スブラッ）。両手を前に揃え、足はタンジャから右足を左足前に揃えてジンジッ。一瞬止まった後、小刻みに走り出します。

▶〈動画15〉　つなぎの振り　両手のスリシックからブスッ

　女性舞踊と同じく、左右に移動したい場合、右のスリシックでは右方向に、左のスリシックでは左方向に円を描いて移動します。スリシックで移動の後は、大抵ブスッで締められ、次の踊りへと続きます。

まとめ

　ここまで、男女の踊りの基礎の基礎を見ていただきましたが、いかがだったでしょうか?

　ゆっくりした動作だから簡単にできるかも、と思われた方も多かったのではないでしょうか。確かにその通りで、形を真似すること自体は難しいことではなく、跳んだり跳ねたりするような激しい動作はありませんので、比較的体に負担の少ない踊りだと言えるでしょう。

　私も最初そう思っていましたが、長年続けているうちに、この「基礎の基礎」の大切さを今、痛感しています。

　ジャワ舞踊では、ゆっくりとした踊りの型を表現するために、姿勢をキープしながら体重移動を行い、水が流れるように(バニュ・ミリ Banyu Mili)止まらずに滑らかに動きます。手先、足先の形に常に気を配ることなど、忠実に型を表現しようとするほど、全身のコントロールが欠かせなくなります。ゆっくりだからこその、中腰の姿勢をキープする難しさに始めてすぐ気付くと思いますが、そこを乗り越えるには「基礎の基礎」の習得がいちばんの近道なのです。

　私が教えている生徒さん達も、やはり長く続けている方が多いのですが、それは、この平明に見えて実は奥が深く、練習するほど色々見えてくる楽しさがあるからではないかと思います。

　また、長年受講している方が増えてくると、初心者の方が入っても、先輩の後について雰囲気を感じ、振りを見ながら練習できるようになります。上手な人と一緒に踊ると、引き込まれて一体となる感覚があり、1人で練習するよりうまく踊れる場合が多いので、これは非常にありがたいことです。

　生徒の皆さんで知恵を出し合って教え合う様子は、まるでジャワのサンガール(踊りのサークル)の雰囲気そっくりで見ていて嬉しくなります。

　本書では本当に踊りのわずかな部分しかご紹介できませんでしたが、これを入り口として、さらに深くジャワ舞踊の世界を探検してみようと思う方がいらっしゃることを願ってやみません。

　最後に、本場の先生の舞踊を観てみましょう。

　インドネシア芸術大学（ISI）講師陣による基礎舞踊「ラントヨ」です。楽器の章で紹介された特別動画と同様、本書のために演舞をお願いしています。

　男性優形と女性のラントヨを同時に踊っていただいていますが、ぜひ、今までお話ししてきた男女の踊りの違いを思い出しながらご覧ください。たとえ動きは違っても、根底に流れる動きの基本（姿勢、手つきなど）が同じ、また動きの終わるところ（セレ）が同じであることなどにも注目しましょう。

　水が流れるよう（バニュ・ミリ）な演舞をどうぞお楽しみください。

〈特別動画〉「ラントヨ」男女
　　　　演舞：インドネシア国立芸術大学（ISI）スラカルタ校
　　　　舞踊科講師陣
　　　　2022年3月同大学内小劇場にて収録

本場インドネシアの演奏家・舞踊家が語る ジャワガムランの魅力

互いに助け合う演奏の一体感が 心の充足につながります

インドネシア国立芸術大学スラカルタ校教授
スラジ・スマルト　Suraji Sumarto

□プロフィール
スラカルタ様式のガムラン古典楽曲解釈研究や創作舞台芸術を専門とし、研究論文多数。王宮、国営放送局のほか国内外で数々の演奏経験を持ち、スラカルタを代表する芸術家の1人として活躍中。p134、p169の〈特別動画〉ではルバブを演奏。本書第3、4章の監修も務める。

Q1 いつ頃から、なぜガムランを始められたのですか？

　私が子どもの頃は、村の催しでよくガムランやワヤンのカセットテープをくり返し流していました。10歳の時に、人気の女性歌手ガティラさんの美しい歌声や"こぶし"をテープの通りに真似て人前で歌ったら、たちまち人気者になりました。それからは、近所でガムランが演奏される行事があると、大人達はいつも私を連れていってくれるようになったのです。こうして12歳の時から、村のアマチュア・ガムラングループの練習に参加するようになりました。

Q2 芸術高校や大学に行かれたのはなぜですか？

　私は、幼い頃すでに、神様が私に芸術家としての魂をくださったことに気付いていました。中学生の時には毎朝、村の屋台で朝食を食べながらラジオを聴くのが楽しみで、そこでも多くのガムラン曲を覚えたものです。その時間のラジオ番組は、農業情報の合間にガムランを流すというもの

で、オリジナル・エンディング曲（もちろんガムランを使ったものです）の歌詞を覚えていますし、今も歌えますよ（笑）。…ですから、高校へ進学する時には迷わずガムランの道を選びました。

Q3 1番好きな曲と楽器は何ですか？

どの曲も好きです。好きな楽器（パート）はルバブとシンデンです。

Q4 指導する上で特に大切にしていることは何ですか？

ガムランを学ぶ全ての人達に（どのような年齢であっても）、ガムランの哲学までを理解させるような指導を心がけています。修得のプロセスは、ジャワの哲学的なことわざ「Tepung、Srawung、dan Dunung」のように、3つの段階を経るようにしています。まずガムランに魅力を感じられるように楽しく教え、彼らがより深く熱心に技法を学ぶように導き、そして修得したことの本質を知り、それを人生において正しく使えるように、ということです。

Q5 スラジ先生にとって、ガムランとはどのような存在でしょうか？

ガムランは生きる糧であり、仕事でもある、私の人生の重要な一部です。私は今までに、欧米諸国やオーストラリア、日本、中国、シンガポール、マレーシアといったアジア諸国にも仲間と演奏に出かけましたが、人生でそんな貴重な経験ができるのも、ガムランあってのことです。

Q6 外国人でガムランを学ぶ人達に向けて、アドバイスをお願いします。

ガムランを学び探求するのであれば、単に音楽や楽器と捉えるだけでは、十分ではありません。ガムランにはジャワ人の哲学が込められているのです。それは、互いに助け合い、1つのことを皆一緒に協力して行うことの大切さ、その一体感こそが、心の充足や幸せにつながるという価値観です。ガムランはジャワの人々にとってかけがえのない"日々の平安"や"平和"を具現する音楽なのです。そのことを理解して、深くガムランを学んでください。

「正解は1つではない」ことが、ガムランの豊さと面白さ

ガムラン演奏家・ダラン（影絵芝居ワヤンの人形遣い）
スミヤント　Sumiyanto

□プロフィール

インドネシア中部ジャワ・クラテン出身。インドネシア国立芸術大学 ISI スラカルタ校卒業。2006 年より活動拠点を日本に移す。ガムラン演奏家、影絵芝居ワヤンの人形遣いとして活躍。ジャワガムランと影絵芝居ワヤン・舞踊のグループ「スミリール」主宰。

Q1　いつ頃から、なぜガムランを始められたのですか？

　僕の父は村のガムラン演奏家で影絵芝居ワヤンも好きだったので、よくワヤンを見に連れて行ってくれました。小学生の頃は屋台で小さな人形を買ってくれたので、ワヤンの真似をして近所の友達に見せていました。そう、僕の場合はガムランよりもワヤンを始める方が先だったのです。家は中学1年になるまで電気が無く、テレビやラジオも無かったので、夜は月の光の下で友達とワヤンの登場人物になりきって遊んでいました。僕は背が高かったので、大きなビモという役をよく演じていたのです。

　ガムランは、幼い頃から父が弾くボナンの下にもぐって寝ながら聴いていたこともあったのですが、自分が初めて演奏したのは小学4年の時でした。通っていた小学校が毎年フェスティバルに参加していたので、僕もスルントゥムという楽器で出演したのです。そのほかにも、村では毎晩のように練習会があり、そこではよくクノンを叩いていました。夜7〜9時には、まず子ども達が「シンゴ・ヌバ Singa Nebah」などの短い曲を練習し、9時からは大人達が集まって「アスモロドノ Asmaradana」などの曲を10回以上くり返して練習していました。ルバブやシンデンなどの難しいパートができる人はいなかったのですが、僕の村はタユブと呼ばれる踊りが盛

ん な村だったので、伴奏曲の太鼓を叩ける人がたくさんいたおかげで、楽器を交替しながら楽しく練習することができたのです。

Q2　芸術高校や大学に行かれたのはなぜですか？

　中学を卒業する時、僕は本当は普通高校に入って、将来は医者か役人になりたいと思っていたのです。国語や算数の勉強が好きで、成績も悪くなかったからです。でも、ガムランが大好きな父に勧められて、芸術高校に進学しました。兄弟9人のうち僕1人が男だったので、父はどうしても僕にガムランをやらせたかったようです。

　高校を卒業した後は、約2年間バリ島のレストランで毎晩ガムランを演奏する仕事をしていました。楽しい仕事だったのですが、ある日突然、このままではいけないと思いたち、急きょバリ島を後にしたんです。帰郷して、実家でガムランの本を整理しながら色々な曲の楽譜を見比べていたら、ふと基本旋律のしくみや共通性のようなものに気付いたのです。「これは面白い」「僕でもできるかも」と思って、この時、芸術大学への進学を決意しました。大学に入ってからは、ガムランの様々な奏法や解釈について学ぶのがとても楽しかったのを覚えています。

Q3　1番好きな曲と楽器は何ですか？

　好きな曲は、「ウィドサリ Widasari」と「クトゥ・マングン Kutut Manggung」という曲です。先ほど言ったように、大学に入る前にこの曲の楽譜を眺めているうちにガムランの面白さ、奥深さに気付いたわけで、僕にとってはまさに「ガムランへ目を覚まさせてくれた」大切な曲なのです。

　好きな楽器はボナンです。村でもボナンを弾ける人は多く、特に隣に住んでいたおじさんは上手だったのであこがれていました。グンデルやルバブなどの楽器と比べても目立つし初心者でも楽しさがわかるので、高校生の時からよく弾いていたのです。

Q4 インドネシアをはじめチェコや日本で指導者としても活動されていましたが、指導する上で特に大切にしていることは何ですか？

　ガムランは外国人にとっては特に拍のとらえ方が難しいので、「2拍目と4拍目が大事」だということを丁寧に説明します。また、たとえば太鼓はテンポを決めるリーダー的な存在なのでしっかりと合奏を支えなければならない——など、「楽器ごとに役割がある」ことをちゃんと伝えるようにしています。さらに、「ガムランにとって正解は1つではない」ということもお話ししています。

Q5 スミヤントさんにとって、ガムランとはどのような存在でしょうか？

　「宿命」であり「運命」です。中学・高校時代は、それほどガムランに興味を持っていたわけではなかったのに、いつのまにかガムランの魅力に気付き、のめり込んでしまいました。その後、日本からジャワ舞踊を学びに留学していた女性と大学で出会って結婚し、来日。日本で家族を持ち、ガムランやワヤンを続けることができて今に至っています。もうガムランから離れることはできません！

Q6 外国人でガムランを学ぶ人達に向けて、アドバイスをお願いします。

　いちばん大切なことは「楽しさを見つけること」。技術や知識を身につけることも確かに大事ですが、それよりも合奏の中で楽しいことを発見してほしい。そして、間違ってもかまわないので、「自信を持って」演奏してほしいです。

鼓動に合わせた、呼吸するような踊りから
いちばん大事な「情感(ラサ)」が生まれる

舞踊教師・舞踊家
テレジア・スリ・クルニアティ
Theresia Sri Kurniati

□プロフィール

1955 年ソロ生まれ、幼少より舞踊を始め、芸術高校、芸術大学に進んだ
のち、芸術大学（現 ISI）で長く教鞭をとる。女性の仮面舞踊を踊らせた
ら右に出るものが無いと言われ、美しく優雅な踊り手として知られてい
る。夫は同大学で長くガムランを教えるスワルディ氏。夫婦ともども、海
外の招聘公演への参加も多く、海外の大学でも指導するなど、ソロのガム
ラン・舞踊界を牽引してきた。

Q1 いつ頃から、なぜ踊りを始められたのですか？

　小さい頃から人が踊っているのを見るのが大好きで、13 歳ぐらいの時
（1968 年頃）、踊りをならい始めました。最初は、ひたすら先生の真似をし
ながら踊りを覚え、王宮内の宮廷舞踊の練習にも参加。その後、芸術高校
ASKI へ進学しましたが、両親も私を応援してくれました。

Q2 長い舞踊家生活の中で、特に思い出に残っていることは？

　1986 年頃から、週に 3 回ほど、王宮で行なわれる外国人観光客向けの
公演に参加していました。優雅なガムランの調べとともに、壮麗な美しい
プンドポ（王宮内の舞台）で踊ることができたのは素晴らしい体験でした。
また、数多くの海外公演に出演できたことも、とても誇らしく思っていま
す。外国の方々がインドネシアの文化を堪能し、私達の公演を喜んでくだ
さるのは、とても嬉しいことです。

指導者として踊りを教える上で特に大切にしていることは？

　1980 年から、まずはアシスタントとして芸術大学 ISI Solo で指導を始め、1992 年からはマンクヌガラン王家付属のサンガール、スルヨ・スミラット（Soerya Sumirat）と呼ばれる協会でも教えています。指導する上で最も大切にしていることは、課題となる演目に、教える自分自身がしっかり習熟していなければいけないということです。

　生徒達には基本的なテクニックを教えたら、次にその踊りの情感（ラサ）を習得できるようにします。なぜなら、どの踊りにもそれぞれ固有の意味があり、情感（ラサ）も踊りによって異なるからです。

Q 4　昔の生徒と今の生徒で、何か違いは感じられますか？

　昔と今の学生は、大変異なります。それは、時代やテクノロジーの変化によるところが大きいでしょう。

　たとえば、昔は見よう見まねで、少しずつ課題の踊りを覚えるよう指導していましたが、学生達は飽きることなく学んでいました。それどころか、まだ覚えきれない部分は、授業以外の時間にも自主的に練習したり、グループ練習も行ったり、完全に覚えられるまで一生懸命に練習していたので、一度覚えた踊りはいつまでも忘れることはありませんでした。

　でも、今の学生はインスタント、つまり短時間で学びたがり、すぐに忘れてしまいます。さらに、動画サイトをモデルにするので、単に覚えるだけで決して創造的な段階までには至らず、踊りの情感（ラサ）を得ることもできずに終わってしまうのが残念です。

Q 5　クルニアティ先生にとって、踊りとはどのような存在ですか？

　踊りを勉強したり教えたりすることは、私にとっては肉体的にも精神的にも健康を保つためにとても良いことだと思っています。精神的には、何事に対してもより落ち着いて対応することができるようになりました。踊ったり、ガムランを聴いたりしていると、心が穏やかになります。

Q6 外国人で踊りを学ぶ人達に、アドバイスをお願いします。

　精神的にも満足できるよう、とにかくたくさん練習することが大切です。踊りとは、人が心臓の鼓動に合わせて呼吸するようなもので、それによってはじめて情感が生まれ、表現することができるようになるのです。

踊りは性別を超え、自分を解放する。
互いを敬い、価値を認めることは、
修練の大切な基本

舞踊家
リアント　Riant

□プロフィール

インドネシア中部ジャワ・バニュマス出身。インドネシア国立芸術大学 ISI スラカルタ校卒業。バニュマスの伝統舞踊レンゲル（Lengger Lanang 豊穣の女神に捧げる儀礼として始まったとされる民俗舞踊。女性も踊るが、男性が女性の装いで踊るクロスジェンダーな舞踊として知られている）、スラカルタ様式の古典舞踊、マンクヌガラン王宮の宮廷舞踊、コンテンポラリーダンスそれぞれを極め、世界各国の舞台で活躍。日本では、妻、川島未未とともに、「デワンダル・ダンスカンパニー」を主宰、後進の育成にもあたっている。

Q1 いつ、どんなきっかけで踊りを始められたのですか？

　小さい頃から踊りはとても好きでしたが、本格的に踊り始めたのは、1997 年、故郷バニュマスの芸術高校に入学した 15 歳からです。家にはお金の余裕もなかったので奨学金を貰い、踊りでお金を稼ぎながら学校に通いました。成績も良かったので、バニュマスからソロ（スラカルタ）の芸術大学に進学。キャリアを積んで家族の経済状況を少しでも助けたいと

思ったのです。

　ソロの大学では、生粋のバニュマス育ちの踊り手として、先生達に注目してもらえました。ソロは、舞踊界が他の芸術分野よりも盛り上がっていたので、いろんな知識を学ぶことができたのもよかったです。

Q2 長い舞踊キャリアの中で、印象に残る出来事を教えてください。

　いちばんの思い出は15歳の時、隣村での結婚式で踊って、初めて5000ルピアを稼いだことです（当時の感覚で5000円ぐらい）。次々声が掛かるようになると、次第に結婚式のしきたりにも詳しくなり、故郷のバニュマス地方では新郎新婦のメイクアップも頼まれるようになりました。

　私は2003年に初来日し、短い滞在をくり返した後、2009年にベースを東京に移すようになりましたが、2013年に両親を東京に招待し、私のダンスグループ「デワンダル」と、ガムラングループ「ランバンサリ」との公演を観せてあげられたのも良い思い出です。

　ほかにもシンガポールで、『ソフトマシーン』というコンテンポラリー作品（男らしい踊りと女性的な踊りを行き来する、自身の肉体をモチーフにした創作舞踊）を踊った時に、母と兄弟に見てもらえたことや、ロンドンを拠点とする有名なダンスカンパニー「アクラム・カーン」の一員として舞台を踏んだこと。インドネシア映画界で著名なガリン・ヌグロホ監督から依頼され、私を主役にしたドキュメンタリー映画を撮ってもらえたのも素晴らしい経験でした。"Kucumbu Tubuh Indahku（Memories of My Body）"という題名で、2018年に公開されました。

Q3 いつから踊りを教え始めたのですか？教えるうえで最も重要視していることは？

　高校在学中から故郷バニュマスの伝統舞踊であるレンゲルを、大学に入るとそれに加えてスラカルタ様式の舞踊を、プロを目指す若い子達に教えるようになりました。現在は、東京の私のダンススタジオ「デワンダル・カンパニー」を拠点にしながら、海外の大学（シンガポールのNAFA、ノッティンガムのミドルセック大学、マンチェスター大学、アムステルダム大学、メ

ルボルン大学、香港のミドルスクール、成城大学、尚美学園大学など）に呼ばれてワークショップを行なっています。

　私が最も重要視しているのは、その踊りが持つ哲学、そして踊りが生まれたバニュマスやスラカルタの文化について伝えることです。常にお互いを敬い、相手の価値を認めること——Asah、Asih、Asuh（Asah：身体能力を高める・磨くこと、Asih：そのためには愛情を持って人に接すること、Asuh：伝統文化、自らの体を慈しむこと——これはジャワ舞踊を学び、修練していく上で、非常に大切なことだと考えています。

Q4 様々な作品を踊っていますが、どんな踊りがいちばん好きですか？

　いちばん好きなのは、やはり故郷バニュマスのレンゲルですが、大学時代にスラカルタで舞踊の達人から善悪・男女などの様々なキャラクターについて学んだことで、「踊りは性別を超えるものだ」と体得できたのは、とても大きなことでした。身体を解放し、自由に表現すること……まさに、舞踊レンゲルが、男らしさと女らしさが融合した芸術・舞踊であることに似ています。

Q5 外国人でジャワ舞踊を学ぶ人に、アドバイスをお願いします。

　ご自身の体を慈しみ、指先に至るまで、動きの1つ1つが人生を表していると感じてください。そして、心に余裕を持って踊ってください。

Q6 長く踊りを学び、教えていると、どんな利点がありますか？

踊りを学ぶことの利点や良い影響は、
　○美しいものに対する感受性を高められる
　○想像力が広がり、身体の新しい可能性をひらくことができるようになる
　○身体と心を健康に保てるようになる
　○社会の様々なシチュエーション、コンディションの中で、身体的な創造力を発揮することが可能になる——ことだと思います。

ジャワガムランと舞踊の用語集

ジャワガムランと舞踊を勉強するにあたり、たびたび出てくる単語、知っておきたい固有名詞などを一覧にしてみました。

＊分野は、音楽に使われるものは音、舞踊用語は舞、両方に使われるものは共、人名は人と記しています。同じ単語でも、演奏と舞踊では意味が異なることがあり、その場合は【音】【舞】と書き分けています。王宮や公共施設、大学の名前など、関連する一般用語も掲載しています。

あ

アスキ・スラカルタ | ASKI Akademi Seni Karawitan Indonesia Surakarta 共 インドネシア芸術アカデミー スラカルタ校（1964 〜 1988）。中部ジャワのガムラン、影絵芝居、舞踊が学べる高等教育機関。

アスモロドノ | Asmaradana 音 古典曲のタイトル。ラドラン形式の曲（第4章にて解説）。

アボン・アボン | Abon-abon 音 シンデン（女声による独唱）の歌の一種。歌詞のフレーズ間のすき間を埋める、短いセンテンスによる歌。

アルス | Alus 舞 男性優形舞踊。上品で優雅なこと。

い

イシ・スラカルタ | ISI Institut Seni Indonesia Surakarta 共 インドネシア国立芸術大学 スラカルタ校（2006年〜現在）。前身はアスキ、エスティーエスイー。美術学部と音楽学部があり、音楽学部はガムラン科、舞踊科、ワヤン科、民族音楽学科、舞台科で構成されている。

イセン・イセン | Isen-isen 音 アボン・アボンと同じ。

イロモ | Irama 共
【音】速さの段階。拍の伸び縮み。数字が大きいほど遅くなる。以下のような種類がある。用例 イロモ・ランチャル Irama Lancar（イロモ1/2） イロモ・タングン Irama Tanggung（イロモ1） イロモ・ダディ／ダドス Irama Dadi/Dados（イロモ2） イロモ・ウィル Irama Wilet/Wiled（イロモ3） イロモ・ランカプ Irama Rangkep（イロモ4 p61 参照）
【舞】踊りのテンポ、伴奏の速度の適切さを指すこともある。

インバル | Imbal 音 2人で入れ子のリズムを刻む奏法。インターロッキング。ボナンやサロン類で演奏される（第3、4章にて解説）。

う

ウィレン | Wireng 舞 4人（あるいは2人、8人）で踊られる勇壮な男性の群舞。

ウィロゴ・ウィロモ・ウィロソ |
Wiraga, Wirama, Wirasa 舞 踊りの上達の上で重要な要素。ウィロゴ＝技術、ウィロモ＝適切な拍感、ウィロソ＝踊りに込められた気持ち、情感、キャラクターに沿った雰囲気（p196 参照）。

ウダル | Udar 音 シルブと呼ばれる静かな部分（曲の途中でサロン類やボナン類が休止する）が解除され、元の全員合奏に戻ること。

え

エスティーエスイー・スラカルタ | STSI Sekolah Tinggi Seni Indonesia Surakarta 共 インドネシア芸術大学 スラカルタ校（1988 〜 2006）。前身はアスキ、現イシ。

お

オドオド ｜ Ada-ada 音　影絵芝居ワヤンの緊迫した場面でダラン（人形遣い）が歌う無拍節の歌。男性荒形舞踊の入場時などでも歌われる。グンデルの伴奏を伴う。

オンパ ｜ Umpak/Ompak 音　クタワン形式やランドラン形式で、ブコ（前奏）から続く部分。あるいは、グンディン形式でメロン（前半部分）からミンガ（後半部分）に移る途中の移行部分。

か

カイン ｜ Kain 舞　下半身に巻くバティックのことを指す。縦約1メートル、幅約3メートルほどの布。着方は様々、たとえば①ウィル—（Wiru）：女性は指2本分、男性は指3本分を目安ににきっちりと折りたたんだ襞を作り、襞が前に来るように巻く。②体の右脇に斜めに垂れ下がる襞を作る。③サンパラン（Samparan）：足し布を付けてさらに1メートルほど長くし、足の間を通して後ろに裾を引くようにする、などがある。別名ジャリ（Jarik）。

ガガ ｜ Gagah 舞　男性荒形舞踊。男性の荒々しい、エネルギーにあふれた様を指す。

カサール ｜ Kasar 舞　乱暴、粗野、荒々しい様。舞踊においては、猛々しく粗野な舞踊（動き）を指す。

ガドン ｜ Gadhon 音　柔らかい音色の楽器や歌を中心とした小編成アンサンブルのこと。ルバブ、グンデル類、ガンバン、シトゥル類、スリン、スルントゥム、クンダン類、クモドン、クノン、クト、クンピャン、クンプル、歌などによる編成。

ガムラン ｜ Gamelan 音　インドネシアの伝統的な合奏音楽。青銅製（あるいは鉄製など）の打楽器を中心としたアンサンブルで、ジャワ、バリ、スンダなど地域によってスタイルが異なる。2021年、「ユネスコ無形文化遺産」に登録された。

ガヤ ｜ Gaya 共　様。 用例 ガヤ・ソロ Gaya Solo（スラカルタ様式）

カラウィタン ｜ Karawitan 音　ガムランで演奏される芸術音楽全般を指す。

ガラプ ｜ Garap 音　アレンジ。集団で相互に影響し合いながらアレンジするのが特徴。

ガリマン ｜ S.Ngaliman Condropangrawit 人（舞）振付家、宮廷付きのクプラ奏者、舞踊教師などとして活躍（1919-1999）。コンセルヴァトリー第1期の卒業生。その後コンセルヴァトリー、アスキなどで教鞭をとり、クラトンの踊り手、クプラ奏者としても活躍。振付家としても高名で、多くの舞踊作品を残している（p187参照）。

カロンセ ｜ Karonsih 舞　舞踊家マリディ氏が、1970年に故スハルト元大統領夫人の親族の結婚式用にの振り付けた作品。ジャワの古典文学「パンジ物語」を題材とし、パンジ王子とスカルタジ姫との愛を描く。結婚式でよく踊られる。

ガンサラン ｜ Gangsaran 音　たった1つの音だけで演奏される曲。ゴンやクノン、クンプルを鳴らすタイミングはランチャラン形式と同じ。

ガンドロン ｜ Gandrung 舞　男性舞踊の中で、女性への狂おしい愛を表現した荒々しい踊り。また、その振りの部分。

ガンバン ｜ Gambang 音　木琴。細かい装飾旋律を奏でる。

ガンビョン ｜ Gambyong 舞　スラカルタ地方で広く踊られる女性の舞踊。太鼓に合わせた軽快な動きが特徴。 用例 ガンビョン・パレアノム Gambyong Pareanom

き

キチャッ ｜ Kicat 舞　踊りのポーズ（足）。男性舞踊で、歩きながら、片足に体重が乗りきったところでもう片方の脛と足先に力を入れ、床からパッと引き剥がすように左足を上げたポーズのこと。この時、足はふくらはぎに引きつけるようにする。

キプラハン ｜ Kiprahan 舞　キプラ（Kiprah）と称される、太鼓が激しく連打される、ガムランの伴奏曲の一連のフレーズに合わせた踊りのこと。太鼓の、激しく賑やかで短いフレーズが何度もくり返され、そのフレーズに合わせた踊りの振りが次々くり出される。ガンドロン（愛を表現する男性舞踊）によく見られる。

キンティラン ｜ Kinthilan 音　2人で対になって演奏する奏法の1つ。2人で同じ音を表裏で交互に打つ。ドゥムン＆スルントゥム、ドゥムン2台などで演奏される。

く

グジョッ ｜ Gejuk 舞　つま先をもう片方の足のかかとの後ろで、ドンと地面に打ち付ける動作。

クスモケソウォ ｜ K.R.T. Kusumokesowo 人 (舞)　クラトンの舞踊教師（1909-1972）。戦後はコンセルヴァトリーで教鞭をとり、「レトノ・パムディヨ」などの人気舞踊作品を作るなど、戦後のジャワ舞踊の発展に力を尽くした。ラーマーヤナ・バレエの生みの親でもある（p186参照）。

クタワン ｜ Ketawang 音　形式名。16拍目でゴン、8、16拍目でクノン、12拍目でクンプルを鳴らす形式。

クチェル ｜ Kecer 音　台に括（くく）りつけられた小型のシンバル。影絵芝居ワヤンなどで使用される。

クッビャッ ｜ Kebyak 舞　腕にかけたサンプールを外回しに振り払う動作。

クッビョッ ｜ Kebyok 舞　サンプールを内回しに腕にかける動作。

クティブン ｜ Ketipung 音　小型の両面太鼓。通常、クンダン・アグンとともに使用する。

クト ｜ Kethuk 音　木枠に上向きに乗せられた小型のコブ付き銅鑼（ドラ）。裏拍、または小さな節目で鳴らす。

グヌンサリ ｜ Gunungsari 舞　ジャワの古典文学「パンジ物語」から題材をとった、男性優形単独の舞踊演目。身支度を整え、ジュンゴロ王国のラギル・クニン姫を恋い慕い、面影を追う様を描く。

クネス ｜ Kenes 舞　女性のコケティッシュで蠱惑（こわく）的な様。

クノン ｜ Kenong 音　木枠に上向きに乗せられた中型のコブ付き銅鑼。曲の途中の大事な節目で鳴らす。

クプラ ｜ Keprak 共
【舞】上部が開いた、または中をくりぬいた四角、あるいは台形の木箱。これを木槌で叩いて、踊りへの指示出しに用いる。
【音】影絵芝居ワヤンのダラン（人形遣い）が足などで打ち鳴らす金属板。後ろの楽隊に合図を送ったり、場面の雰囲気を伝えたりするために使用される。

クマナ ｜ Kemanak 音　バナナの形をした青銅製の楽器。音程の異なる2本で対になり、歌を中心とした宮廷舞踊の伴奏曲などで使用される。

クモドン ｜ Kemodhong 音　ゴンの代用楽器。共鳴箱の上に吊るされたコブ付き鍵盤2枚を連続して打つと、ゴンのようなうなりが生じる。

クラトン ｜ Keraton 共　①王宮／王家。
②Keraton Surakarta Hadiningrat。スラカルタ王宮／王家の通称。1757年のサラティガ条約で、本家クラトンからマンクヌガランが分家した。クラトンはマタラム王朝より続く文化・芸能を伝承し、今に伝えている。クラトン・カスナナン（Kasunanan ＝スナン〔王〕の住処）とも称される。

グランビャンガン ｜ Grambyangan 音　これから演奏する曲の音階や調を提示し、演奏を始めることを知らせるために、グンデルやボナンが前奏の前に弾く短いフレーズ。

クリス ｜ Keris 舞　ジャワの伝統的様式の剣。男性の「魂」とも言われる、正装の際の必需品。柄部分が大きく反り返った形で刀身が先に向かって細くなっている。長剣で、背側の帯に挿して用いる。

クルネガン ｜ Klenengan 音　舞踊や影絵芝居ワヤンの伴奏ではなく、純粋にガムラン音楽を楽しむための演奏会のこと。

グレ ｜ Ngelik 音　クタワン形式やラドラン形式において、オンパから続く部分。あるいはグンディン形式前半のメロンの1部分。音域が高くなり、ゲロン（男声斉唱）が入ることが多い。

クレアシ・バルー ｜ Kreasi Baru 舞　創作、新作のこと。Kreasi は英語の Creation から。

クレナン ｜ Klenang 音　2人で対になって演奏する奏法の1つ。4つの連続する音を前半と後半に分けて2人で演奏する。例：

儀式曲「チョロバレン」のボナン・パヌ
ルスの奏法。

グロパ｜ Gropak 音　曲が速くなって終わるこ
と。

クンダン｜ Kendhang 音　太鼓。

クンダン・アグン｜ Kendhang Ageng 音　大型の
両面太鼓。

クンダン・サブ｜ Kendhang Sabet 音　中型の両
面太鼓。影絵芝居ワヤンの伴奏で使用す
る。

グンディン｜ Gendhing 音　①ガムランの楽曲。
②形式名。ゴン周期が 32、64、128、256
拍など、いくつかの種類がある。

グンデウォ｜ Gendewo 舞　弓。矢はパナ
（Panah）と言い、弓矢を用いる動きはパ
ナハン（Panahan）という。

グンデル・パヌルス｜ Gender Panerus 音　ひと
まわり小型のグンデル。音域は、グンデ
ル・バルンより1オクターブ高い。細か
い装飾旋律を奏でる。

グンデル・バルン｜ Gender Barung 音　共鳴筒
付きの鍵盤楽器。細かい装飾旋律を奏で
る。

クンピャン｜ Kempyang 音　木枠に上向きに乗
せられた小型のコブ付き銅鑼。曲により
クトと対になって鳴らす。

グンビャン｜ Gembyang 音　オクターブ違いの
2音。または、その2音を鳴らすこと。

クンピュン｜ Kempyung 音　5度違いの2音
（例：2と6）。または、その2音を鳴らす
こと。

クンプル｜ Kempul 音　竿に吊るされた中型
のコブ付き銅鑼。曲の途中の節目で鳴ら
す。

け

ケバル｜ Kebar 共
【音】イロモ1、2のテンポの時に、太鼓
チブロンとともに演奏される賑やかなア
レンジ。ボナン類はインバル・スカラン
奏法となり、歌や掛け声、手拍子を伴う
ことが多い。
【舞】ガンビョンの大きな特徴となる、曲
の前半と終盤の、軽快で賑やかな部分。
この時踊り手は足を止め、リズミカルな

太鼓に合わせて左右に揺れながら、手の
形を変えて踊ることが多い。

ゲロン｜ Gerong 音　男声の斉唱。

ケンセル｜ Kengser 舞　足の裏をにじらせて、
左右または円を描くなどして移動するこ
と。

ゲンドン・フマルダニ｜ Gendhon Humardani 人
（舞）アスキの学長（1923–1983）。海外
で学んだ経験を、中部ジャワ地方の伝統
芸能、とりわけ舞踊に生かして革新的な
カリキュラムを取り入れた（p188 参照）。

こ

コール｜ Koor 音　有拍のリズムによる斉唱。
比較的新しいジャンルの歌。

ゴトロ｜ Gatra 音　小節のようなもの。通常4
拍からなる。

ゴレ｜ Golek 舞　人形（ゴレ）の振りに似せ
た動きで女性の美しさ、可愛らしさを表
現する舞踊。ジョグジャカルタの王宮か
らマンクヌガラン王宮に伝えられて人気
を博し、ソロでも類似の作品がいくつか
（「ゴレ・マニス」「ゴレ・スリルジュキ」など）
作られた。

ゴン｜ Gong 音　竿に吊るされた大型のコブ付
き銅鑼。曲の開始や終始など、最も大事
な節目で鳴らす。

コンセルヴァトリー｜ Konservatori 共　Konservatori
Karawitan Indonesia。1950 年にスラカルタ
に設立された芸術学校。後の SMKI（Sekolah
Menenggah Indonesia インドネシア音
楽高校）、現在、SMKN8 Surakarta。

さ

サラハン｜ Salahan 音　ゴンが鳴る直前に、節
目楽器クトが刻む特有のリズム。もうす
ぐゴンが鳴ることを周囲に知らせる意味
を持つ（p141 参照）。

サロン・ドゥムン｜ Saron Demung 音　大型の
鍵盤楽器。低音域で基本旋律を奏でる。

サロン・パヌルス／プキン｜ Saron Panerus / Peking
音　小型の鍵盤楽器。高音域で基本旋律
を細かく彩る。

サロン・バルン｜ Saron Barung 音　中型の鍵盤
楽器。中音域で基本旋律などを奏でる。

サンガール｜ Sanggar 舞　教室。民間、王宮付属など様々で、子ども達が日常のならい事として芸能を学ぶ場となっているが、近年は伝統芸能の見直しの動きを受けて、多くの大人（学生、社会人）も、ここで熱心に学ぶようになった。

サンティスワラン｜ Santiswaran 音　イスラムの宗教的な教えを説く詩を歌う斉唱。トゥルバン（片面太鼓）などの伴奏を伴う。

サンプール｜ Sampur 舞　幅50センチ程度、長さ3メートル程度の長い布。腰に巻いたり、肩から掛けるなどして舞踊に用いる。オーガンジーやサテン地の端にモールやビーズで房が付いているもの、なめらかな木綿で絞り風な先染めが施してあるものなどがある。

し

ジェジェル｜ Jejer 舞　足を揃えて立つ、または群舞の場合、横並びになることを指す。

ジェンケン｜ Jengkeng 舞　踊りの姿勢の1つ。立膝。

シトゥル｜ Siter 音　金属弦の琴。細かい装飾旋律を奏でる。高音域を奏でるシトゥル・パヌルス、中音域を奏でるシトゥル・バルンなどがある。

ジヌマン｜ Jineman 音　小編成による伴奏で、主に女声による歌を聞かせるジャンル。形式は自由。

ジュガ｜ Jugag 音　完全ではない。短い。
用例 パトゥタン・ジュガ Pathetan Jugag（短いパトゥタン）

シルプ｜ Sirep 音　曲の途中で、急に演奏が静かになること。通常サロン類やボナン類は休止する。影絵芝居ワヤンや舞踊の伴奏曲で用いられるアレンジ。

シロ｜ Sila/Silo 舞　踊りの姿勢の1つ。あぐら。

ジンジッ｜ Jinjit 舞　爪先立ち。

シンデット｜ Sindet 舞　つなぎの振り（女性舞踊）。通常ゴンやクノンに向かって4拍で踊る。左右のシンデットがあるが、短い曲では右のみを用いることが多い。

シンデン｜ Sindhen 音　女声による独唱。

す

スウアン｜ Suwukan 音　竿に吊るされた中型のコブ付き銅鑼。大事な節目で鳴らす。

スウォ｜ Suwuk 音　曲の終わり。

スカテン｜ Sekaten 音　イスラム教のムハンマドの誕生日を祝う儀式で演奏される楽器、またはその音楽。通常より大きなボナン、サロン類、ゴン、ブドゥなどを使用する。スラカルタ、ジョグジャカルタ、チレボンの王宮のモスクで演奏される。

スカラン｜ Sekaran 共
音 ①ボナンの奏法の一種。インバル（入れ子奏法）に続き大事な音に向かって奏でる旋律。②チブロン（中太鼓）が奏でるリズムパターン。いくつもの種類があり、舞踊の振りとも呼応する。
舞 踊りの振りの、ひとまとまりのことを指す。

スス｜ Seseg 音　速いテンポ。

スブラッ｜ Seblak 舞　サンプールを払う動作。

スマランガン｜ Semarangan 音　中部ジャワ州都で北岸に位置する都市スマランの音楽様式を模したアレンジ。希代のダラン（人形使い）ナルトサブドがこのスタイルを取り入れ、心浮き立つようなリズムが人気となり広がった。

スリシック｜ Srisig 舞　つなぎの振り（男女とも）。ゴンやクノンに向かう4拍、または8拍で踊られる、場所を移動するための振りで、爪先立ちで小刻みに走る。左回り、右回りがある。

スリン｜ Suling 音　竹笛。細かい装飾旋律を奏でる。

スリンピ｜ Srimpi 舞　4名で踊られる女性の宮廷舞踊。主に王家の子女の心身の鍛錬を目的として作られたが、現在では学校やサンガールなどでも教えられている。

スル｜ Suluk 音　影絵芝居ワヤンで、ダラン（人形遣い）が曲間に歌う無拍節の歌。パトゥタン、スンドン、オドオドの3種がある。

スルントゥム｜ Slenthem 音　共鳴筒付きの鍵盤楽器。基本旋律を奏でる。

スレンドロ｜ Slendro 音　音名名。音と音の間の幅がほぼ同等な5音音階。

スンガアン｜ Senggakan 音 掛け声。または、歌の合間に節を付けて自由に歌われる短いフレーズ。

スングレンガン｜ Senggrengan 音 ルバブ（胡弓）が前奏の前に弾く短いフレーズ。これから演奏する曲の音階や調を伝え、演奏を始めることを知らせる役目を持つ。

スンドラタリ｜ Sendratari 舞 創作・新作を含む歌舞劇のこと。ドラマタリに含まれる。

スンドン｜ Sendhon 音 影絵芝居ワヤンにおいて、ダラン（人形遣い）が曲間で歌う無拍節の歌の一種。グンデル・バルン、ガンバン、スリンとともに、やや悲しい場面などで歌われる。

スンバ｜ Sembah 舞 踊りのポーズ（手）。合掌。

せ

セレ｜ Seleh 共
【音】ゴトロ（小節のようなもの）の最後の音。4拍目の音。あるいは、フレーズの最後の大事な音。
【舞】ガムランでいうところのセレに向かって踊りの振りが動いていき、終わる瞬間のこと。

セレシ｜ Sered 舞 踊りのポーズ（足）：男性舞踊。片方の足をもう片方の足の親指の前に引き寄せる場合（歩き出す）と、足をもう片方の脛に引き寄せてもたせかけるような形をとる（タンジャに戻る）場合の、2種類がある。

そ

ソンゴ｜ Sanga 音 スレンドロ音階の3つの調のうちの1つ。影絵芝居ワヤンでは中盤で演奏される調。

た

タスマン｜ Agus Tasman 人（舞） アスキの舞踊教師（1936-2018）。授業で使われる課題曲を多く振り付け、学校における舞踊教育に深く関わった（p187参照）。

タブ｜ Tabuh 音 バチ。

タマン・ブダヤ｜ Taman Budaya 共 インドネシアにおける公的な複合文化施設。内包される劇場は、舞踊や演劇を上演する場として重要な役割を果たしている。

タメン｜ Tameng 舞 男性舞踊用の盾。竹や蔓（つる）を巻いて丸い渦状に造り、腕にはめて用いる。

タユブ｜ Tayub 舞 「タレデッ」や「ロンゲン」がルーツとされる女性の舞踊。祭りや儀式の際に演じられ、儀式や祭りに参加している人々を、踊り手が歌いながら舞台に誘ってともに踊るのが特徴。

タリ｜ Tari 舞 踊り。用例 タリ・ジャワ Tari Jawa（ジャワ舞踊）、タリ・ラキャット Tari Rakyat（民俗舞踊）

タリ・トゥンガル｜ Tari Tunggal 舞 単独の踊り。「パムンカス」、「グヌンサリ」、「レトノパムディヨ」など。

タリ・パサンガン｜ Tari Pasangan 舞 カップルの舞踊を指す。2人の愛を描く舞踊「カロンセ」、「ドリアスモロ」など。

タリ・バティック｜ Tari Batik 舞 バティック（ろうけつ染）の工程を描いた舞踊作品。振り付けはガリマン。ロウをあたため、模様を描く様子を踊りの振りで表現している。

タレデッ｜ Taledhek 舞 楽団と一緒に各地を放浪してまわる女性の踊り手を指す。タユブやガンビョンのルーツであると言われる。レデッ（Ledhek）ともいう。

タンジャ｜ Tanjak 舞 踊りの姿勢の1つ。男性舞踊の立ち姿を指す。

ち

チェンコ｜ Cengkok 音 ある特定の旋律型。例：アユクニン Ayu Kuning（ほかにも、ゴンで区切られた部分＝ゴンガン、様式など、いくつかの意味がある）。

チブロン｜ Ciblon 音 中型の両面太鼓。舞踊の伴奏などで使用する。

チャカパン｜ Cakepan 音 シンデンやゲロンなどの歌詞。

チャンプルサリ｜ Campursari 音 ポップス調にアレンジされた歌とガムラン演奏。シンセサイザーやドラムなど、異ジャンルの楽器が加わることも多い。

チュル｜ Celuk 音 歌による前奏。ボウォより短いものが多い。

チュルンプン｜ Clempung 音 大型の金属弦の琴。足の付いた装飾的な台が特徴。

チュンドリ｜ Cendrik 舞 懐剣。女性の戦いの舞踊で用いる。ジャスミンの花をつないだ長い花飾りを付け、剣を合わせて戦う際には花が美しく散る。

チョケアン｜ Cokean 共
【音】簡略化された編成、またはその編成で演奏される賑やかな音楽。通常は歌のほかにグンデルやシトゥル、チブロン、クモドンか竹筒ゴンを使用。大道芸人が演奏する音楽。
【舞】歌手の女性とガムラン奏者達による少人数の流し。屋台やお店を回って投げ銭をしてもらう。女性が踊りながら歌う場合もある。

と

ドゥドゥック｜ Duduk 舞 座る。

ドゥブツ｜ Debeg 舞 かかとを地面に付けた状態でつま先を地面に打ち付ける動作。

トゥルバン｜ Terbang 音 片面太鼓。イスラム教の祈りの歌の伴奏などで使用される。

トゥンバン｜ Tembang 共 ジャワの古典詩型を用いて作られた歌。

ドドット｜ Dodot 舞 カイン・バティックを独特の形で巻きつけた女性の衣装。通常のカイン4枚をつなげたアグン（Ageng = 大きい）と、幅が半分のアリット（Alit = 小さい）がある。ブドヨやスリンピの衣装として用いられるが、元は中部ジャワ地方の婚礼の衣装。

トペン｜ Topeng 舞 仮面。

ドラナン｜ Dolanan 音 遊び歌。

ドラマタリ｜ Dramatari 舞 物語・歌・舞踊を含む劇。ワヤン・オランのセリフ部分が歌になったような、歌いながら踊るミュージカル風の劇。

トンカット｜ Tongkat 舞 長い杖、先に房のついたまっすぐな木の槍。男性舞踊に用いる。

トンバッ｜ Tombak 舞 槍、棍棒。男性舞踊に用いる。

な

ナルトサブド｜ Nartosabdho 人 (音) 希代の影絵芝居ワヤンの人形遣い、作曲家（1925-1985）。地方の様式を取り入れたリズミカルな太鼓や賑やかな歌を加えたアレンジが人気となり、彼の作品は今もあちこちで演奏されている（p85参照）。

に

ニティン｜ Ngithing 舞 踊りのポーズ（手）：親指と中指をつけて他の指はぐっと後ろに持ち上げる。

ニバニ｜ Nibani 音 バルンガン（基本旋律）の1種。1、3拍目が休みで、2拍目と4拍目にのみ音があること。例：・2・3

ニャチャ｜ Nyacah 音 主に影絵芝居ワヤンの伴奏で、サロン・バルンが奏でる自由で細かい旋律。クンバンガンとも呼ばれる。通常、サロン・ソンゴ、あるいはワヤンガンと呼ばれる9鍵盤のサロンを使用する。

ニュンプリッ｜ Nyemprit 舞 踊りのポーズ（手）。男性舞踊の手つきで、ニティンより親指の位置を中指の真ん中くらいにずらしたポーズのこと。

ぬ

ヌム｜ Nem 音 ①スレンドロ音階の3つの調のうちの1つ。影絵芝居ワヤンでは最初に演奏される調。②ペログ音階の3つの調のうちの1つ。ワヤンでは中盤で演奏される調。③数字の6。

は

ハーエスベー｜ HSB Himpunan Siswa Budaya 共 学生文化協会。ゲンドン・フマルダニが創設、ガジャマダ大学の学生を中心に組織され、伝統文化の革新を目標として様々な活動を行った。

ハーベーエス｜ HBS 共 Himpunan Budaya Surakarta スラカルタ文化協会。

バジュ｜ Baju 舞 舞踊の衣装。主に女性用の、ベストのような形をした、ビロード地の袖無しの上着を指す。

パトゥ｜ Pathet 音 調。あるいは旋法。

パトゥタン｜ Pathetan 音 曲の前後に演奏される無拍節の旋律。雅楽の音取（ねとり）に似て、曲の音階や調を知らせる。ルバブ、グンデル・バルン、ガンバン、スリンで演奏される。また影絵芝居ワヤンでは、比較的落ち着いた場面でダラン（人形遣い）の歌に合わせて演奏される。

バニュ・ミリ｜ Banyu Mili 舞 ゆったりと水が流れるような動きを指す。

パムンカス｜ Pamungkas 舞 ガリマン振り付けによる、単独の男性舞踊。静かな精神性を表す、男性優形（アルス）の代表的作品。

パララン｜ Palaran 音 歌を聞かせるジャンル。通常スルプガン（影絵芝居ワヤンの伴奏曲）などの合間に、定型詩モチョパに節を付けた無拍節の歌に合わせて、チブロンやクノン、クンプル、クト、スウアン、グンデル、ガンバンなどが拍を刻みながら賑やかに演奏する。手拍子や掛け声を伴う。

バラン｜ Barang 音 ①ペログ音階の３つの調のうちの１つ。影絵芝居ワヤンでは最後に演奏される調。②数字の７、または１。

バラン・ミリン｜ Barang Miring 音 二重旋法法。スレンドロ音階の曲で、ルバブ（胡弓）やシンデン（女声による独唱）が周囲の楽器の音とは異なるペログ音階風の旋律を奏でること。

ハルス｜ Halus 舞 繊細、上品な様。舞踊においては、静かで優雅な趣の舞踊（動き）を指す。

バルンガン｜ Balungan 音 基本旋律。

バンゲン｜ Banggen 音 ①ペログ音階のグンディン形式のミンガ（後半部分）で、もうすぐゴンが鳴ることを周囲に知らせるために、節目楽器クトが鳴らす特有のリズム。②儀式曲「モンガン」や「コド・ゴレ」で、コブ付き銅鑼や太鼓、クチェルなどの楽器が鳴らす特有のリズム。

パンジ物語｜ kisah/Cerita Panji 共 13 世紀頃に作られたとされるジャワ発祥の英雄伝説。東ジャワを舞台にした、パンジ王子とスカルタジ姫の愛の物語で、様々なバリエーションがある。ワヤンや踊りの題材として多く用いられている。

パンチェル｜ Pancer 音 サロンの奏法の一種。・５・６のようなバルンガン（基本旋律）の「・」の部分に同じ音を入れる奏法。 例 ・５・６→１５１６

ひ

ピンジャラン｜ Pinjalan 音 サロン・ドゥムンとスルントゥム、サロン・バルンの奏法の一種。スルントゥムがドゥムンの半拍後に同じ音を打つ。ブダヤンと呼ばれる斉唱の伴奏曲などで用いられる奏法。

ふ

ブクサン｜ Beksan 舞 舞踊（ブクソ Beksa）のこと。Tari よりも敬った言い方。

ブコ｜ Buka 音 前奏。

ブスッ｜ Besut 舞 踊りの振り（男性舞踊）。女性舞踊のシンデットと同様の役割を持つ。姿勢はタンジャ・キリ、右手の上に左手を重ねるパングル（Panggul）という型、右手を左手の上に回しながら左手はサンプールを左に払い、両手をゆっくりと戻す。足は同時ににじらせながら（ケンセル）、右のタンジャで締めくくる。

プソコ｜ Pusaka 共 宝物。

ブダヤ｜ Bedaya 共 文化。 用例 Bedaya Jawa ジャワの文化。

プダン｜ Pedang 舞 刀身がまっすぐな長刀。男性舞踊に用いる。

ブドゥ｜ Bedhug 音 和太鼓のような形をした大型の太鼓。イスラム教のモスクや王宮内で使用される。

ブドヨ｜ Bedhaya/Bedaya 舞 ９名、または７名で踊られる女性の宮廷舞踊。 用例 ブドヨ・クタワン Bedhaya Ketawang

プトラ｜ Putra 舞 男性（ジャワ語）。インドネシア語では王子、息子を指す。

プトリ｜ Putri 舞 女性（ジャワ語）。インドネシア語では王女、娘を指す。

ブラニャ｜ Branyak 舞 雄々しい、快活な様。

プンドポ｜ Pendapa 共 主にジャワ島の建築様式の１つで、母屋の前に造られるあずまや風の吹き抜けの建物。

へ

ペーカージェーテー｜ PKJT Proyek Pengembangan Kesenian Jawa Tengah 共 スカルノ大統領が推進した、国の芸術改革をめざす、中部ジャワ芸術開花プロジェクト。伝統芸術を基礎にした新しい芸術を模索する中で様々な実験が行われ、多くの議論が交わされる場となった。このプロジェクトはゲンドン・フマルダニが牽引役となり、アスキを舞台に新しい音楽・舞踊作品が次々と創作された。

ペログ｜ Pelog 音 音階名。音と音の間の幅が広い部分と狭い部分がある5音音階。

ほ

ボウォ｜ Bawa 音 曲の前奏として歌われる歌。モチョパなどの定型詩が歌われる。

ボナン・パヌルス｜ Bonang Panerus 音 ボナン・バルンと対になって演奏する楽器。ボナン・バルンより1オクターブ高い音域を奏でる。

ボナン・バルン｜ Bonang Barung 音 木枠の上に12〜14個の小さなコブ付き銅鑼を上向きに乗せた楽器。曲の基本旋律を彩り、前奏を受け持つことも多い。

ボンダン｜ Bondhan 舞 カウィ語（古いジャワ語）で「踊り」の意味を持つ。古くから踊られているガンビョンの変り種作品。傘と人形をたずさえ、女性が赤ん坊を連れて川へ行き、川べりで洗濯したり、子どもをあやしたりする様を描く。クンディー Kendhi（水壺）の上に乗って踊り、最後は壺を割る「ボンダン・クンディー」がよく知られている。

ボンダン・タニ｜ Bondhan Tani 舞 ボンダンはカウィ語（古いジャワ語）で「踊り」の意味。「タニ」は田畑、または農業のこと。赤ん坊を抱いて笈（おい）を背負い、田に出て仕事をする女性の様を描いた作品。

ま

マジュ｜ Maju 舞 進む、前進する。

マジュ・ブクサン｜ Maju Beksan 舞 踊りの前奏部分。宮廷舞踊においてプンドポに登場するための入場の踊り。

マテリ｜ Materi 共 課題。学校の授業の課題を指す場合が多いが、練習している演目そのものを指すこともある。

マニス｜ Manis 舞 女性の甘い、可愛らしい様。

マニプレン｜ Manipuren 舞 若い女性が水と戯れ、花を撒くといった様子を描いた踊り。マリディによる振り付けで、インドの舞踊マニプリにインスピレーションを得たとされている。

マニャルセウ｜ Manyarsewu 音 古典曲のタイトル。ランチャラン形式の曲（第3章にて解説）。

マニュロ｜ Manyura 音 スレンドロ音階の3つの調のうちの1つ。影絵芝居ワヤンでは最後に演奏される調。

マハーバーラタ｜ Mahabarata 共 インドの叙事詩。パンダワ族とコラワ族が繰り広げる戦いの物語。インドネシアに伝わり、影絵芝居ワヤンや踊りの題材として用いられている。

マランクリッ｜ Marangkelik 舞 腰に手を添える動作。

マリディ｜ S.Maridi Tondokusumo 人 （舞） クラトンの踊り手として活躍した踊り手、振付家（1932-2005）。男性女性舞踊を問わず何でも踊れる舞踊家であり、振付家としても活躍、子どもの踊りからカップルの踊りまで多くの作品を残している。

マンクヌガラン｜ Puro Mangkunegaran 共 サラティガ条約（1757年）を経て、クラトンから分家したマンクヌガラン侯家のことを指す。ジョグジャカルタの王家と姻戚関係があり、音楽や舞踊にジョグジャカルタ様式の影響が認められる。

マンドゥ｜ Mandheg 音 曲の途中で止まること。その後、無伴奏の歌が入り、旋律の終わりの部分で楽器の演奏が再開する。

み

ミピル｜ Mipil 音 ボナン類の奏法の一種。基本旋律を分解し先取りしながら細かく刻むミピル・ムラク奏法と、セレ（大事な音）に向かって特有の旋律を奏でるミピル・ルンバタン奏法がある（詳しくは第4章参照）。

ミンガ｜ Minggah 音　グンディン形式の曲の後半部分。

ミントララス｜ Nyi Bei Mintolaras 人 (舞)　マンクヌガラン付きの舞踊教師。1950 年代にガンビョンを宮廷舞踊として整理・再構成した。

む

ムカ｜ Mekak 舞　舞踊の衣装。主に女性用で、ビロード地の四角い布を上半身に巻きつけて着る、チューブトップのような上着を指す。

ムルヨララス｜ Muryoraras 音　王宮内などで定期的に行われる特別な演奏会。真夜中に電気を消し、祈りを捧げつつ、小編成によるインストゥルメンタルで静かに演奏される。

ムンドゥル｜ Mundur 舞　下がる、戻る。

ムンドゥル・ブクサン｜ Mundur beksan 舞　踊りの後奏部分。宮廷舞踊においてプンドポから退場するための踊り。

め

メナ・コンチャル｜ Menak Koncar 舞　「ダマルウラン物語」に題材をとる。隣国ブランバンガン国との戦いに挑む女王クンチョノ・ウングが、囚われの家臣ロンゴラウェの息子達を助けるために、家臣メナ・コンチャルを派遣。褒美にロンゴラウェの娘デウィ・スカティを嫁として迎えることができる、という話を下敷きに、戦いに向かうメナ・コンチャルが身支度を整え、愛する人を思う姿を描く。マンクヌガラン王宮に伝わる舞踊をベースに、舞踊家マリディが振り付けたものが有名。

メロン｜ Merong 音　グンディン形式の曲で、ブコ（前奏）から続く前半部分。

も

モチョパ｜ Macapat 音　旋律を伴う定型詩。何行か、各行何母音か、各行最後の母音は何かによって種類が異なる。例：「ダンダングロ」「パンクル」「シノム」など。

モラマリ｜ Molak-malik 音　1 つの曲で、演奏中にゴンを介して音階を変えること。例：「パンクル」スレンドロ音階→ペログ音階。

ら

ラーマーヤナ｜ Ramayana 共　インドの叙事詩「ラーマーヤナ」を基に、魔王ラウォノにさらわれたシンタ姫とロモ王子、猿の王ハヌマンの活躍を描く。

ラーマーヤナ・バレエ｜ Ramayana Ballet 舞　国の芸術振興策により、1961 年にジョグジャカルタ郊外のブランバナン寺院で始められた、「ラーマーヤナ」を題材にした歌舞劇。スラカルタの舞踊教師クスモケソウォが総指揮を務め、セリフがなく歌と踊りで物語が綴られる。

ラキット｜ Rakit 舞　陣形。

ラグ｜ Lagu 音　①歌。②内なるメロディー。ルバブ、グンデル、ガンバンなどの柔らかい音色の楽器が奏でる旋律形。これらの楽器群はラグ楽器とも呼ばれる。

ラサ｜ Rasa 共　感覚、風情、味わい、といった意味。踊りにおいてはテクニック以外の、踊りの持つ（踊り手の持つ）雰囲気をいう。

ラドラン｜ Ladrang 音　形式名。32 拍目でゴン、8、16、24、32 拍目にクノン、12、20、28 拍目にクンプルを鳴らす形式。

ラニャップ｜ Lanyap 舞　雄々しく凛とした様。

ララス｜ Laras 音　音階。

ランガム｜ Langgam 音　大衆音楽クロンチョンの影響を受けて、ベースやギターの音色を模したガムラン演奏に乗って歌われる、比較的新しいジャンル。

ラングンドリヤン｜ Langendriyan 舞　マンクヌガラン王家に、古くから伝わる歌舞劇。ガムランの伴奏により、女性舞踊家が歌いながら演じる。ダマルウラン物語が題材。

ラングンプロジョ｜ Langenpraja 共　マンクヌガラン王宮に付属する、芸能に関わる組織。

ランチャラン｜ Lancaran 音　形式名。16 拍目でゴン、4、8、12、16 拍目にクノン、6、10、14 拍目にクンプルを鳴らす形式。

ラントヨ｜ Rantaya 舞　クラトンに伝わる宮廷舞踊の基礎となる振りを、舞踊教師クスモケソウォがまとめた舞踊作品。また、転じてジャワ舞踊の基礎を指す。

り

リモ｜ Lima 音　①ペログ音階の3つの調のうちの1つ。影絵芝居ワヤンでは最初に演奏される調。②数字の5。

る

ルウェス｜ Luwes 舞　優美な様。
ルバブ｜ Rebab 音　胡弓。細かい装飾旋律を奏でる。前奏を受け持つことが多い。
ルーマクソノ｜ Lumaksana 舞　歩くこと。
ルルス｜ Lurus 舞　女性のたおやかな様。
ルルッ｜ Lulut 舞　自分を出さずに（自意識を無くして）踊ること。無意識に他とシンクロする感じを言う。
ルロ｜ Luruh 舞　洗練された静謐な様。
ルワタン｜ Ruwatan 共　厄払いのワヤン（影絵芝居）。

れ

レイエ｜ Leyek 舞　踊りの姿勢の1つ。体を左右に傾ける動作。
レトノ・ティナンディン｜ Retna Tinandhing 舞　ガリマン振り付けによる女性2人の舞踊。「マハーバーラタ」の登場人物美男のアルジュノを巡るスリカンディとララサティの争いを描く。弓と刀を用いて勇ましく、しかし毅然とした女性の戦いが繰り広げられる。
レトノ・パムディヨ｜ Retna Pamudya 舞　1954年に作られた、舞踊教師クスモケソウォの振り付けによる、女性の戦いの単独舞踊。「マハーバーラタ」に題材をとり、女性戦士スリカンディが敵将ビスモを倒す様を描く。宮廷舞踊の動きをも取り入れて、戦いの踊りとはいえ美しい気品のある舞踊となっている。
レンゲル｜ Lengger 舞　正式にはレンゲル・ラ

ナン（Lengger Lanang）。豊穣の女神に捧げる儀礼として始まったとされる民俗舞踊。ジャワ島中部のバニュマス地方で盛んに踊られている。女性も踊るが、男性が女性の装いで踊るクロスジェンダーな舞踊として知られる。

ろ

ロンゲン｜ Ronggeng 舞　楽団と一緒に各地を放浪してまわる女性の踊り手を指す。タユブやガンビョンのルーツであるとされる。
ロンバ｜ Lomba 共　コンテスト。中部ジャワでは盛んにガムランや舞踊のコンテストが行われ、様々なサンガールが曲や振り付けのアレンジを競う。

わ

ワヤン・オラン（ウォン）｜ Wayang Orang / Wong 共　人形劇ワヤンを真似て、人が王様やお姫様、武将、猿などの物語のキャラクターを演じる歌舞劇。
ワヤン・クリ｜ Wayang Kulit 共　影絵芝居。水牛の皮を細工した人形を使用し、スクリーンに影絵を映し出す。2009年、ユネスコ無形文化遺産に登録された。
ワヤン・ゴレ｜ Wayang Golek 共　木製の木偶人形を使用した人形芝居。
ワヤン・ベベル｜ Wayang Beber 共　絵巻物をたぐり寄せながら語る芝居。
ワンサラン｜ Wangsalan 音　シンデン（女声による独唱）で歌われる定型詩。（4母音＋8母音）×2行による詩で、絶妙な掛け言葉（言葉遊び）を含む。
ワンタ｜ Wantah 音　完全な形。用例 パトゥタン・ワンタ Pathetan Wantah（完全な形のパトゥタン）

ん

ングラユン｜ Ngrayung 舞　踊りのポーズ（手）。手首から手を直角に持ち上げ、親指を手のひら側に折り曲げて他の指は立てる。

ジャワガムラン　CDディスコグラフィー
〜CDショップやネット通販で比較的入手可能なCDを中心に〜

USIインターナショナル●────────

「ジャワガムラン・スラカルタ編I」2枚組
器楽曲その1，声楽曲編
USIC-001 〜 2

「ジャワガムラン・スラカルタ編II」2枚組
器楽曲その2，ワヤン曲編
USIC-003 〜 4

インドネシア・中部ジャワの古都スラカルタで活躍した巨匠達による
伝説の名盤。I、IIのいずれを購入した場合でもジャワガムランを深
く学べる別冊解説書（80ページ）の特典付き。1998年国立芸術大学
ISI Solo にて録音。協賛：東京音楽大学付属民族音楽研究所。
問：namihiguchif@gmail.com

キングレコード●────────

「ソロ〜ススフナン王宮のガムラン」
KICW-85016 〜 8

ジャワ王宮の有名な舞曲「スリンピ・サンゴパティ」と「ブドヨ・
ドロダセ」を収録した決定版。1992年スラカルタ、ススフナン王
宮にて録音。

「ジャワのワヤン〜バンジャランジャリ物語」
KICW-85054 〜 6

ワヤンの名手、キ・クスデ・カスドラモノの語りと人形遣いによ
るワヤン・クリ（影絵芝居）を収録。演目は、結婚式や収穫祭な
どで上演される「バンジャランジャリ」物語。1992年スラカルタ
にて録音。

「中部ジャワ／マンクヌガラン王宮のガムラン」
KICW-85057 〜 8

マンクヌガラン王宮に伝わるガムランの名器の演奏。古典の名曲や歌舞劇「ラングンドリヤン」の名場面を収録。1992年マンクヌガラン王宮にて録音。

「ソロ国営放送局のガムラン」
KICW-85159 〜 60

ソロ・インドネシア国営放送局（RRI）のガムラン奏者達の名演を堪能できる名曲アルバム。1992年スラカルタ、ススフナン王宮にて録音。

「中部ジャワの室内楽ガドン」
KICW-85161 〜 3

小編成ガムラン「ガドン」による、ジャワガムランのエッセンスが凝縮された珠玉の名曲集。1992年スラカルタ、および1995年キングレコードにて録音。

「ソロのイスラムの祭礼」
KICW-85164

イスラム祭礼の1日を、時間軸に沿って収録。スラカルタ王家秘蔵の儀礼ガムランが、荘厳に鳴り響く。1992年スラカルタ、ススフナン王宮などにて録音。

日本アコースティックレコーズ●————
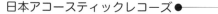

「ルバブの魅惑〜ガドンとともに」サプトノ 〜ジャワ・ガムランの巨匠〔1〕
NARP-8010

小編成ガムラン「ガドン」による演奏。ジャワを代表する演奏家の1人、サプトノ氏のつややかなルバブ（胡弓）の音色、豊潤な演奏が聴きどころ。2014年スラカルタにて録音。

「〈クンダン〉の躍動」サプトノ
～ジャワ・ガムランの巨匠〔**2**〕
NARP-8011

当代随一の演奏家を集めたグループ「サプトブドヨ」によるフル編成の演奏。サプトノ氏の躍動的な太鼓が光る。2014年九州国立博物館にて録音。

ビクターエンターテイメント●────

「王宮のガムラン」スラカルタ・インドネシア芸術学院部楽団
VICG-60367

宮廷舞踊曲「スリンピ・ジャヤニンセ」「スリカンディ・チャキル」などの名演を収録。1992年スラカルタにて録音。

ワーナーミュージック・ジャパン●────

「ジャワ～くつろぎの宮廷ガムラン」
WPCS-10271

スラカルタとジョグジャカルタ両方の王宮ガムランが、1枚で楽しめるお得なアルバム。以下の「ジャワの宮廷ガムラン1～3」から抜粋したベスト盤。

「ジャワの宮廷ガムラン1」
ジョグジャカルタのパク・アラマン王宮にて
WPCS-16050

1971年、パク・アラマン王宮で当主パク・アラム8世の誕生日を祝って演奏された古典の名曲の数々。

「ジャワの宮廷ガムラン2」スラカルタのマンク ヌガラン王宮にて
WPCS-16051

....

1976年、マンクヌガラン王宮で録音された貴重な音源。古き良き 時代の演奏が、時空を超えてよみがえる至高の1枚。

「ジャワの宮廷ガムラン3」 ジョグジャカルタの王宮にて
WPCS-16052

....

1976年と1978年、王宮で演奏されたジョグジャカルタ様式の代 表曲が満載。

浜松市楽器博物館●─────────

「ジャワ・ガムラン」インドネシア中部ジャワ〜 青銅打楽器の輝き
LMCD-1972

....

浜松市楽器博物館所蔵の楽器を日本のガムラングループ「ランバ ンサリ」が演奏。古典曲、遊び歌などの「楽曲編」のほか、「楽器 編」ではガムランの各楽器の音を1つ1つ紹介した貴重な音源も。 2012年アクトシティ浜松音楽工房ホールにて録音。

参考文献

日本語文献・論文 ●────────

池端雪浦（編）『東南アジア史Ⅱ島嶼部』山川出版社　1999 年

木村佳代、樋口文子、針生すぐり「ジャワ研修（ガムラン演奏と舞踊）2017 報告 - インドネシア国立芸術大学 ISI スラカルタ校における授業 & 公演等」『伝統と創造　東京音楽大学付属民族音楽研究所研究紀要』第 7 号　2018 年

教育芸術社編集部『21 世紀の音楽入門　踊り　身体をとおして語るもの』教育芸術社　2004 年

佐藤まり子「ジャワ・ガムランの構造と技法の研究」『伝統と創造　東京音楽大学付属民族音楽研究所研究紀要』1999 年

　　　　「ジャワ・ガムランの構造と技法の研究（その 2）」『伝統と創造　東京音楽大学付属民族音楽研究所研究紀要』2000 年

　　　　「ジャワ・ガムランの構造と技法の研究（その 3）」『伝統と創造　東京音楽大学付属民族音楽研究所研究紀要』2002 年

高橋澄子『ジャムゥ　インドネシアの伝統的治療薬　歴史と処方の解釈』平河出版社　1988 年

田村史子、サプトノ、サロジョ・クロモパウィロ

　　　　「東南アジアの銅合金製楽器の製造と流通に関する体系的研究－その形と音（1）インドネシアにおける「熱間鍛造」技術による青銅製『ゴング』の製造と流通の状況」『筑紫女学園大学　人間文化研究所モノグラフシリーズ』第 5 号　2020 年

田村史子、サプトノ

　　　　「中部ジャワの青銅楽器の合奏・ガムランの音高と音程構造〜筑紫女学園大学所蔵のガムラン・グデを例として〜」『筑紫女学園大学　人間文化研究所年報』第 32 号　2021 年

樋口文子、木村佳代「インドネシア国立芸術大学スラカルタ校におけるガムラン研修（合奏授業および個人レッスン）同行報告」『伝統と創造　東京音楽大学付属民族音楽研究所研究紀要』第 4 号　2015 年

樋口文子「インドネシア中部ジャワ、スラカルタ様式のガムラン音楽に於ける、ボナンの基本奏法について」『伝統と創造　東京音楽大学付属民族音楽研究所紀要』第 5 号　2016 年

　　　　「ジャワガムラン初歩の習得法に見る、音楽的特性についての考察」『伝統と創造　東京音楽大学付属民族音楽研究所紀要』第 6 号　2017 年

福岡まどか　『ジャワの芸能ワヤン－その物語世界』スタイルノート　2016 年
　　　　　　『ジャワの仮面舞踊』　勁草書房　2002 年
松本亮　　　『ワヤン人形図鑑』めこん　1982 年
　　　　　　『ジャワ舞踊　バリ舞踊の花をたずねて　その文学・ものがたり背景をさ
　ぐる』　めこん　2011 年
皆川厚一　　『ガムランを楽しもう』音楽之友社　1998 年

外国語文献・論文：演奏 ●────────

Djoko, Purwanto *Apresiasi Karawitan Jawa Gaya Surakarta; Sebuah Pengantar.*（ISI Press）
2021

Kunst, Jaap *Music in Java: Its History, Its Theory and Its Technique.* 3d edited by E.L.Heins.
（The Hague Martinus Nijhoff）1973

Lindsay, Jennifer *Javanese Gamelan. Traditional Orchestra of Indonesia.*（Oxford University
Press）1992

Martopangrawit *Titilaras Kendangan.*（Bagian Research Konservatori Karawitan indonesia）
1972

Mloyowidodo *Gending-Gending Jawa Gaya Surakarta Jilid I, II, III.*（ASKI Surakarta）1977

Pradjapangrawit, R. Ng. *Wedhapradangga, Surat Sujarah Utawi Riwayating Gamelan.*（STSI
Surakarta & The Ford Foundation）1990

Soetandyo *Kamus Istilah Karawitan.*（Wedatama Widya Sastra）2002

Sumarsam *Inner Melody in Javanese Gamelan Music.* Asian Music No7. p3-13（Society for
Asian Music）1975

Supanggah, Rahayu *Bothekan karawitan I.*（Masyarakat Seni Pertunjukan Indonesia）2002

Supanggah, Rahayu *Bothekan karawitan II Garap.*（ISI Press Surakarta）2009

Supardi *Sekaran Bonangan Gaya Mloyowidodo. Surakarta.*（STSI）1991

外国語文献・論文：舞踊────────

Clara Brakel-Papenhuyzen,Ngaliman S. *Seni Tari Jawa:Tradisi Surakarta dan
Peristilahannya.*（Indonesia Linguistics Development Project）1991

Clara Brakel-Papenhuyzen *The Bedhaya Court Dances of Central Java.*（E.J.Brill）1992

Yayasan Pawiyatan Kebudayaan Karaton Surakarta *Karaton Surakarta / by the will of His
Serene Highness Paku Buwono XII.*（Yayasan Pawiyatan Kebudayaan Karaton Surakarta）
2004

Tasman, Agus *Karawitan Tari sebuah Pengamatan Tari Gaya Surakarta.*（ASKI Surakarta）
1987

Mas Sastrakartika *Serat Kridhwayangga Pakem Beksa.* (Jakarta : Departemen Pendidikan Dan Kebudayaan Proyek Penerbitan Buku Bacaan Dan Sastra Indonesia Dan Daerah) 1979

Sudarsono,B.Suharto,Y.Sumandiyo Hadi,Djoko Walujo Wp, R.B.Sudarsono *Kamus Istilah Tari dan Karawitan Jawa.* (Proyek Penelitian Bahasa dan Sastra Indonesia dan Daerah) 1976

R.M.Soedarsono *Masa Gemilang dan Memudar Wayang Wong Gaya Yogyakarta, Seri Pustaka Keraton Nusantara3.* (Tarawang) 2000

Rustopo 編 *Gendhon Humardani Pemikiran & Kritiknya.* (STSI Press Surakarta) 1991

Sri Rochana Widyastutieningrum *Sejarah Tari Gambyong : Seni Rakyat Menuju Istana.* (ISI Press) 2011

Darsiti Soeratman *Kehidupan Dunia Kraton Surakarta 1830-1939.* (Penerbit Tamansiswa Yogyakarta) 1989

Nora Kustantina Dewi *Tari Bedhaya Ketawang Reaktualisasi Hubungan Mistis Panembahan Senapati Dengan Kanjeng Ratu Kencana Sari Dan Perkembangannya.* (Program Pasca Sarjana Universitas Gadjah Mada Yogyakarta) 1994

F.Hari Mulyatno *Tari dan Perkembangan Pariwisata Istana Pura Mangkunegaran.* (STSI) 1992

Kanjeng Pangeran Arya Kusumadilaga *Serat Sastramiruda.* (De Bilksem) 1930

Sumahatmaka *Ringkasan Serat Centini (Suluk Tambanglaras)* (Balai Pustaka) 1984

＊原本は 1814 年から 1823 年にわたって書かれた *Serat Centhini* Kyai Yasadipura I, Kyai Ranggasutrasno dan Raden Ngabehi Sastradipura (Kyai Haji Ahmad Ilhar)

おわりに

　賑やかな池袋駅から歩いて約 10 分、雑司ヶ谷鬼子母神堂にほど近い路地の一角にある東京音楽大学付属民族音楽研究所には、ガムランの授業や社会人講座を受講するために、毎週多くの方々が通って来られます。「世界の音楽を知って自分の作曲にいかしたい」という学生さんや、「定年になってやっと時間ができた」という社会人の皆さんなど、実に幅広い世代の人々が集まります。そんな大勢の皆様との触れ合いが支えとなって、この本が生まれました。ここ、民族音楽研究所でジャワガムランや舞踊を指導する 3 名の講師陣が、音楽や舞踊の基礎知識に加えて、日頃学生や講座生の皆さんと接しているうちに蓄積された「ガムラン」にまつわる様々な思いを凝縮し、ブレンドさせて、わかりやすい形で 1 冊にまとめたのがこの本です。

　一般的には「ガムラン」と聞いても、何の名前だかわからないという方がほとんどでしょう。仮に知っていたとしても、身近なところにガムランの楽器がある人は、まずいらっしゃらないと思います。そのようなごくマイナーなジャンルの本ではありますが、音楽や舞踊の具体的な学び方にとどまらず、ガムランならではの特徴や世界観——たとえば「楽譜が無くても合奏ができる」「ドレミとは違う不思議な音律」「互いを思いやりながらの演奏」「ずれていることが普通」など——をお伝えしながら、ある程度読み物としても楽しんでいただけるよう、心がけたつもりです。

　本編でも書かれていますが、ガムランの理論や奏法に関する正解は、決して 1 つではありません。これが本を書く上では少し厄介なことでした。同じ「ジャワガムラン」でも、どこで誰にならったのかによって、ルールは少しずつ異なります。時代によっても変化しています。つまり、同じ楽器でも同じ曲でも、演奏のしかたは何種類もあるのです。そういう意味では、この本に書かれているジャワガムランと舞踊の紹介例は、あくまでも 1 例と言ってしまっても良いのかもしれません。別のグループでは、少し

違うルールに従って演奏しているでしょう。それはそれで良いのです。

　正解が1つではないということは、同じ曲や踊りでも無限のバリエーションが存在するということでもあります。実際に現地では、馴染みの曲でも今まで聴いたことのないアレンジで演奏されているのをよく耳にします。今日はどんな進行で、どんなアレンジで演奏するのか？演奏家達にとっても、始まってみなければわかりません。その場限りのアレンジで生み出される音や舞の饗宴…。そんな柔軟な音楽であるからこそ、国境を越えて世界中で受け入れられているのかもしれません。ガムランは世代や国籍を問わず、初心者もベテランも一緒になって、音楽や舞踊を介して皆で気持ちを合わせることができる音楽なのです。

　ガムランが大勢の演奏者で成り立っているのと同じく、この本もできあがるまでに、とても多くの先生方、先輩方、専門家の方々にご協力をいただきました。

　まず、この本を刊行するきっかけを作ってくださった、東京音楽大学の金城厚先生、加藤富美子先生には、心より感謝を申し上げます。

　このほか、お世話になった方々を、お礼の気持ちをこめてここにご紹介します。
　演奏動画撮影は松下岳志さん（写真撮影含む）。写真は大河内禎さん、古屋均さん、熊谷正さん、アグス・ブディ・サントソさん、岡戸香里さん、飯田茂樹さん、福岡正太さん、岡本すずさん、岡本洋平さん（写真加工含む）。
　本文に関しては、合奏実践編監修をしてくださったスラジ先生（インタビュー含む）をはじめ、バンバン・ソソドロ先生、折田美木さん、川口明子さん、村上圭子さん、高地薫さん、増野亜子さんに、原稿内容の確認をしていただきました。
　テレジア・スリ・クルニアティ先生、リアントさん（舞踊ページの動

画出演、スチール写真撮影含む）、スミヤントさん、平田紀子先生（音楽療法）、野村尚史さん（ジャムウ、写真撮影含む）は、お忙しい中、快くインタビューを受けてくださいました。

舞踊家の川島未未さんは、動画出演と舞踊ページの写真撮影を引き受けてくださいました。美しい舞踊のイラストは、増田啓介さんの描き下ろしです。演奏動画では当研究所研究員の横田誠さん、小出稚子さんが実演参加、コラムの口真似ガムランの音声は、東京音楽大学ジャワガムランオーケストラの皆さんによるものです。

そして、ここであらためて当研究所の初代ガムラン講師として今日に至るガムラン教育の礎を築かれた佐藤まり子先生に、謝意を表します。

刊行に関しては、この本の出版を引き受けてくださったスタイルノートの池田茂樹さんと、複雑な編集作業を請け負ってくださった冨山史真さんには、心よりお礼を申し上げます。

またプロの編集者であり、民族音楽研究所社会人講座でガムランと舞踊を長年にわたって熱心に学んでこられた原田美和子さんから、編集アドバイザーとして私達3人の稚拙な文章にたくさんの赤を入れていただき、叱咤激励をしてもらいました。いくら感謝してもしきれません。

まだまだ尽きませんが、最後にこの本を手に取ってくださった読者の皆様に、ささやかなメッセージをお届けします。

どうか、1人でも多くの方にガムランの魅力を知っていただくことができますように。

世界にはまだまだ知らない音楽や文化がたくさんあります。そこに勇気を出して一歩足を踏み入れると、どんどん未知の世界が広がっていく――そんなドキドキするような体験が訪れますように。

2023 年 6 月吉日

著者一同

「東京音楽大学付属民族音楽研究所講座」について

　「東京音楽大学付属民族音楽研究所講座」は、本研究所がその研究成果を広く社会に公開して、民族音楽の普及に活用するために企画されました。

　本研究所は、作曲家・伊福部昭が初代所長となって 1975 年に設立されました。開設の目的は、日本を中心として、これをとりまく種々の民族文化の音楽の形態を研究し、比較考察することによって、音楽の世界における日本の位置を知ることでした。取り組んできた研究課題は、時期によって変遷がありますが、アイヌの音楽に始まり、琉球音楽と本州の伝統音楽との比較研究、中部ジャワのガムラン音楽、そして近年は中国、インドなどアジア諸地域の音楽、東欧の音楽や西洋古楽にも及んでいます。

　本研究所では、とりわけ一般の皆さんに向けて、種々の民族の音楽に触れる公開講座や、民族楽器の実技を通して興味・関心を持っていただく民族楽器入門講座、ガムラン講座、社会人特別講座などを開講しています。このうち、実技の講座だけでも毎年 200 名を越える受講者が研究所で指導を受けています。学んだ実技を発表する機会も数多く設けられています。

　とりわけジャワガムランは、本研究所の民族楽器普及活動の中で最も歴史のある講座です。本書『東京音楽大学付属民族音楽研究所講座　ガムラン入門』は、長年に及ぶこうした普及活動の蓄積をコンパクトに整理して、全国のさらに多くの皆さんにガムラン音楽の魅力を伝えたいと制作されました。

　東京音楽大学付属民族音楽研究所は、今後も様々な機会や媒体を通して、民族音楽への理解を広めていきたいと考えています。

2023 年 6 月　東京音楽大学付属民族音楽研究所

伊福部昭　筆

スタッフ一覧（五十音順）

【写真撮影・図版制作】

アグス・ブディ・サントソ（Agus Budi
Santoso）　カバー写真　下／
口絵 6 ～ 9,12 ／第 2 章　図 17 ／
第 5 章　図 11,17,31,40,44,65,69,72 ／
第 6 章　図 6 ／コラム「インドネシア
の気候」、「ワヤン」p94、「バティック」
p239 上

アティ・ブディ（Atief Budi）　第 5 章　図 8

飯田茂樹　第 1 章　図 2

大河内禎　口絵　扉

岡戸香里　口絵　1 ～ 5,10 ／
第 1 章　図 6,8 ～ 10,20 ／第 2 章　図 18
／第 5 章 1 ～ 3,12,13,15,18 ～ 21,27,
34 ～ 36,39,43,46,47,49,52,54,57,58,61,64,
66,67,68,75 ／第 6 章　図 4,7 ／
コラム「ジャワの食べ物」p69

岡本すず　口絵　19　第 5 章　図 71

岡本洋平　口絵　18

木村佳代　第 1 章　図 3,12,14 ～ 18,21 ／
第 2 章　図 15-2,22-2

熊谷正　口絵 11 ／コラム「ワヤン」p93

野村尚史　コラム「ジャムゥ」p135 右

針生すぐり　口絵　13 ～ 16 ／
第 5 章　図 16,26,28 ～ 30,32,33,48,55,70,
76 ／第 6 章　図 5,8,10,12,14 ～ 16,
19 ～ 24,26,32（画像協力　岡本デザイン
室）／コラム「ジャワの食べ物」p70 ／
コラム「バティック」p239 下

樋口文子　口絵 20,21

福岡正太　第 1 章　図 4

古屋均　カバー写真上

松下岳志　口絵 17 ／第 1 章　図 22 ～ 28
／第 2 章　図 1 ～ 16,19 ～ 23 ／第 3 章
p98 下の写真を除く全ての写真と図版／
第 4 章　全ての写真、図版

Wikimedia Commons
第 1 章　図 7,11,13 ／第 5 章　図 4 ～ 7,9,
10,14,45,50,60 ／第 6 章　図 1 ／
コラム「ジャムゥ」p135 左

【動画撮影・録音】

ISI Surakarta　第 3 章　特別動画／
第 4 章　特別動画／第 6 章　特別動画

木村佳代　コラム「楽器が無くてもガムラ
ン演奏」

針生すぐり　第 6 章　動画 1 ～ 15

松下岳志　第 1 章　動画 1,2 ／第 3 章　動
画 1 ～ 17 ／第 4 章　動画 1 ～ 15

【イラスト】

増田啓介　第 5 章／第 6 章

【出演（動画・写真・録音）】

川島未未　第 6 章

木村佳代　第 1 章／第 3 章／第 4 章

小出稚子　第 3 章／第 4 章

東京音楽大学ジャワガムランオーケストラ
　コラム「楽器が無くてもガムラン演奏」

針生すぐり　第 6 章

樋口文子　第 3 章／第 4 章

横田誠　第 3 章／第 4 章

リアント　第 6 章

【撮影協力】

川島未未、リアント（Dewandaru Dance
Company）　第 6 章

【編集協力】

原田美和子

著者プロフィール

木村佳代（きむら・かよ）

東京音楽大学ガムラン講師。ガムラングループ・ランバンサリ代表。NPO 法人日本ガムラン音楽振興会理事。神奈川県生まれ。東京芸術大学音楽学部楽理科卒業。在学中よりガムランをサプトノ氏に師事。2007 年 8 月〜 2008 年 3 月インドネシア国立芸術大学スラカルタ校に留学。1997 〜 2001 年度東京音楽大学付属民族音楽研究所研究員、2010 年より東京音楽大学講師としてガムランを指導。現在、ガムラン演奏家、指導者として活動中。共著に皆川厚一編『インドネシア芸能への招待』（東京堂出版）。

樋口文子（ひぐち・ふみこ）

東京音楽大学ガムラン講師。NPO 法人日本ガムラン音楽振興会理事。演奏家名は樋口なみ。東京都生まれ。東京音楽大学音楽教育科在学中に佐藤まり子女史よりガムランの手ほどきを受けた後、1988 年より度々ジャワにて、ワキジョ氏、スバント氏ほか、数多くの著名な指導者、演奏家に師事。1997 〜 2006 年度東京音楽大学付属民族音楽研究所研究員、2010 年より東京音楽大学講師。近年は小中高校向け「オンライン・ガムラン教室」に積極的に取り組んでいる。

針生すぐり（はりう・すぐり）

東京音楽大学ジャワ舞踊講師。ガムランスタジオ音工場ジャワ舞踊講師。宮城県生まれ。東京芸術大学大学院美術研究科修士課程修了。在学中より田村史子氏に師事、スラカルタスタイルのジャワ舞踊を学ぶ。1997 年〜 2000 年、インドネシア国立芸術大学スラカルタ校舞踊科に留学。留学中同市の王宮（クラトン、マンクヌガラン両王家）にて宮廷舞踊を学び、帰国後、田村史子氏主宰のガムラングループ「カルティカ＆クスモ」とともに公演などで活動。2001 年より東京音楽大学講師としてジャワ舞踊を指導。2008 年に結成したジャワ舞踊グループ「ラングンブクソ・さくら」のメンバーとしても活動中。

東京音楽大学付属民族音楽研究所講座

ガムラン入門
—— インドネシアのジャワガムランと舞踊

発行日　2023 年 8 月 26 日　第 1 刷

編　　者　東京音楽大学付属民族音楽研究所
著　　者　木村佳代
　　　　　樋口文子
　　　　　針生すぐり

発 行 人　池田茂樹
発 行 所　株式会社スタイルノート
　　　　　〒 185-0021
　　　　　東京都国分寺市南町 2-17-9-5F
　　　　　電話 042-329-9288
　　　　　E-Mail books@stylenote.co.jp
　　　　　URL https://www.stylenote.co.jp/

装　　幀　Malpu Design（高橋奈々）
印　　刷　シナノ印刷株式会社
製　　本　シナノ印刷株式会社

© 2023 Tokyo College of Music　Printed in Japan
ISBN978-4-7998-0203-8　　C1073